万卷方法学术委员会

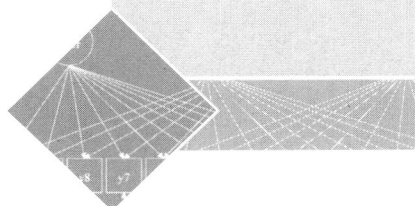

潜变量建模与
Mplus应用·基础篇

王孟成 著

重庆大学出版社

内容简介

本书以国际主流潜变量建模软件 Mplus 为分析工具,从理论到实践,深入浅出地向读者介绍潜变量建模的常用模型和 Mplus 分析过程,以实例演示整个分析过程,适合社会科学领域的高校教师、科研人员以及硕博士研究生作为教科书和参考书。

图书在版编目(CIP)数据

潜变量建模与 Mplus 应用·基础篇/王孟成著.—
重庆:重庆大学出版社,2014.1(2023.8 重印)
(万卷方法)
ISBN 978-7-5624-7806-5

Ⅰ.①潜⋯　Ⅱ.①王⋯　Ⅲ.①统计模型—统计分析
Ⅳ.①C81

中国版本图书馆 CIP 数据核字(2013)第 262749 号

潜变量建模与 Mplus 应用·基础篇
王孟成　著
策划编辑:林佳木
责任编辑:林佳木　　版式设计:林佳木
责任校对:刘　真　　责任印制:张　策
*
重庆大学出版社出版发行
出版人:陈晓阳
社址:重庆市沙坪坝区大学城西路 21 号
邮编:401331
电话:(023) 88617190　88617185(中小学)
传真:(023) 88617186　88617166
网址:http://www.cqup.com.cn
邮箱:fxk@ cqup.com.cn(营销中心)
全国新华书店经销
重庆升光电力印务有限公司印刷
*
开本:787mm×1092mm　1/16　印张:18.25　字数:378 千
2014 年 1 月第 1 版　　2023 年 8 月第 7 次印刷
印数:21 001—24 000
ISBN 978-7-5624-7806-5　定价:65.00 元

序　言

　　潜变量模型发展迅速。然而方法学领域的发展延伸到应用领域需要一段时间。这个时间的长短取决于方法学者的推广和应用研究者的学习、接受和运用。现实中,大量统计方法躺在学术文献中睡大觉,而广大研究者面对数据无计可施。Muthén 教授为了填补统计方法与实际应用的差距,开发了 Mplus 软件,并在短短的十余年间更新至第 7 版,每个版本在功能上均有重大突破[1]。Mplus 的推出大大加速了潜变量模型的应用,已经成为潜变量建模领域的主流分析软件。

　　在国内,潜变量模型为大家所熟知的多限于 SEM,尽管它只是潜变量模型的一部分,而潜变量建模软件也仅限于 AMOS 和 LISREL。令人欣慰的是这种趋势正在向好的方向转变。这种转变可以从如下两个方面体现出来。第一,参加"潜变量建模与 Mplus 应用工作坊"的学员越来越多。他们多是在校研究生或高校教师,其中有人甚至年过半百。他们对新知识的渴望令人感动,对学习的态度让人钦佩。他们是我持续组织工作坊的动力,也是撰写、完善本书的动力。第二,网上交流潜变量建模与 Mplus 应用的团体和人数越来越多。截至目前,以 Mplus 软件为主题的 QQ 群(219343650)已有近 600 位成员,而且群内讨论异常活跃。希望本书的出版能进一步普及和推广潜变量建模方法与 Mplus 软件。

　　本书的目的在于为"讨厌"数学公式的学者介绍潜变量建模方法及 Mplus 软件实现,所以书中避免了令人生畏的数学公式,尽量通过平实的语言介绍模型背后的真谛。本书的安排如下。

　　第 1 章主要介绍变量类型和潜变量模型的基本情况。

　　第 2 章简要介绍了 Mplus 的基本情况,如何安装使用和该软件的分析功能等,并选择性的介绍了 Mplus 的命令。由于 Mplus 命令繁多,与本书内容无直接关系的命令并未介绍,有需要的读者可自行查阅 Mplus 用户手册。

　　第 3 章主要介绍如何通过 Mplus 实现路径分析和回归分析。路径分析是回归分析的拓展,在路径分析中包括几个回归方程,在传统的统计软件中估计路径参数需要分步进行,而在 Mplus 等结构方程建模软件中多个回归方程是同时估计的。另外,结构方程模型是在路径分析和因素分析的基础上发展的,所以路径分析和回归分析作为基础知识对理解本书后面各章内容均有裨益。该章还详细介绍了中介效应和调节效应检验的方法并

---

[1]　http://www.statmodel.com/verhistory.shtml

提供了 Mplus 例句。

第 4 章介绍探索性因素分析(Exploratory Factor Analysis, EFA)。EFA 是最基本的潜变量分析模型,放在前面学习有助于我们理解其他潜变量分析模型。尽管 EFA 是心理学和其他社会科学研究中最常用的多元统计方法之一,但在国内存在普遍的误用,对此读者应引起足够的重视。

第 5 章介绍验证性因素分析(Confirmatory Factor Analysis, CFA)。主要介绍 CFA 的基本概念和分析过程。关于 CFA 的高级应用单独放到第 6 章介绍。内容包括 MTMM 框架下的模型、潜状态-特质模型、随机截距因子模型和信度估计等。这些模型或功能作为 CFA 的扩展可用于不同的分析情景。例如,这里介绍的模型可用于方法效应(method effects)的检验。

第 7 章介绍测量等值(Measurement Equivalence, ME)/测量不变性(Measurement Invariance, MI)。ME 是近年来测量/测验领域新的发展趋势。由于心理测量本身具有间接性的特点,所以对测验本身的精确性要求逐步提高。在比较不同群体观测分数差异时测量工具必须首先满足测量不变性的要求,否则在观测变量上进行的差异比较就没有意义。测量不变性可以放到不同的分析框架下进行,本书主要介绍了在验证性因素分析框架下如何检验不变性。另外测量不变性还可以放在项目反应框架中进行,此时的测量不变性称为项目功能差异。在二参数项目反应模型中,检验项目功能差异与在 CFA 下检验测量不变性是完全等价的,有兴趣的读者可以参考相关文献。

第 8 章介绍结构方程模型(Structural Equaion Modeling, SEM)。SEM 是涉及潜变量的路径分析,它将因素分析与路径分析合而为一。本章主要介绍了 SEM 建模的一般过程,并通过潜变量中介模型和调节模型进行了示例。

第 9 章主要是 SEM 框架内的专题讨论。这些讨论涵盖了等价模型、形成性测量与反映性测量、缺失值处理等内容。尽管这些问题非常重要但作为潜变量建模的入门教程,这些内容尚不足以独立成章,所以放到一块介绍。

本书在写作过程中得到多位好友的帮助,他们或提供文献资料,或协助整理图表,或对内容给予中肯的评价,在此表示感谢。另外还要感谢我的太太赖红玉女士为本书绘图和整理参考文献;绍兴文理学院的周露阳博士为本书绘制了部分图表;中南大学郭骁为本书编写了小程序。本书得以出版还要感谢重庆大学出版社雷少波先生及本书责编林佳木女士的信任,将本书纳入万卷方法系列。最后,感谢前几期工作坊学员对本书手稿的反馈,以及"Mplus 应用学院"(QQ 群 219343650)诸位管理员和成员的支持和鼓励。

关于本书的建议、意见、错误或不妥之处请与我联系(Email: 276207278@qq.com)。

王孟成

2013 年 11 月于广州

目　录

1 潜变量分析模型概述

1.1 变量类型

1.1.1 连续变量

连续变量(Continuous Variable)是指在变量的取值范围内存在任意可能值的变量。例如,时间就符合这一标准,我们可以在 1 秒至 10 秒之间取无数可能的值,2.12 秒、4.23 秒等。连续变量与离散变量(Discrete Variable)对应,凡是取值范围内不存在任意可能值的变量都称作离散变量,如分类变量。心理学和社会科学使用的问卷或量表基本上很难达到连续变量的水平。例如常用的李克特 5 点计分系统,1 分和 2 分之间就不存在 1.5 分(尽管将其视为连续变量对待),所以社会科学研究的数据通常为离散型数据。

1.1.2 分类变量

分类变量(Categorical Variable)就是用少数几个数字代表不同类别对象的变量(Agresti,2007)。分类数据在社会科学领域非常普遍。在教育测量和市场调查领域经常遇到这种类型的数据。例如,将某地区不同的收入群体分为好、中、差。再如,将某项试题的答案分成对和错。心理学研究常用的量表/测验计分方式多为李克特式,如典型的李克特 5 级计分:非常同意 =5,同意 =4,不确定 =3,不同意 =2,非常不同意 =1。这种形式的数据本质上还是类别数据(顺序型),用 5 到 1 代表从非常不同意到非常同意的顺序,因为从"非常同意"到"同意"之间的距离并不等于"不同意"到"非常不同意"之间的距离。当类别变量超过 5 个时采用极大似然估计也能得到精确的估计结果(Johnson & Creech,1983),所以也可方便地当作连续变量处理。

分类变量按照各类别间是否存在顺序关系可分为顺序变量(Ordinal Variable)和名义变量(Nominal Variable)。顺序变量是有大小、高低之差的类别变量。而名义变量则是没有顺序的类别变量,是用数字代表某类事物,数字之间并没有量的关系,只具有指代关系。如将性别分成男和女,分别用 0 或 1 表示。再如,把民族成分分成汉族 = 1、回族 = 2、壮族 = 3 和其他民族 = 4。

分类变量呈二项式或多项式分布:

(1)二项式分布

二项式分布(Binomial Distribution)又称伯努利分布(Bernoulli Distribution),是最常见的离散型随机变量的概率分布:

$$P(x,n,p) = C_n^x \cdot p^x \cdot (1-p)^{n-x}$$

或

$$P(x,n,p) = \frac{n!}{n!(n-x)!}p^x(1-p)^{n-x}$$

x 表示成功的次数,n 表示实验的次数,p 表示成功的概率,q 表示失败的概率,等于 $1-p$,$P(x,n,p)$ 表示伯努利概率。例如,一项伯努利实验重复了 5 次,求 2 次成功的(如,硬币正面向上)的概率。此时,$n = 5$,$x = 2$,$p = .5$,代入公式:$P(2,5,.5) = C_5^2 \cdot .5^2(1-.5)^3 = .161$。二项式分布的均值为 np,方差为 npq 或 $np(1-p)$。

(2)多项式分布

二项式分布是一次实验只有 2 个可能结果的概率分布。当一次实验出现 2 种以上等可能结果时的概率分布称为多项式分布(Multinomial Distribution)。例如,掷骰子可以产生 6 种可能的结果。因此二项式分布可视作多项式分布的特例,即只存在 2 种可能结果。

$$P_N(x_1,x_2,\cdots,x_n) = \frac{N!}{x_1!\cdots x_n!}\theta_1^{x_1}\cdots\theta_n^{x_n}$$

$x_1 - x_n$ 为可能的结果,N 为实验总次数,$\theta_1^{x_1}\cdots\theta_n^{x_n}$ 为各种可能结果的概率。X_i 的均值和方差分别为 $N\theta_i$ 和 $N\theta_i(1-\theta_i)$。

1.1.3　计数变量

(1)泊松分布

有时候研究需要记录事件发生的次数。例如,发展心理学家在特定时间内记录儿童攻击行为或欺负行为的频次。再如,安全管理方面的专家统计某段时间内交通事故发生的次数,诸如此类都将产生计数型数据。计数数据在心理学研究中不常见,但在某些社会科学领域是相当普遍的。计数型数据服从泊松分布(Poisson Distribution),公式如下:

$$P(X = k) = \frac{e^{-\gamma}\gamma^k}{k!}$$

泊松分布的均值等于方差。当二项分布的 n 很大而 p 很小时,泊松分布可作为二项分布的近似,其中 γ 为 np。

在泊松分布中有两个基本的假设限制了其应用(Sturman,1999)。第一,计数变量(Count Variable)的方差和均值假设相等。在实际应用中,方差通常大于均值即过度离散(Overdispersion)。第二,观测独立。

(2)负二项式分布(Negative Binomial Distribution)

负二项式分布与泊松分布类似,只是释放了泊松分布的两个前提假设,即方差和均值可以不等,观测可以不独立。负二项式分布是指在进行伯努利实验时,某个事先确定的成功次数出现时的概率分布。例如,事先规定出现 5 次硬币正面向上时即终止实验。负二项式的密度函数如下:

$$P(x,r,p) = C_{x-1}^{r-1}p^r(1 - p)^{x-r}$$

$P \cdot (x,r,p)$ 为负二项式概率,p 为每次独立实验成功的概率;x 为实验的总次数;r 为事先设定达到成功的次数。例如,求连续抛 5 次硬币出现 3 次向上的概率。此时,$p = .5, r = 3, x = 5$,将上述数值带入公式,算得 $p \cdot (x,r,p) = P(5;3,.5) = C_4^2 .5^3(1 - .5)^{5-3} = .1875$。

负二项式分布与泊松分布类似,在负二项式分布中方差和均值并不需要假设相等,当两者相等时等价于泊松分布(Sturman,1999)。在很多情况下,负二项式回归优于泊松回归(Hausman,Hall & Griliches,1984)。

1.2 外显变量和潜在变量

外显变量(Manifest Variable)或观测变量(Observed Variable)是可以直接观测的变量,如个体在量表/问卷条目上的得分或度量计上的读数。外显变量可以是连续的、分类的或顺序的、计数的和名义的变量。当然,不同类型的变量与潜变量之间的关系不同,上述五种数据类型分别对应着线性回归、Probit 或 Logistic 回归、泊松回归、多项式回归。

潜变量(Latent Variable)通常是指不能直接观测的变量,需要借助外显的测量指标来估计。与潜变量类似的概念有很多,如建构(Constructs)、特质(Trait)和因子(Factor)等,这些概念经常替换使用,用于表达类似的意思。潜变量的正式定义也有不少(Bollen,2002),如局部独立性(Local Independence)、期望值(Expected Value),观测变量非决定函数定义(Nondeterministic Function of Observed Variables)和样本属性定义(Sample

Realization），这些定义的概念列在表 1-1 中。

表 1-1　潜变量的概念汇总

概念名称	具体定义和说明
局部独立性	指标之间的相关是由于背后共同的潜变量造成的，一旦潜变量保持恒定，指标间彼此独立。
期望值	也即真分数，如果用同一个指标（工具）反复测量同一个被试多次，并且每次反应之间相互独立，那么多次的期望均值就是真分数。
非决定函数	在线性结构方程模型中，如果不能只通过方程去表达一个变量与外显变量间的关系，那么这个变量就是潜变量。
样本实现	一个潜随机或非随机变量是这样一种随机或非随机变量，这一变量在特定样本中不存在样本实现。至少对于某些观测来说根据样本实现的观点，所以变量都是潜变量，除非它们可以获得样本值。概念的关键标准在于，在特定样本中某些个体是否存在确定的值。

这些概念在不同程度上概括了潜变量的某些属性，而由 Bollen（2002）提出的样本实现定义最抽象也最具概括性，表 1-2 总结了这些定义对各种统计模型的适用情况（Bollen，2002）。

表 1-2　各潜变量定义对不同统计模型的适应情况

模　　型	局部独立性	期望值	非确定函数	样本实现
多元回归 ε_i	NO	NO	NO	YES
因子分析 $\mu_i\xi_{ik}$	NO	NO	YES	YES
潜在曲线 $\alpha i,\beta i,\varepsilon_{it},\zeta_{\alpha i},\zeta_{\beta i}$	YES[a]	部分[b]	YES	YES
	NO	NO		
项目反应理论 ξ	YES[a]	NO	YES	YES
潜在类别 ξ	YES[a]	NO	YES	YES
结构方程 $\eta,\xi,\zeta,\varepsilon,\delta$	η,ξ 有时 ζ,ε,δNO	NO	YES	YES

a：假设误差不相关；b：测量误差相关与期望值定义相左。

在心理学、教育学等社会科学领域多数研究变量是需要通过外显指标来估计的潜在变量。由于考虑到测量误差，基于潜变量得到的结果更能揭示现象本身的关系。潜变量可以是连续的也可以是间断的，当其为连续变量时称作因子（Factor）或维度（Dimension），为间断变量时称为潜类别（Latent Class）。用于处理不同类型指标与不同类型潜变量之间关系的统计分析模型称作潜变量模型。

1.3　内生变量和外生变量

在一个模型中根据变量在模型中的作用可以将其分为内生变量(Endogenous Variable)和外生变量(Exogenous Variable)。所谓的内生变量是指影响自身的因素在模型之内,外生变量则指影响自身的因素在模型之外。两者在路径图上的区别表现在箭头的方向上,一个只有发出的箭头而没有箭头指向的变量是外生变量,凡是有箭头指向的变量即是内生变量,不管是否发出箭头。

处于内生变量位置的潜变量称作内生潜变量(Endogenous Latent Variable),在LISREL系统中分别使用 y 和 η 表示内生显变量和内生潜变量。相应的,处于外生变量位置的潜变量称作外生潜变量(Exogenous Latent Variable),用 x 和 ξ 分别表示外生显变量和外生潜变量。表1-3呈现了LISREL的符号系统。

表1-3　LISREL 中的符号系统

名　称	参　数	矩　阵	类　型	描　述
外生变量名				
Lambda-X	λ_x	Λ_x	回归系数	因子负荷
Theta-delt	δ	Θ_δ	方差-协方差	误差方差-协方差矩阵
Phi	φ	Φ	方差-协方差	因子方差-协方差矩阵
Tau-X	τ_x		均值向量	指标截距
Kappa	κ		均值向量	潜均值
Xi(Ksi)	ξ		向量	外生潜变量
内生变量名				
Lambda-Y	λ_y	Λ_y	回归系数	因子负荷
Theta-epsilon	ε	Θ_ε	方差-协方差	误差方差-协方差矩阵
Psi	ψ	Ψ	方差-协方差	残差方差-协方差矩阵
Tau-Y	τ_y		均值向量	指标截距
Alpha	α		均值向量	结构方程截距
Eta	η		向量	内生潜变量

1.4　潜变量模型

社会科学领域的大多数概念往往不能直接测量,如智力、人格、社会经济地位等,这些抽象的概念常被称为潜变量。抽象的概念不仅存在于社会科学中,自然科学中也常涉及假设的构念(Construct)。例如,物理学中重力的概念,在物理世界里重力是无法直接被看见或触摸的,但是可用于解释很多外显的现象和不同外显现象间的关系。

与外显变量不同,潜变量往往是假设的概念,仅存在于研究者的头脑或理论中,并非实体存在。为了研究这些抽象的概念,研究者使用外显变量对潜变量进行操作化,同时使用统计模型来估计外显变量与潜变量之间的关系,进而使用可观测的外显变量来间接估计不可直接观测的潜变量。

在研究的过程中,各领域的研究者们发展了一系列的统计分析模型,这些方法被统称为潜变量模型(Latent Variable Model,LVM)。根据变量的分布形态可以将其分为连续型和离散型。连续型变量可以取任意值,而离散型变量的取值范围是有限的,如二分变量只能取两个值:1 或 0。潜变量和显变量均存在连续型和离散型两种形式,所以按照分布形态也可以将潜变量模型分为如表 1-4 所示的 4 种模型(Bartholomew & Knott,1999)。

表 1-4　潜变量模型分类

潜变量	外显变量	
	类　别	连　续
类别	潜在类别分析 Latent Class Analysis	潜在剖面分析 Latent Profile Analysis
连续	潜在特质分析/项目反应理论 Latent Trait Analysis/Item Response Theory	因素分析 Factor Analysis

当外显变量和潜在变量均为连续型变量时,处理外显测量指标与潜在因子之间关系的方法称为因子分析(Factor Analysis,FA)或因子模型(Factor Model,FM)。研究者对 FA 并不陌生,在心理学、教育学、管理研究等社会科学诸多领域 FA 被广为使用,是最常用的多变量分析方法之一(Fabrigar,Wegener,MacCallum & Strahan,1999)。当潜变量为连续变量,外显指标为分类变量时,指标与潜变量之间的关系是非线性的,此时的分析方法称为项目反应理论或潜特质分析。项目反应理论目前主要用于大型能力测验,如 GRE、TOFEL 等。近年来,将项目反应理论用于临床评估和人格测验等应用领域日渐兴盛。

潜变量除了连续型分布外,也可以存在类别分布,即用潜在类别来解释外显变量间的相关。潜变量连续分布说明外显变量的差异是由其在潜变量上的量的差异引起的,而潜类别分布说明背后存在质的差异。

1.5　潜变量模型——扩展

1.5.1　潜变量模型的类型

近年来,潜变量分析模型领域最重要的革新是将连续型潜变量和类别型潜变量整合到一个模型中,即混合模型(Hybrids Model,Muthén,2008)。表 1-5 根据连续-类别潜变量和横断面-纵向研究设计将潜变量模型划分为不同的类别。

表 1-5 潜变量模型类型——扩展

	连续潜变量	类别潜变量	混合
横断面模型 Cross-section Models	因子分析模型,SEM	潜类别分析(Latent Class Analysis,LCA);回归混合模型(Regression Mixture Modeling,RMM)	因子混合模型(Factor Mixture Modeling,FMM)
纵向模型 Longitudinal Models	潜变量增长模型(Latent Growth Curve Model,LGCM)	潜在转换分析(Latent Transition Analysis,LTA);潜类别增长模型(latent class growth modeling,LCGM)	增长混合模型(Growth Mixture Model,GMM)

下面就表 1-5 的各种模型的基本情况作简要介绍,有兴趣的读者可根据引用的文献了解相关的详细信息。

1.5.2 潜在类别分析

潜在类别分析(Latent Class Analysis,LCA;Lazarsfeld & Henry,1968)是通过间断的潜变量即潜在类别(Class)来解释外显指标间的关联,使这种关联通过潜在类别变量来估计,进而维持其局部独立性的统计方法(见图 1-1)。其基本假设是,外显变量各种反应的概率分布可以由少数互斥的潜在类别变量来解释,每种类别对各外显变量的反应选择都有特定的倾向(邱皓政,2008;Collins & Lanza,2010)。当处理连续变量时称作潜在剖面分析(Latent Profile Analysis,LPA)。

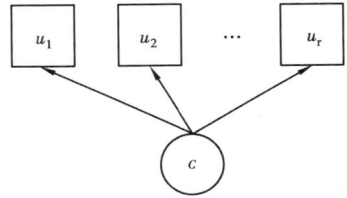

图 1-1 LCA 示意图

1.5.3 潜在转换分析

LCA 处理的是横断面数据,用于确定群体异质性(Heterogeneity),例如 Carragher, Adamson,Bunting 和 McCann(2009)在一个包含 12 180 人的全美代表性样本中将抑郁症状划分成四个类别:严重抑郁症状组(Severely Depressed,40.9%),躯体症状组(Psychosomatic,30.6%),认知情感组(Cognitive-Emotional,10.2%)和健康组(Non-depressed,18.3%)。这种分析只是确定某个时间点个体的类别属性,然而在某个时点确定的类别属性是否会随着时间迁移而发生变化呢?为了解释个体类别属性随时间变化的情况需要使用纵向数据,这时的分析方法称作潜在转换分析(Latent Transition Analysis,LTA;Collins & Lanza,2010)。图 1-2 是一个带有 2 个二分指标、3 个时间点的潜在转换分析示意图。

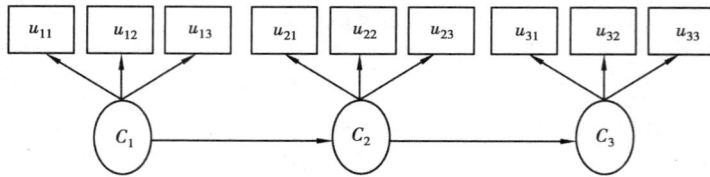

图 1-2　潜在转换分析示意图

1.5.4　因子混合模型

　　传统的因子分析使用连续的潜变量解释指标间的关联,其前提假设是样本同质,即样本内所有个体享有相同的因子结构。如果样本存在异质性,此时使用传统因子分析便不再合适。因子混合模型(Factor Mixture Model,FMM;e. g.,Lubke & Muthén,2005)用于处理存在异质群体的因子分析问题。FMM 同时具有 LCA 和 FA 的特点。在 FMM 中,同时用因子和潜类别两种潜变量对观测数据进行建模。换句话说,通过同时抽取连续和类别的因子使观测指标达成局部独立性。在 LCA 中,一旦潜类别因子确定,各类别组内指标间达成局部独立性。而在 FMM 中则允许类别内指标相关,并通过连续的潜变量来解释这种"残余"的相关。因此可以将 LCA 和 FA 作为 FMM 的特例(Muthén,2008)。图 1-3 是 FMM 模型的示意图。

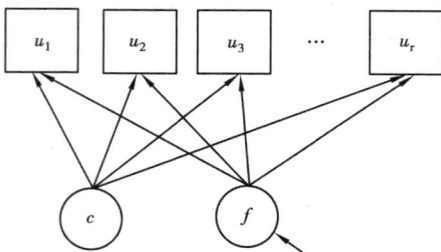

图 1-3　FMM 模型示意图

1.5.5　回归混合模型

　　将 LCA 与传统的回归模型相结合形成回归混合模型(Regression Mixture Model,RMM),即在不同的类别群体建立各自的回归模型(Ding,2006)。可以将传统的回归模型视作 RMM 的特例,即只存在一个潜类别组。更一般的连续和间断潜变量结合的形式是结构方程混合模型(Structural Equation Mixture Modeling;SEMM;Bauer & Curran,2004;Muthén,2008),回归混合模型可以视作其特例。

1.5.6　增长混合模型和潜类别增长模型

　　传统的增长模型(Growth Model,i. e.,Hierarchical Linear Modeling,HLM or Latent Growth Curve Models,LGCM)并没有考虑群体异质性,即假设研究样本中的所有个体有着相同的增长轨迹。很多情况下群体存在异质性,考虑群体异质性的增长模型有两种形式:增长混合模型(Growth Mixture Modeling,GMM;Muthén & Muthén,2000;Muthén,2003;2004)和潜类别增长模型(Latent Class Growth Analysis,LCGA;Nagin,1999)。

　　GMM 中同一个类别有着相似但不完全相同的增长轨迹,即同一潜类别内部个体允许存在方差变异。如图 1-4,是一个 GMM 的发展轨迹图。图中 3 条加粗的线条为 3 个潜在类别发展轨迹,同时存在多条与潜在类别发展轨迹类似的个体发展轨迹。

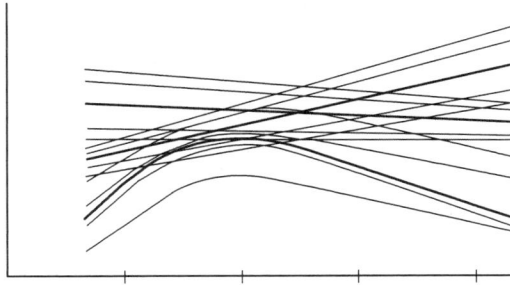

图 1-4　GMM 的发展轨迹

LCGM 则假设同一个类别有着完全相同的增长轨迹,即同一类别内部不存在方差变异,其增长轨迹就是图 1-4 中加粗的线条。

GMM 与 LCGM 的差别在于,GMM 允许类别内存在变异,而 LCGM 各类别内的个体享有完全相同的增长轨迹(Muthén,2004)。因此 LCGM 是 GMM 的特殊形式,而 GMM 更具灵活性(Muthén & Asparaouhov,2006)。

1.5.7　多水平混合模型

上述介绍的模型还可以扩展到多水平结构,例如多水平潜类别分析(Multilevel Latent Class Analysis;Vermunt,2008)、多水平回归混合模型(Multilevel Regression Mixture Analysis;Muthén & Asparouhov,2009)和混合 SEM(Mixture SEM;Bauer & Curran,2004)。对于这些高级模型的介绍超出了本书的范围,但我们鼓励读者根据相关文献学习和使用这些模型以提高研究水平。

1.6　潜变量模型建模软件

近年来,SEM 多元统计分析技术在国内外心理学界日益流行,国内先后出版了几本不错的教科书,发表的研究论文更是不计其数。其中多数研究采用经典的 LISREL 结构方程建模软件或图形操作界面的 AMOS 软件,其他结构方程分析软件使用较少,如 Mplus、EQS、Mx 等。SEM 建模软件各有长处和不足。例如多数 SEM 教科书采用 LISREL 的符号表示系统,或以 LISREL 软件为演示工具,所以采用 LISREL 进行分析有助于对统计方法本身的理解。LISREL 软件的不足之处在于,软件的编程较为复杂,操作者虽然可以在示例程序的基础上根据研究需要进行修改,但对于初学者来说还是非常有挑战性的。图形操作界面的 AMOS 软件非常适合初学者,在任务窗口上将变量之间的关系通过图标的形式呈现,软件会据此做出估计并报告估计结果,由于操作简便大受研究者欢迎。通过图形操作界面设定变量之间的关系,易用的同时也容易出错(Tomarken & Waller,2005),特别是对 SEM 统计原理本身并不精通的初学者。当程序不能执行、报告错误时操作者尚能意识到模型设置错误等问题的存在,倘若有些程序设置错误仍能继续估计,所得错误结果被视为理所当然,实则害人害己。如果有一种 SEM 分析软件能同时具备 LISREL 的原理清晰和 AMOS 简便易用两个优点于一体那该多好啊! 我现在告诉你,用 Mplus 执行 SEM 分析便可以达到这个要求。在 Mplus 中执行 SEM 分析,通过简洁的语句分别定义测量模型和结构模型,根据不同数据类型,程序自行选择适合的参数估计方法。在简单的 SEM 中仅涉及少数几个命令语句,如 BY 和 ON,复杂的模型会涉及 MODEL INDIRECT 语句,即便如此,对于心理学研究中比较复杂的模型,语句设置也是比较简便的。更多 Mplus 特点的介绍将放在第 2 章。

下面是常用 SEM 建模软件及网址,以方便有兴趣的读者进一步了解。

商业软件:

AMOS(Arbuckle,1995—2012)
www. spss. com/amos/

EQS 6. 0(Bentler,2006).
www. mvsoft. com/

LISREL(Jöreskog & Sörbom,2006)
www. ssicentral. com/lisrel/

Mplus(Muthén & Muthén,1998—2010)
www. statmodel. com/

大型统计软件:

SAS TCALIS
http://support. sas. com/documentation/cdl/en/statugtcalis/61840/PDF/default/statugtcalis. pdf

Stata GLLAMM
www. gllamm. org/

Statistica SEPATH
www. statsoft. com/products/statistica-advanced-linear-non-linear-models/itemid/5/#structural

Systat RAMONA
www. systat. com/

免费 SEM 软件:

AFNI 1dSEM package
http://afni. nimh. nih. gov/sscc/gangc/PathAna. html

OpenMx
http://openmx. psyc. virginia. edu/

SmartPLS(偏最小二乘法估计)
www. smartpls. de/forum/

※推荐阅读※

类别数据分析可参见 Agresti(2007)的教科书,该书解释了类别数据分析常用的统计模型。Muthén(2008)的文章阐述了 Mplus 框架内所包含的潜变量模型,是概略性了解潜变量分析模型最好的读物。Bollen(2002)的文章对潜变量的定义给予了梳理和对比,并提出潜变量更一般的定义。

Agresti, A. (2007). An Introduction to Categorical Data Analysis Second Edition. Hoboken: John Wiley & Sons.

Bollen, K. A. (2002). Latent variables in psychology and the social sciences. Annual Review of Psychology, 53, 605-634.

Muthén, B. (2008). Latent Variable Hybrids Overview of Old and new Models. In G. R. Hancock & K. M. Samuelsen (Eds.), Advances in latent variable mixture models. Charlotte, NC: Information Age Publishing, Inc.

2 *Mplus* 简介及主要命令语句

2.1 Mplus 简介

Mplus 是一款功能强大的潜变量建模软件,将其多个潜变量模型综合于一个统一的分析框架。Mplus 主要处理如下模型:探索性因素分析(Exploratory Factor Analysis,EFA)、验证性因素分析(Confirmatory Factor Analysis,CFA)与结构方程模型(Structural equation modeling,SEM)、项目反应理论(Item Response Theory analysis,IRT)、潜类别分析(Latent Class Analysis,LCA)、潜在转换分析(Latent Transition Analysis,LTA)、生存分析(Survival Analysis)、增长模型(Growth Modeling)、多水平模型(Multilevel Analysis)、复杂数据(Complex Survey Data Analysis)和蒙特卡洛模拟(Monte Carlo Simulation)等。

Mplus 软件的前身是 Bengt. O. Muthén 教授开发的结构方程建模软件 LISCOMP。Mplus 的第 1 版发布于 1998 年底,经过 10 多年的完善和拓展,最近一次升级为 2012 年发布的第 7 版[1]。当前的 Mplus 7 提供了多个操作系统版(Windows,Mac OS X,和 Linux)。

Mplus 由基本主程序和两个扩展模块组成:多水平(Multilevel Add-On)和混合模型(Mixture Add-On)。通过不同搭配,Mplus 提供四种不同的功能组合:

①基本程序。基本上等同于一般的 SEM 软件,能处理回归分析、探索和验证性因素分析、增长模型和生存分析等。

②基本程序 + 混合模型模块。在包含基本程序功能外,增加了估计类别潜变量模型的功能。

---

[1]　本书的所有示例采用 Mplus 6.12 版本。

③基本程序 + 多水平模型模块。在包含基本程序功能外,增加了估计嵌套数据(多水平数据)的功能。

④基本程序 + 两个模块组合。包含基本程序功能、混合模型模块和多水平模型模块的全部功能。

由于功能不同,价格也不同(详见表 2-1)。Mplus 提供的学生价大致是商业版售价的三分之一。

另外,可从 Mplus 主页(http://www.statmodel.com/demo.shtml)下载演示版。演示版具有 Mplus 全部的分析功能,只是在处理变量数量上受到限制。具体来说,演示版只允许最多 2 个自变量和 6 个因变量,以及只能分析 2 水平的变量。

表 2-1　Mplus 7 学生价目表

Mplus Version 7 Products	Version 6.11 Student Pricing
Mplus Base Program	$ 195
Mplus Base Program and Mixture Add-On	$ 240
Mplus Base Program and Multilevel Add-On	$ 240
Mplus Base Program and Combination Add-On	$ 350

2.2　Mplus 安装与运行过程

2.2.1　Mplus 安装

安装 Mplus 要求的硬件条件并不高,具体来说,

①操作系统。

a. Microsoft Windows 2000/XP/Vista/7;

b. Mac OS X10.4 或更新版本;

c. Linux(Ubuntu,RedHat,Fedora,Debian,和 Gentoo)。

②内存大于 1 GB。

③至少 120 MB 的硬盘存储空间。

2.2.2　Mplus 运行过程

图 2-1 为 Mplus 的主界面,非常简洁。图 2-2 为 Mplus 的工作界面,所有的建模过程均呈现在工作界面上。Mplus 默认命令符为蓝色字体,其他为黑色字体,注释通过感叹号"!"引导开始,为草绿色字体。

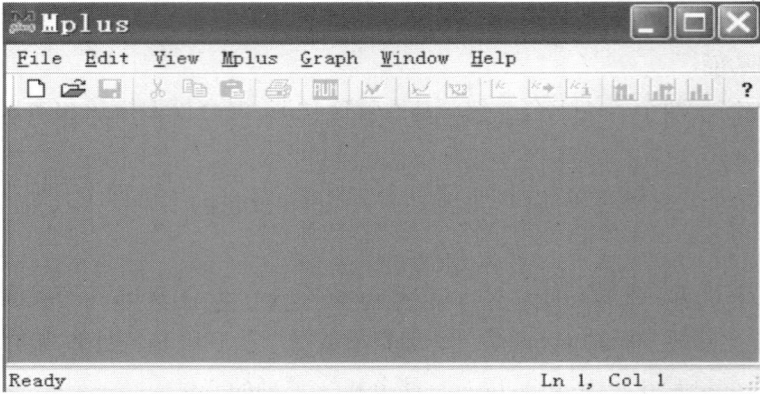

图 2-1 Mplus windows 版的界面

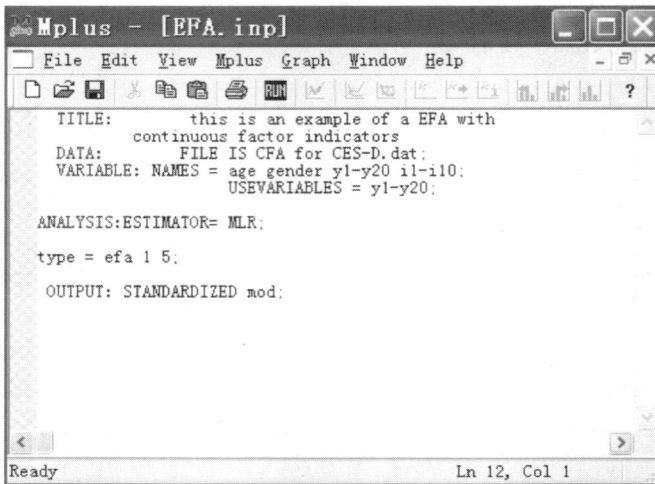

图 2-2 Mplus 的工作界面(输入窗口)

　　模型定义完成后,首先保存,然后点击 **RUN** 图标,程序将会进入 dos 运行界面(图2-3)并出现运行提示(图 2-4),短暂停留后(运行时间依据模型类型、复杂程度和样本量等因素而定)呈现结果输出界面(图 2-5)。

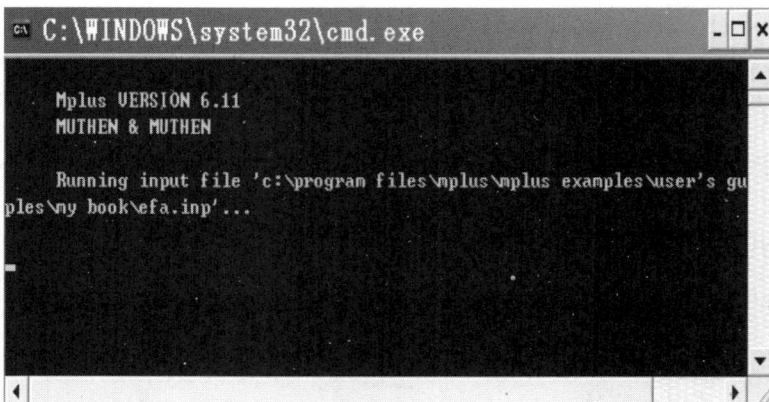

图 2-3 Mplus 的 DOS 运行界面

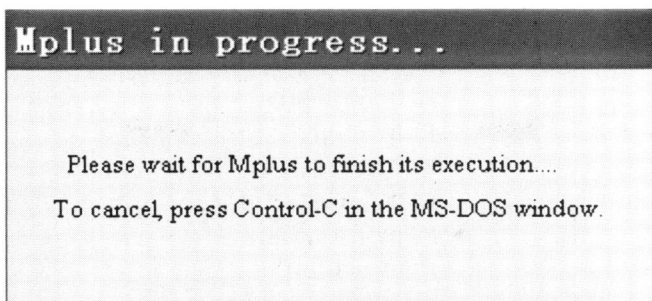

图 2-4　Mplus 运行提示

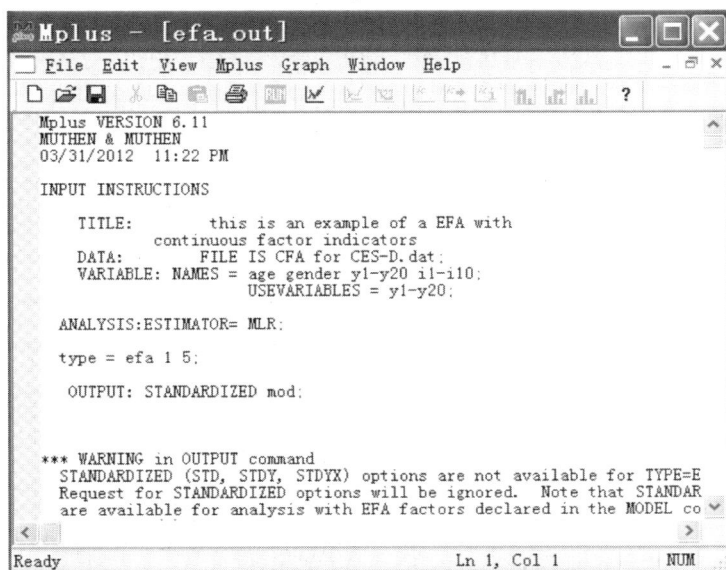

图 2-5　Mplus 结果输出窗口

2.3　Mplus 命令概述

Mplus 命令最大的特点是能用简洁的语言表达复杂的模型,同时易于理解。Mplus 的命令语句非常精炼,多数情况下,使用非常简短的语句便可表达复杂的关系,这种关系在其他同类分析软件中则需要复杂的设置。虽然图形操作界面的 AMOS 软件可以通过作图的方式设定模型[1],然而当模型涉及较多变量时,无论在操作和美观上都很不方便。正如图 2-6 所示,这是一个涉及 10 个潜变量和 61 个测量指标的验证性因素分析模型。该图给人的第一印象便是乱,10 个潜变量之间的 45 对相关系数很难厘清,在模型设定时一不小心就漏掉了某一(几)条路径。而该图所涉及的关系,用 Mplus 语句表达,则简洁而明了,见表 2-2。

---

〔1〕　Mplus 7 提升了绘图功能,通过安装 JAVA 也可以像 AMOS 一样通过设置路径图实现部分模型设定。

表 2-2 复杂模型路径图的 Mplus 表达

```
MODEL:FI BY c1-c4;
      F2 BY uc3-uc8;
      F3 BY q1-q7;
      F4 BY u1-u4;
      F5 BY ef1-ef3 ef5 i2-i5;
      F6 BY t1-t5 p1-p3;
      F7 BY as3-as6;
      F8 BY aw1-aw5;
      F9 BY l1-l6;
      F10 BY pr1-pr8;
```

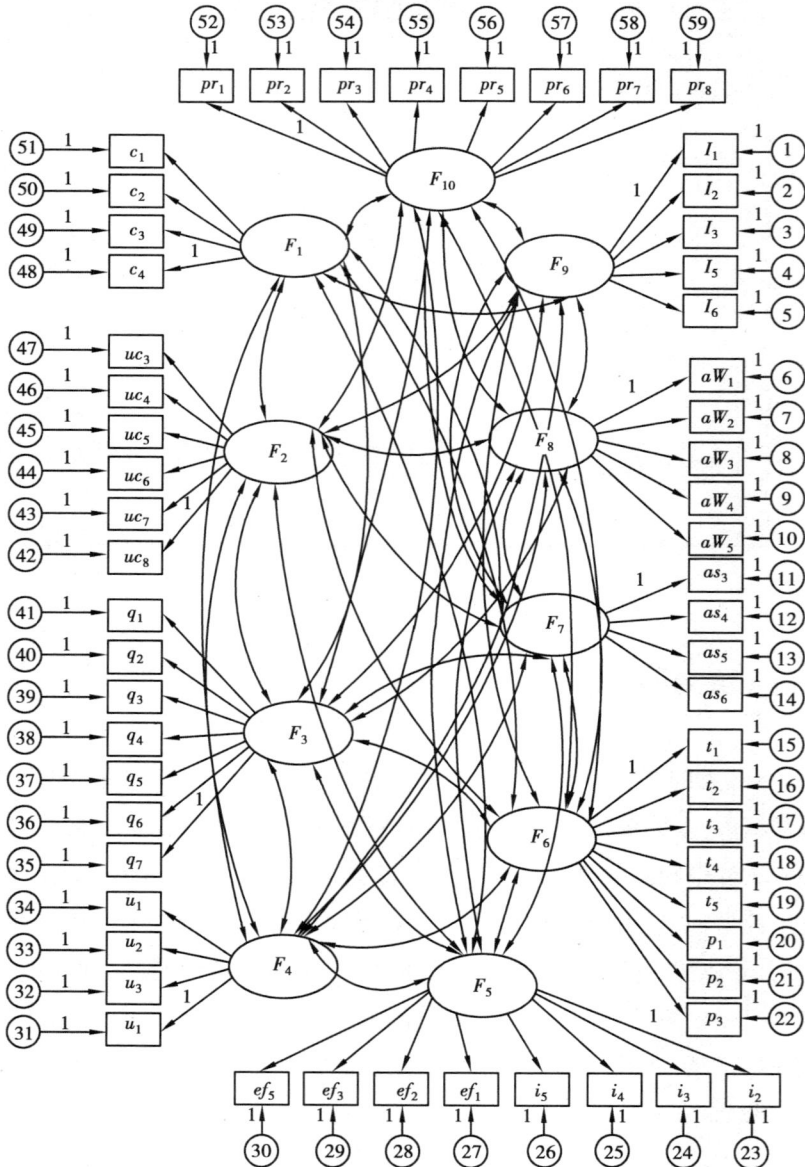

图 2-6 一个复杂模型的路径图

在 Mplus 中表达如此简洁是因为很多参数已经由 Mplus 在后台设定为默认设置。具体来说:①为了模型识别(为潜变量指定测量单位,见本书第 5 章),每个因子的第一个条目的负荷默认为 1;②10 个因子之间彼此相关;③因子方差、条目残差方差和条目截距自由估计;④条目残差不相关;⑤测量指标为连续变量[1]。当然,这些程序默认的设置可根据研究需要通过另外的设定而被改变。

上面这个例子给大家演示了 Mplus 估计模型时的优点,当然,这里提到的优点只是 Mplus 众多优点中最显而易见的方面,Mplus 最有魅力的方面在于其提供多种估计方法和处理复杂模型的能力,这些特点将是本书要探讨的主题。

Mplus 功能强大,包含很多语句,而本书主要介绍心理学等社会科学研究中常用的统计模型,所以只涉及部分语句,本书未涉及的语句有需要的读者可参考 Mplus 用户手册。另外,本章着重介绍最基本的语句,一些特殊语句将放到各章具体使用时再做详细介绍。

2.4 Mplus 常用命令

Mplus 有十个一级命令,分别为:标题(TITLE),数据(DATA),变量(VARIABLE),定义(DEFINE),分析(ANALYSIS),模型(MODEL),输出(OUTPUT),保存数据(SAVEDATA),绘图(PLOT)和蒙特卡洛(MONTECARLO)。其中 DATA,VARIABLE 和 ANALYSIS 是所有分析必要的命令,其他命令则为非必要命令。请注意,这里的必要是指一个分析缺少这些命令将无法执行,其他非必要命令的缺失不会影响到分析的执行。然而,有些非必要命令对于有效的分析仍然是不可缺少的。执行一个分析的目的是为了得到有用的结果,如果不使用 OUTPUT 结果输出命令,整个分析可以执行,但并不报告要求的结果,这样的分析也是无效的。

十个命令群中,除了 TITLE 标题命令较为单一外,其他命令群均包含多个子命令,Mplus 强大的分析功能就是通过这些子命令实现的。限于篇幅,下面仅对各命令群中最常用的子命令进行介绍,其他子命令可在 Mplus 手册第 15—20 章获得详细介绍。

2.4.1 标题(TITLE)

标题命令用于为程序起个名称,并非 Mplus 必须的命令。标题可以是英文也可以是中文的。需要注意的是,**标题中尽量不要出现 Mplus 的命令字符**,以免产生不必要的错误。

2.4.2 数据(DATA)

数据命令是 Mplus 必须的命令,用于指定数据文件存放的路径。

---

[1] 如果不指定变量类型,Mplus 则默认为连续变量。

(1)数据准备

心理学及社会科学研究者经常使用 SPSS 作为数据管理和统计分析的工具。使用 SPSS 的一个好处是可以通过 SPSS 将数据转换成与其他统计分析软件对接的数据格式或自由格式。具体通过 SPSS 的"FILE"下拉菜单中的"SAVE AS"来实现。不像其他结构方程软件可以读取多种数据文件,Mplus 只能读取 ASCII 格式文件(通常后缀为. dat 和. txt 的文件)。

Mplus 可以识别自由和固定两种结构的数据。由于心理学等社会科学领域的研究样本量通常不是很大,涉及的变量也不是很多,所以使用自由格式数据比较普遍。当样本量和变量很多时,使用固定格式的数据读取速度更快。Mplus 通过 DATA 命令指定与数据相关的信息。FILE 语句用于指定数据文件的存储路径和文件名。例如,

FILE is c:\mplus\ptsd. dat;

上述指令提示文件名为 ptsd. dat,存储路径为 C 盘 Mplus 文件夹。在自由格式数据文件中,每列为一个变量,变量之间用空格、逗号或制表符进行限定,缺失值必须用". "或其他数值代替(如,9 或 99),否则会发生读取错误。Mplus 对变量数是有限制的,变量数的上限是 500,字符的长度是 5 000。也就是说,数据文件中最多能包含 500 个 10 位数的变量。

(2)数据格式

固定格式

在固定格式文件中,每个变量所占字符数必须相等,FORTRAN 式的定义是可以被 Mplus 接受的。常用的 FORTRAN 的描述符有"F""x""t""/"。其中 F 用于指定变量的格式,其后可以跟整数,也可以跟小数。整数表示变量是没有小数点的整数值,整数表示是几位数;如果是小数则说明数据含有小数点,小数点前的数值代表数据包含几个数字,小数点后的数字表示数据包含几位小数。例如,12.36 可写成 F4.2 的形式为 1236。F 前也可以有整数值,表示有多少个 F,例如 F4.1,F4.1,F4.1,F4.1,F4.1,可缩写为 5F4.1。

x 字符用于表示跳过多少列不读取,如 25x,表示跳过 25 列不读。

t 字符用于指定具体读取某列变量,如 t30,表示读取第 30 列。

下面的语句:FORMAT IS 5F4.1,5x,t30,5F5.2;

第一个 5F4.1 是 5 个 F4.1 的缩写形式,即表示 F4.1,F4.1,F4.1,F4.1,F4.1。第 2 个 5x 表示跳过 5 列数据不读取。t30 表示直接读取第 30 列的数据,最后的 5F5.2 与 5F4.1 一样,表示 5 个保留 2 个小数点的 5 位数。整个数据文件有 55 位数。

自由格式

自由格式数据文件可以通过上述所说的 SAVE DATA 获得。具体操作步骤为,打开 SPSS 文件→FILE→SAVE DATA→对话框选择保存文件类型,下拉选项中选择"Tab-delimited(*.

dat)"格式[1],最后单击确定即可。这里需要特别提醒的是,Mplus 不能识别数据文件中除数值以外的字符(特定的缺失值标签除外),所以在通过 SPSS 转换产生 ∗.dat 文件时要把原数据文件中的变量名等(非数值型)不需要的信息删去,以避免不必要的错误。

当数据文件的路径和格式等设置好后,还需要提供数据文件内容的信息,这一步通过 TYPE 来实现的。一般来说,数据文件要么提供单个信息(原始数据)要么提供汇总信息(在原始数据基础上汇总的信息,如相关矩阵、协方差矩阵等)。TYPE 命令下共有 9 种类型可供选择,其中最常用的是 INDIVIDUAL,即提供原始数据,也是程序默认的类型。INDIVIDUAL 定义的数据矩阵为行表示观测样本,列表示变量。在社会科学研究中,绝大多数数据文件以 INDIVIDUAL 类型存储,所以通过 SPSS 转换后的 ∗.dat 文件即为这种形式,因此在多数情况下不需要 TYPE 语句。

另外,在有些情况下需要使用汇总数据。例如,原始数据无法获得,或是需要对某些概念间的相关系数矩阵或协方差矩阵进行元分析。汇总数据必须为自由格式的外部 ASCII 文件,而且需要使用 NOBSERVATIONS 注明样本量的大小。例如,TYPE IS CORRELATION MEANS STDEVIATIONS;

.4.6.3.5.5! 均值

.2.5.4.5.6! 标准差

1.0

.86　1.0

.56　.76　1.0

.78　.34　.48　1.0

.65　.87　.32　.56　1.0

汇总数据必须提供观测变量的个数,**在 DATA 后加:**"NOBSERVATIONS = 1 000;"。

最后,DATA 命令下还提供对数据结构进行转换的指令,有兴趣的读者可以参考 Mplus 6.0 用户手册 465-471 页。

2.4.3 变量(VARIABLE)

变量命令是 Mplus 必须的命令之一,必须通过变量命令才可以对数据文件进行有意义的处理。对于初学者来说,最大的困难之一就是如何整理数据和使用变量命令来定义变量。一般情况下,最基本的变量命令有三个:①定义数据文件中的变量;②选择分析使用的变量;③定义变量的类型或尺度。

(1)VARIABLE 定义数据文件中的变量

前面提到过,数据文件中除了数字之外不允许其他变量名称的字符存在,所以在分

---

[1] 不同的 SPSS 版本稍有区别,在 SPSS15.0 中选择"Tab-delimited(∗.dat)"格式,而在 SPSS18.0 中"Tab-delimited(∗. dat)"格式与固定 ASSCII 格式差别不大,前者带有原文件的变量标签,而后者则没有。

析数据之前需要给数据文件中出现的数据命名,或者说给每列变量取个名字。由于数据文件的格式已通过 DATA 命令定义,所以这里只需要给每列变量指定一个标签即可,所有变量都要有名称,否则程序读取时会出现错误,变量名最多允许 8 个字符。例如,VARIABLE IS/ARE/ = y1 y2 y3 y4 y5。说明数据文件包含 5 个变量,名称分别为 y1—y5。

(2)USEVARIABLES 选择分析使用的变量

一个数据文件可能包含很多变量,但某项分析可能只涉及部分变量,所以在某个具体分析之前要对所使用的变量进行选择,使用 USEVARIABLES 来定义。例如,USEVARIABLES ARE/ = y1 y2 y3 y4 y5;或缩写成 USEVARIABLES ARE/ = y1—y5,意指数据文件包含 y1—y10 十个变量,而只使用前五个变量。

(3)定义变量的类型或尺度

定义变量的类型或尺度很重要,因为在 Mplus 中,不同的变量类型对应着不同的参数估计方法,也就是说程序使用不同的统计方法是根据指定的变量类型进行的。例如,在回归分析中,连续型因变量对应线性回归,二分因变量对应 logistic 回归等。变量的尺度有连续、类别、计数、名义、截尾[1],这些数据需要不同的字符来定义,分别对应:CONTINUOUS,CATEGORICAL,COUNT,NOMINAL 和 CENSORED。在 Mplus 中默认的数据类型是连续的,所以连续变量不需要定义,或者说,非连续性变量若不定义会被程序当作连续型变量处理。

心理学和社会科学研究中常用的量表多采用李克特式问卷,如李克特 5 点计分,1 = 非常同意,2 = 同意,3 = 中立,4 = 不同意,5 = 非常同意。从心理测量学的角度来说,李克特 5 点式数据为类型数据,并没有达到等距水平,因为从"1 = 非常同意"到"2 = 同意"之间的距离并不等同与从"3 = 中立"到"4 = 不同意"之间的距离,然而在实践中多数研究者将 5 点李克特量表视作连续变量来近似处理。需要提醒读者的是这种做法只是处理数据上的方便,得到的只是近似估计,而非 5 点李克特量表为连续型数据。在研究过程中也常会遇到二分变量,如 MMPI,EPQ 和 CPI 等人格量表或临床评估工具。在定义顺序变量(orderedcategorical)或二分变量(binary)时需要使用 CATEGORICAL 指令。用 COUNT、NOMINAL 和 CENSORED 分别指定计数、名义和截尾数据。

(4)USEOBSERVATIONS

用于选择符合特定条件的样本。例如,USEOBSERVATIONS = gender EQ 1 AND GRADE EQ 1;选择所有符合性别为 1,年级也为 1 的样本。EQ 为逻辑符,表示"等于",

---

[1] 所谓的截尾变量是指其分布在上端或下端被截掉了。例如某变量的选项为 1、2、3、4、5,在一项调查中,可能没有人选 1,此时就产生了一个截尾变量。

除此之外,还有如下逻辑符:

　　AND:和;

　　OR:或者;

　　NOT:否;

　　NE:不等于或"/ = ";

　　GE:大于等于" > = ";

　　LE:小于等于或" < = ";

　　GT:大于或" > ";

　　LT:小于或" < "。

(5)缺失值

MISSING 用于定义数据文件中的缺失值。Mplus 提供两种缺失值标记:数值型和非数值型。前者是通过指定数据文件中的某(几)个数值代表数据缺失。例如,MISSING = ALL(9),表示所有变量的缺失值用 9 表示。如果不同的变量有不同缺失值标记符,则同 MISSING = Y1(9) Y2(99) Y3(999),表示为变量 Y1 的缺失值用 9 表示,其他两个变量 Y2 和 Y3 的缺失值分别用 99 和 999 表示。MISSING = y1 - y10(9);表示变量 y1 - y10 的 9 代表缺失值。MISSING = y1(9) y2(9　99);表示变量 y1 的缺失值用 9 代表,y2 的缺失值用 9 和 99 表示。

非数值型则是采用某种符号代表数据缺失。常用的非数值型缺失标记符有" * "".",或直接指代为空白 MISSING = BLANK。需要注意,MISSING = BLANK 不能用于自由格式的数据。

GROUPING:用于指定数据文件中用于分组的变量及数值标签代表的组别。例如,GROUPING = gender(1 = male 2 = female),说明数据文件中的 gender 为分组变量,1 代表男性组,2 代表女性组。

(6)定义

DEFINE 定义命令是一个很有用的命令,可以通过加减乘除和逻辑转换定义新变量。也可以使用数据转换命令计算或转换新变量。常用的数据转换命令有如下几个:

MEAN 通过平均几个变量的均值定义新变量。例如:Y = MEAN(y1 y2 y3);定义一个新变量 Y,其值等于 y1—y3 三个变量的均值。

CLUSTER_MEAN 同 CLUSTER 同用,定义每个 CLUSTER 中个体水平的均值。例如,Y = CLUSTER_MEAN(x);新变量 Y 为每个 CLUSTER 中 x 变量的均值。

SUM 通过求几个变量的和定义新变量。例如,Y = SUM(y1 y2 y3);定义一个新变量 Y,其值等于 y1—y3 三个变量的和。

CUT 通过预定的切分点将变量划分为类别变量。例如,CUT Y1(10 20);将变量 Y

划分为 3 类,≤10 的转化为 0;10—20 之间的转化为 1,≥20 的转化为 2。**注意**:产生新变量时,产生的新变量必须写入 USEVARIABLE,否则在随后的分析中不能使用。

(7)辅助变量(AUXILIARY)

辅助变量有 4 个功能:

①配合 SAVEDATA 命令将分析中未使用的变量保存下来。

②与 TYPE = GENERAL 和 ML 估计配合使用,用于缺失值分析。辅助变量(Auxiliary Variables,与缺失值相关的变量)可以减少估计偏差并提高满足随机缺失假设的可能性(Collins et al.,2001;Schafer & Graham,2002)。具体来说,在分析缺失值数据时将辅助变量纳入分析过程,但辅助变量并不出现在模型中。例如:AUXILIARY = z1 − z4(m);括号内的 m 表示 missing,即辅助变量用于缺失值分析。

③与 TYPE = MIXTURE 配合使用,用于检验变量均值跨类别差异检验,括号内 e 表示 equality。例如:AUXILIARY = y1(e) y2(e);用以检验 y1、y2 两个变量的均值在不同潜在类别组是否相等。

④与 TYPE = MIXTURE 配合使用,作为潜在类别变量的预测变量进行多项式 logistic 回归,括号内 r 表示 regression。例如:AUXILIARY = Y1(r) y2(r)。r 和 e 不能同时使用,但第一种功能和与其他 3 种功能可以组合使用,例如:AUXILIARY = gender Y1 − y5(e);。

2.4.4 分析(ANALYSIS)

分析命令涉及的主要是参数估计方法。其表达式为:

ANALYSIS:

　　　　　　TYPE = 分析类型;

　　　　　　　　= GENERAL! 分析的类型为一般,为 Mplus 默认;

　　　　　　　　= MIXTURE! 分析的类型为混合模型;

　　　　　　　　= TWOLEVEL! 分析的类型为两水平模型;

　　　　　　　　= EFA##! 分析的类型为探索性因素分析;

　　　　　　ESTIMATOR = 参数估计方法;

　　　　　　　　= MLM! 稳健极大似然估计;

　　　　　　　　= ML! 参数估计方法;

Mplus 提供的估计方法:

①ML(Maximum Likelihood)极大似然估计,是最常用的参数估计法,也是绝大多数结构方程建模软件默认的参数估计法。当因变量为连续变量时,也是 Mplus 默认的参数估计法。

②MLM **估计**。极大似然估计伴标准误和均值校正的卡方检验,此时得到参数为 Satorra-Bentler 校正统计量。此方法适用于非正态数据,见第 5 章,第 6 章及第 9 章。

③MLMV **估计**。极大似然估计伴标准误和均值-方差校正卡方检验,用于非正态数据估计。

④**稳健极大似然估计**(Robust Maximum Likelihood Estimator,MLR),适应于非正态和非独立数据(复杂数据结构,与 TYPE = COMPLEX 合用),标准误采用 sandwich 估计法。MLR 卡方检验渐进等价于 Yuan-Bentler T2* 检验统计量。

⑤MLF 极大似然估计伴一阶衍生近似标准误和传统卡方检验。

⑥Muthén **有限信息参数估计**(Muthén's Limited Information,MUML)。

⑦**加权最小二乘法估计**(Weighted least square,WLS)。当所有的指标为连续性变量时 WLS 所得卡方等同于渐进自由分布法 ADF。WLS 对数据分布形态没有要求,但是需要较大的样本量,如 $N > 2\,500$,才能得到稳定的参数估计值。

⑧WLSM 加权最小二乘法估计伴均值校正卡方检验。

⑨WLSMV 加权最小二乘法估计使用对角加权矩阵伴均值-方差校正卡方检验。该估计法为处理类别数据设计,更深入的介绍见第 9 章。

⑩**非加权最小二乘法**(Unweighted Least Squares,ULS)。

⑪ULSMV 非加权最小二乘法使用全部加权矩阵伴均值-方差校正卡方检验。

⑫**广义最小二乘法**(Generalized Least Square,GLS)。

2.4.5 模型(MODEL)

MODEL 命令主要用于对假设模型进行设定。在 MODEL 模块中提供了如下表所示的语句用于设定模型。

表 2-3 Mplus **命令汇总**

字 符	功 能	示例与注解
BY	通过指标定义潜变量	f1 BY y1—y5;! 因子 f1 由 y1 y2 y3 y4 y5 五个外显指标测量
ON	定义回归关系	f1 ON f2 – f4;! 因子 f2 f3 f4 三个变量预测因子 f1; f1 ON x1 x2;观测指标 x1 x2 预测因子 f1。
PON	定义配对回归关系	f1 f2 PON f3 f4 等价于 f1 ON f3;f2 ON f4。
WITH	定义相关或协方差相关	f1 WITH f2;因子 f1 与因子 f2 相关; x1 WITH x2;指标 x1 与 x2 相关。
PWITH	定义配对相关或协方差关系	f1 f2 PWITH f3 f4;等价于 f1 WITH f3;f2 WITH f4。
List of variables;	定义方差和残差方差	f1 y1 – y5;估计 f1 y1 – y5 的方差或残差方差。当变量是自变量时为方差,当为因变量时为残差方差。
[List ofvariables];	均值、截距或阈限值	[y1 f1 x1] 估计 y1 f1 x1 的均值、截距或阈限。

续表

字　符	功　能	示例与注解
*	指定开始值或将默认设置改成自由估计	F1 by y1 * y2 y3 y4；在 Mplus 中执行因素分析时，为了统一测量单位，程序默认第一个条目的因子负荷为 1，通过 * 可以将程序默认值改为自由估计，或者改成其他任意开始值。 F1 by y1 y2 * 0.5 y3 y4 * 0.6；条目 y2 的因子负荷起始值设定为 0.5，y4 的因子负荷初始估计值自定为 0.6。
@	固定参数	F1 by y1 y2@0.5 y3 y4@0.6；项目 y2 和 y4 的因子负荷被分别固定为 0.5 和 0.6； F1@0；f1 的方差固定为 0；
(number)	限定参数相等	F1 by y1—y5(1—5)； F2 by y6—y10(1—5)； 上述语句表明，条目 y2 和 y7，y3 和 y8，y4 和 y9，y5 和 y10 的负荷设定为相等，条目 y1 和 y6 的负荷程序默认为 1。 F1 by y1—y5(1)；表明条目 y1—y5 的因素负荷固定为相等。
Variable $ number	设定变量的阈限	用于类别变量，如 u1 $ 1，指类别变量 u1 的第一个阈限，阈限的个数等于变量类别个数减 1。
Variable # number	定义观测名义变量或类别潜变量，如 C1#1，指类别变量 C1 的第一个类别。	
variable#1	为截尾变量或计数膨胀变量命名	
(name)	命名某参数	如，F1 BY Y1—Y3(la1—la3)；指三个因子负荷分别命名为 la1—la3。
		定义随机效应变量	与 ANALYSIS 中的 TYPE = RANDOM 连用分析随机系数模型。例如，S	Y1 ON X1，表明用 S 代表随机回归系数。
AT	定义随机效应变量的测量时点	
XWITH	定义交互变量	
MODEL INDIRECT；	描述间接效应和总效应	

续表

字 符	功 能	示例与注解
IND	定义特定的间接效应或一组间接效应。	IND 左边的变量为因变量,右边最后一个变量为自变量,右边的其他变量都为中介变量,即指定自变量通过该中介变量对因变量的间接效应。
VIA	描述一组包含特定中介变量的间接效应。	VIA 与 IND 类似,左边的为因变量,右边最后一个为自变量,右边其他变量为中介变量。VIA 指定的是所有经过中介变量由自变量到因变量的间接效应。
MODEL CONSTRAINT;	模型限定命令	通过该命令可以设定模型估计参数间的线性和非线性关系,见本书第 6 章的运用。
NEW	为模型限定命令设置的新变量命名	这些变量在数据文件中并未出现过。数据文件中出现的变量可通过 VARIABLE 命令的 CONSTRAINT 设定,否则不能在 MODEL CONSTRAINT 中使用。

2.4.6 输出(OUTPUT)

通过 OUTPUT 命令获得模型分析结果。在 OUTPUT 下,有如下几个常用的语句。

SAMPSTAT 要求报告的样本统计量有以下几项。连续变量时:均值、方差、协方差和相关系数;类别变量时:阈限值,二分因变量时的一阶和二阶样本比率;四分相关、多级相关 polychoric、多系列相关 polyserial 等信息。

CROSSTABS 提供类别变量间的交叉频率表。

STANDARDIZED 要求提供标准化参数统计量及对应的标准误。Mplus 默认提供三种标准化结果:STDYX, STDY 和 STD。STDYX 标准化同时使用连续潜变量、背景(background)变量和结局(outcome)变量的方差。STDY 标准化同时使用连续潜变量和结局(outcome)变量的方差。当协变量为二分变量时采用 STDY,因为二分变量标准差的变化并无意义。STD 标准化只使用连续潜变量的方差。

RESIDUAL 要求提供观察变量的残差值。

MODINDICES 提供模型修正指数、期望参数变化指数和两种标准化期望参数变化等信息。程序默认提供大于等于 10 的 MI 值。如果需要报告所有 MI 值(涉及 ON, WITH 和 BY 关系的所有可能的 MI 值),可在 MODINDICES 后加上(ALL)。如果只想获得大于某一特定值的 MI,只需将括号中的 ALL 换成相应数值即可。

CINTERVAL 要求报告参数置信区间值。对于频率论设置,提供三种置信区间:SYMMETRIC,BOOTSTRAP 和 BCBOOTSTRAP(后两种与 ANALYSIS 下的 BOOTSTRAP 连用)。

Mplus 还提供 14 个技术报告,其中常用的是:

TECH1 提供参数设置和所有自由估计参数开始值等信息。

TECH3 提供估计的协方差和相关矩阵。

TECH4 提供模型中潜变量的均值,协方差和相关系数等信息。

TECH11 混合模型分析时,报告 LMR(Lo-Mendell-Rubin)检验和校正的 LMR 检验,用于比较 M 个潜类别模型和 M-1 个潜类别模型间的差异,显著的 p 值说明拒绝 M-1 个潜类别模型而支持估计的模型。TECH11 仅适用于 MLR 估计法。

TECH12 混合模型分析时,提供观测和估计的均值、方差、协方差、单变量偏态和峰态值之间的残差。

TECH13 混合模型分析时,模型拟合单变量、二分、多元偏态和峰态模型的双侧检验[1]。

TECH14 混合模型分析时,报告 BLRT(Bootstrapped Likelihood Ratio Test)参数用于确定潜类别个数。

2.4.7 保存(SAVEDATA)

保存命令用于保存分析的数据以及分析的结果。其格式如下:

SAVEDATA:

常用的保存信息命令如下:

FILE IS newdata.dat;指分析所用数据保存在以 newdata.dat 命名的文件中。

SAMPLE IS sample.dat;样本统计量如相关、协方差矩阵保存在以 sample.dat 命名的文件中。

RESULTS IS results.dat;分析的结果被保存在以 results.dat 命名的文件中。

DIFFETST IS diffetest.dat;WLSMV 和 MLMV 估计时,嵌套模型比较的信息被保存在以 diffetest.dat 命名的文件中,见第 9 章。

THCH3 IS tech3.dat;技术文件 3 的信息被保存在以 tech3.dat 命名的文件中。

2.4.8 绘图(PLOT)

绘图不是 Mplus 的强项,但依然可以通过命令获得简单的图形。表达形式如下:

PLOT:

TYPE IS PLOT1;获得样本的直方图,散点图和样本均值。

PLOT2;提供项目特征曲线,信息曲线,EFA 分析时的碎石图等。

其他功能将在具体运用时再做介绍。

Mplus 的绘图结果在模型运行结束后通过 GRAPH 下拉菜单的 view graphs 查看。

2.4.9 蒙特卡洛(MONTECARLO)

蒙特卡洛(MONTECARLO)命令是使用 Mplus 做模拟研究时使用的命令。由于本书未专门涉及相关内容,所以不做详细介绍。在第 9 章用到了部分功能,更多的信息请参考 Mplus 操作手册的第 19 章。

---

[1] Mplus 不提供直接的数据正态分布检验。如果需要检验数据正态性,可以通过结合混合模型分析及 TECH12 和 13 来检验数据单变量正态性和多元正态性。

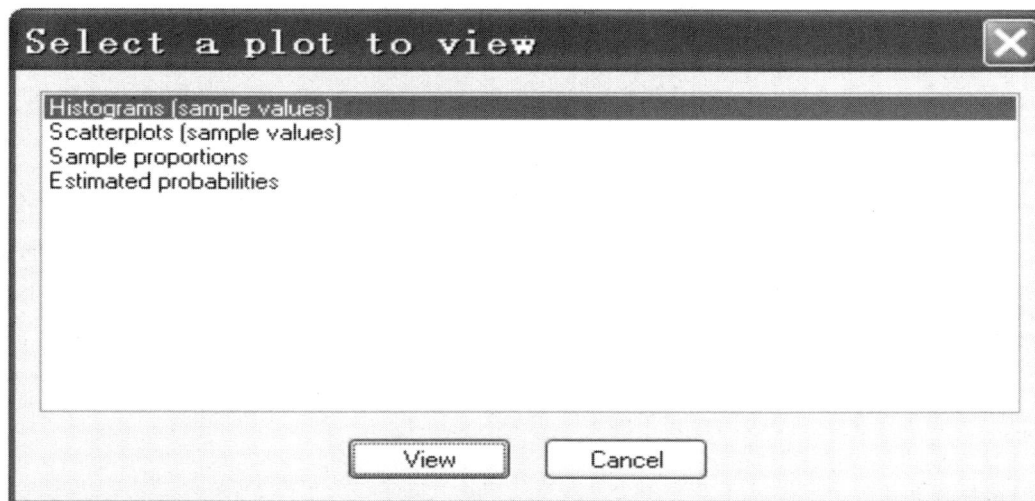

图 2-7　Mplus 提供的绘图功能

2.5　Mplus 的功能

Mplus 具有强大的分析功能,通过与其他软件比较就可看出其优势。表 2-4 总结了 Mplus 与其他常用 SEM 建模软件在处理模型上的功能和优势。

表 2-4　Mplus 与其他常用 SEM 软件功能比较

功　能	LISERL	EQS	AMOS	R	MPLUS
类别指标	√	√	√	√	√
多水平模型	√	√	×	√	√
增长曲线模型	√	√	√	√	√
潜在类别分析	×	×	√	√	√
回归混合模型	×	×	×	√	√
增长混合模型	×	×	×	√	√
因子混合模型	×	×	×	√	√
是否收费	√	√	√	×	√
易用性	3	3	3	3	5
升级速度	2	2	2	4	5
综合评价	2	2	2	4	5

从表中不难发现,国内经常使用的 LISERL 和 AMOS 在执行新近发展的潜变量模型时存在不足,主要原因是这些软件更新太慢,不能与时俱进。R 作为免费的开源统计分析平台,由于是非商业性的,所以在新模型分析包的开发上存在自发性,功能往往有些滞

后。Mplus 作为目前潜变量建模的佼佼者,在功能和操作上均表现出色,是目前和今后一段时间潜变量建模的首选分析工具。

2.6　本章小结

本章简要介绍了 Mplus 基本情况,主要介绍了 Mplus 常用的语句。Mplus 用户手册是了解 Mplus 功能和使用不可替代的资料,包含更多、更细致的内容,读者在应用中应多查阅手册。

3 回归与路径分析

3.1 相关系数

相关系数(Correlation Coefficient)是用于描述两个变量之间关系及程度的统计量。根据变量的分布形态和数据类型的不同计算不同的相关系数,常用的有积差相关系数,二列相关系数,点二列相关系数和四分相关系数。下面简要介绍上述四种系数的计算公式和使用条件。

3.1.1 积差相关

当两个变量 X, Y 同为正态分布的连续变量时,计算两者间的线性相关时使用积差相关(Product Moment Correlation)或称 Pearson 积差相关(也称零阶相关,Zero-order Correlation),公式如下:

$$r = \frac{\mathrm{cov}(x, y)}{s_x s_y}$$

3.1.2 点二列相关系数

两个变量 X, Y,其中 X 是连续变量,另一个变量 Y 是只有 2 个值的名义变量(0 和 1),两者之间的相关系数为:

$$r_{pb} = \frac{\overline{x_1} - \overline{x_0}}{S_x} \frac{\sqrt{n_1 n_0}}{n} = \frac{\overline{x_1} - \overline{x_0}}{S_x} \sqrt{p_1 p_0}$$

其中,n_1 是属于第 1 类观察值的个数(即"$Y = 1$"的个数),p_1 为所占比率,$\overline{x_1}$ 是连续

变量 X 的均值;n_0 是第 2 类观察值个数(即"$Y = 0$"的个数),p_0 为所占比率,$\overline{x_0}$ 是连续变量均值;S_x 是连续变量的标准差。

3.1.3　二列相关系数

设 Y 变量服从正态分布,它被转换成二值数据(例如 $Y = 1$:及格;$Y = 0$:不及格),X 变量是连续变量,则 Y 与 X 的相关系数称为双列相关系数。

$$r_{bis} = \frac{\overline{x_1} - \overline{x_0}}{S_x} \frac{p(1 - p)}{k}$$

其中 $\overline{x_0}$ $\overline{x_1}$ 的意义同点二列。p 是"$Y = 1$"的比例,k 值是标准正态分布中 p 值对应的高度。

3.1.4　多列相关

当 Y 变量服从正态分布,且被人为转化为多个类别时(例如李克特 5 级计分),X 变量是连续变量,则 Y 与 X 的相关系数称为多列相关系数,公式如下:

$$r_s = \frac{\sum \left[(y_L - y_H) \right] \overline{X_l}}{s_t \sum \frac{(y_L - y_H)}{p_i}}$$

其中,p_i 为每系列的次数比率;y_L 和 y_H 分别为每个名义变量下限和上限的正态曲线高度,由 p_i 查表获得;$\overline{X_l}$ 与每个名义变量对应的连续变量的平均数;s_t 为连续变量的标准差。

3.1.5　四分相关和 ϕ 系数

(1)四分相关(Tetrachoric Correlation)

当两个变量 X,Y 同为连续变量,且每个变量均被人为划分为二分变量时,计算两者间的相关使用四分相关。表 3-1 是一个常见的四格表。

$$r_t = \cos\left[\frac{\sqrt{bc}}{\sqrt{ad} + \sqrt{bc}} \pi \right]$$

a,b,c 和 d 见表 3-1,π 为圆周率。

表 3-1　四格表

	是/对	否/错	合　计
是/对	a	b	$a + b$
否/错	c	d	$c + d$
合计	$a + c$	$b + d$	总数 n

如果某个单元格内的数值(a,b,c,d)特别小时,会严重影响估计精度。一般要求至少要大于5。

(2)ϕ系数(Phi Coefficient)

当两个变量X,Y为真正的二分变量(如,性别)时,计算两者间的相关使用ϕ系数。

$$\phi = \frac{(ad-bc)}{\sqrt{(a+b)(c+d)(a+c)(b+d)}}$$

3.2 回归分析概述

在探讨两个变量之间关系时除了使用相关系数,还常用一个/组变量(自变量)去预测另外一个变量(因变量),这样的预测关系模型称作回归方程模型。如前所述,变量类型决定两者之间呈现不同的关系,进而选用不同的相关系数来衡量两者关系的强弱。例如,当两个变量均为连续型变量,且两者之间呈线性关系时,此时使用积差相关系数;当一个为二分变量,另一个为连续变量时使用点二列或二列相关。同样地,使用回归模型描述自变量和因变量之间关系时根据自变量和因变量不同类型的组合选择不同的回归方程。表3-2总结了用于描述不同的自变量和因变量组合的分析模型。

表3-2　回归分析模型汇总

因变量	自变量	分析模型
连续型变量	连续型变量	积差相关,线性回归
连续型变量	二分变量	二列/点二列相关;T检验
连续型变量	多分类变量	方差分析,线性回归
二分变量	连续型变量	Logit/Probit回归
二分变量	多分类变量	对数线性模型,Logit/Probit回归
名义变量	连续型变量	多类别Logit回归
名义变量	多分类变量	对数线性模型,多类别Logit回归
顺序变量	连续型变量	顺序Logit/Probit回归
顺序变量	多分类变量	顺序Logit/Probit回归,对数线性模型
计数变量	连续型变量	泊松回归
计数变量	类别变量	泊松回归

资料来源:改自Powers & Xie(2008)。

3.2.1 一元线性回归

最简单的回归是只涉及一个因变量和一个自变量一元线性回归,此时的表达式为:

$$y = \beta_0 + \beta_1 x_1 + \varepsilon$$

y 为连续型因变量，x 为自变量或预测变量，β_0 为截距即当 $x = 0$ 时 y 的值，β_1 为斜率，即 β_1 个单位的 x 变化对应 1 个单位 y 的变化。ε 是误差，服从 $N(0, \sigma^2)$ 的正态分布，不同观察值之间是相互独立的。

3.2.2 多元线性回归

当自变量由一个增加到多个，用于表述多个自变量与单个连续因变量之间线性关系的方程称作多元线性回归。多元线性回归是一元线性回归的扩展，表达式为：

$$y = \beta_0 + \beta_1 x_1 + \beta_2 x_2 + \varepsilon$$

3.2.3 分类变量回归分析

当因变量为二分变量时，自变量与因变量间的关系不再是线性，而是呈 S 形的曲线关系，如图 3.1 所示。

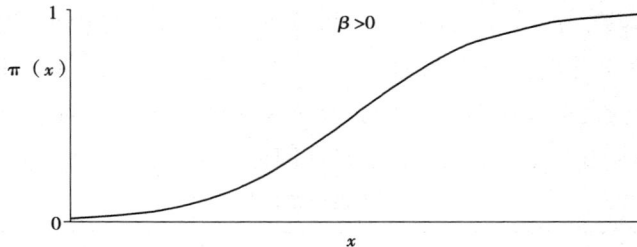

图 3-1　Logistic 回归函数

描述 S 型关系通常使用 Logistic 回归模型：

$$\mathrm{logit}[\pi(x)] = \log\left(\frac{\pi(x)}{1 - \pi(x)}\right) = \alpha + \beta x$$

Probit 回归也是常用的描述 S 型分布的模型：

$$\mathrm{probit}[\pi(x)] = \alpha + \beta x$$

Probit 模型和 Logistic 模型的结果在很多情况下非常接近。

表 3-3　Probit 回归和 Logistic 回归的 Mplus 语句

```
TITLE:this is an example of a Logistic regression for a binary dependent variabe with two covariates
DATA:FILE IS ex3.7.dat;
VARIABLE:NAMES ARE u1 - u6 x1 - x4;
        USEVARIABLES ARE u1 x1 x3;
        CATEGORICAL = u1;! 定义计算变量;
ANALYSIS:ESTIMATOR = ML;! 加上此行为 Logistic 回归,去掉为 Probit 回归。
MODEL:u1 ON x1 x3;
```

注:表中程序为 Mplus 手册(Muthén & Muthén,2010)的例 3.4 和例 3.5。

3.2.4 计数数据的回归分析

有时候研究需要记录事件发生的次数。例如，儿童心理学家在特定时间内记录儿童攻击行为或欺负行为的次数。再如，安全管理方面的专家统计某段时间内交通事故发生的次数等。计数数据在心理学研究中并不常见，但在其他社会科学领域还是相当普遍的。表 3-4 是泊松回归模型的 Mplus 语句。

表 3-4　泊松回归模型的 Mplus 语句

```
TITLE:this is an example of a Poisson regression for a count dependent variable with two covariates
DATA:FILE IS ex3.4.dat;
VARIABLE:NAMES ARE u1 – u6 x1 – x4;
        USEVARIABLES ARE u1 x1 x3;
        COUNT = u1;! 定义计算变量;
MODEL:u1 ON x1 x3;
```

注:表中程序为 Mplus 手册(Muthén & Muthén,2010)的例 3.7。

3.3　路径分析

上述回归模型处理的是一个或多个自变量与单个因变量之间关系的方法，如果因变量不止一个，回归模型将不再适用。下面介绍的路径分析可以方便地处理多个自变量和多个因变量彼此间复杂的关系。

3.3.1　路径分析概述

路径分析(Path analysis,PA)由遗传学家 Sewall Wright 于 1921 年首创，最近几十年广泛用于社会科学诸领域。路径分析作为多元回归模型的拓展，可以同时包含几个回归方程，解决了传统回归模型只能分析单个因变量的不足。由于同时包含多个回归模型，所以处理的变量关系更加复杂。而在社会科学研究中，变量之间彼此联系、存在复杂的关系网络，所以路径分析特别适用于检验理论假设。

路径模型也常常称作因果模型(Causal Modeling)，只是模型中的关系是假设的因果关系，自变量作用于因变量，而非实际的因果关系，真实的因果关系需要满足更严格的条件。检验因果关系通常使用实验研究，在严格控制变量的条件下探讨自变量与因变量之间的关系。路径模型是基于回归分析的技术，仍然保持回归分析的特点，所以路径模型可使用数个回归方程表达，路径模型的矩阵表达式如下:

$$y = By + \Gamma x + \zeta$$

y 表示由 p 个内生变量组成的 $p \times 1$ 向量，x 为由 q 个外生变量组成的 $q \times 1$ 向量，B 和 Γ 分别表示 $p \times p$ 和 $q \times q$ 系数矩阵，ζ 为 $p \times 1$ 残差向量。

　　路径分析通常用图形的形式表示变量之间关系的大小和方向,这种图形称作路径图。在路径图中,用一些图标代表不同的变量和关系,各图标及意义见表 3-5。

　　路径分析存在广义和狭义之分。在狭义的路径分析里,所有的变量都是观测变量;广义的路径分析还包含结构方程模型中潜变量之间关系的分析。本章主要关注狭义上的路径分析,涉及潜变量的路径分析放到第 8 章介绍。

表 3-5　路径分析的图例

图　例	名　称	意　义
◯	椭圆或圆	潜变量
▢	矩形或正方形	观测变量
—→	单箭头	单向路径/单向影响
◯↗	单箭头指向椭圆	潜变量的残差
▢←	单箭头指向矩形	测量误差
←—→	双箭头	相关/协方差

3.3.2　递归模型和非递归模型

　　根据模型中变量之间的关系,可将路径模型为两种:递归模型和非递归模型。如果模型中所有路径都是单向的,没有循环,这种模型称作递归模型(recursive model)。如果模型中的路径存在直接或间接的反馈或误差相关则称为非递归模型(non-recursive model),下面分别介绍两种类型的模型。

(1)递归模型

图 3-2 为几个常见的递归模型及对应的回归方程:

图 3-2a 是个多元线性回归分析模型,三个自变量和一个因变量,对应的回归方程为:

$$y_1 = \beta_0 + \beta_1 x_1 + \beta_2 x_2 + \beta_3 x_3 + \varepsilon$$

标准化后(下面的方程均为标准化后的表达式)截距项 β_0 消失,即简化成:

$$y_1 = \beta_1 x_1 + \beta_2 x_2 + \beta_3 x_3 + \varepsilon$$

图 3-2b 是一个路径分析图,包含 2 个自变量和 2 个因变量,其中 Y_1 既是自变量又是因变量。这种在一个模型中既是自变量又是因变量的变量通常在两个变量间起着中介作用,所以称作中介变量(Mediator 或 Mediating Variable 或 Intervening Variable)。图 3-2b 对应的回归方程有两个,分别为:

$$y_1 = \beta_1 x_1 + \beta_2 x_2 + \varepsilon_1$$
$$y_1 = \beta_3 x_1 + \beta_4 x_2 + \beta_5 y_1 + \varepsilon_2$$

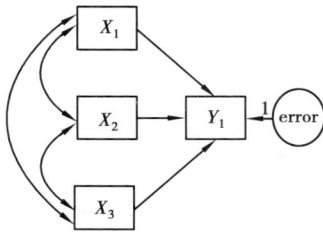

（a）多元回归路径图

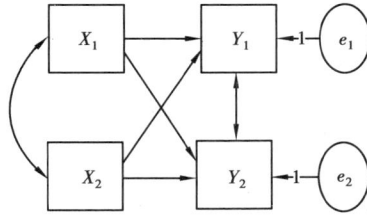

（b）路径图一

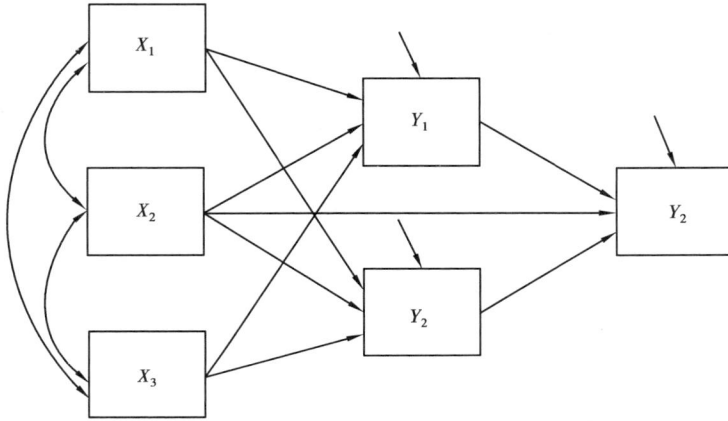

（c）路径图二

图 3-2　常见路径图示例

图 3-2c 包含 3 个自变量 X_1，X_2 和 X_3，以及三个因变量 Y_1，Y_2 和 Y_3，其中 Y_1 和 Y_2 为中介变量。对应的回归方程有 3 个，分别为：

$$y_1 = \beta_1 x_1 + \beta_2 x_2 + \beta_3 x_1 + \varepsilon_1$$
$$y_2 = \beta_4 x_1 + \beta_5 x_2 + \beta_6 x_3 + \varepsilon_2$$
$$y_3 = \beta_7 x_2 + \beta_8 y_1 + \beta_9 y_2 + \varepsilon_3$$

在路径模型中，一般将变量分为内生变量和外生变量（见第 1 章）。上述模型中的自变量 X_i 均为外生变量，因变量 Y_i 均为内生变量。

（2）非递归模型

如果路径图中的路径存在直接或间接的反馈或误差相关则称为非递归模型（Non-Recursive），如图 3-3：

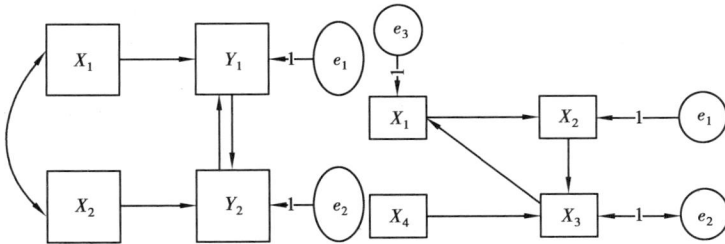

图 3-3　非递归模型路径图

非递归模型比递归模型更加复杂,主要体现在变量间关系的解释并不那么直接,模型识别的条件也较为复杂。

3.3.3 路径模型的识别

路径模型的识别需要满足如下条件(侯杰泰、温忠麟、成子娟,2004;Bollen,1989),见表 3-6 的总结:

表 3-6 路径模型的识别规则

a. t 法则:$t \leqslant (p+q)(p+q+1)/2$,$t$ 为自由参数的个数,p 和 q 分别为内生和外生变量的个数;

b. 递归:所有的递归模型都是可以识别的;

c. 零 B:没有内生变量是自变量的模型都是可以识别的;

d. 阶条件:有 p-1 个变量(内生和外生)不在方程中;

e. 秩条件:C_i 矩阵的秩为 p-1。

注:这里介绍的路径模型的识别条件也适用于结构方程模型中结构模型部分。

3.3.4 路径系数估计与效应分解

路径模型中的系数称作路径系数,如果模型中只有一个因变量,路径系数可以通过使用传统的最小二乘法分别估计单独的回归方程,因变量多于一个时,使用最小二乘法将不再合适(MacKinnon,2008),结构方程分析软件通常采用极大似然估计进行参数估计。

路径模型的一个重要优点是,可以同时对多个自变量和因变量间的关系进行估计,或者说对理论假设的变量关系进行验证。一旦最佳模型确定,参数估计完成后,就需要对变量间的关系进行分解,即效应分解。效应分解也称作相关系数分解,即将变量间的相关系数分解成不同效应部分。通常来说,研究主要关心的效应有两个:直接效应(direct effect)和间接效应(indirect effect)[1]。直接效应指从自变量到因变量的效应,中间不经过第三个变量。间接效应指自变量通过第三个变量对因变量产生的效应。如果只存在单个中介变量,间接效应等于两个路径系数之积。关于中介效应的更多内容放在"3.4"部分专门讨论。

3.3.5 纵向路径分析模型

自回归模型(Autoregressive Model,ARM)是分析纵向数据的常用主要方法之一(Bollen & Curran,2004),下面简要介绍单变量和两变量自回归模型。

---

[1] 间接效应和中介效应在多数情况下意义相同,但在有些情况下有着明显的区别,见 Mathieu 和 Taylor(2006)的文章。

（1）自回归模型或单纯形模型（Simplex Model）

图 3-4 是一个包含 4 次测量的自回归模型示意图。在自回归模型中，假设后一次测量只受前一次测量的影响，此时的模型称作一阶（First-order）自回归模型，如图 3-4。如果前一次的测量不仅影响随后的测量，而且还影响接下来的测量时称高阶自回归模型，即在 3-4 的路径图上加上 y1→y3 和 y2→y4 两条路径。

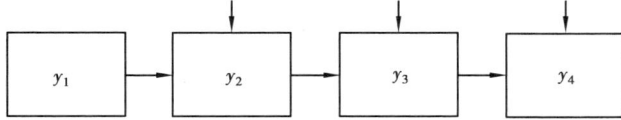

图 3-4　自回归模型示意图

自回归模型并没有明确的将测量时间纳入模型中，所以各次测量时距可以相等也可以不等。模型假设不存在测量误差（可以构建潜变量自回归模型，见侯杰泰等，2004：90-98），残差之间可以允许相关。路径图对应的 Mplus 语句呈现在表 3-7 中。

表 3-7　自回归模型的 Mplus 语句

MODEL：y2 on y1；	MODEL：y2 on y1；
y3 on y2；	y3 on y2；
y4 on y3；	y4 on y3；
	y2 with y3 y4；！允许残差相关；
	y3 with y4；

（2）自回归交叉滞后模型（Autoregressive Cross-Lagged Model，ARCLM）

自回归交叉滞后模型处理两个（或多个）观测变量随时间变化的关系。例如，抑郁和自尊之间存在显著相关，究竟是抑郁（Y）变化造成自尊（W）变化还是相反？这种关系用横断面（Cross-Section）数据很难澄清，使用纵向研究设计则轻而易举。通过同时收集两个变量多个时间点（通常要 3 次以上）的数据，使用自回归交叉滞后模型可以揭示两者复杂的关系。如果所有 Y 指向 W 的路径均显著而所有 W 指向 Y 的路径均不显著，说明抑郁引起自尊而非相反。

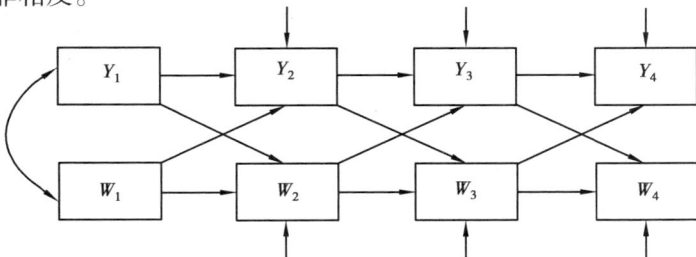

图 3-5　自回归交叉滞后模型示意图

路径图对应的 Mplus 语句呈现在表 3-8 中。

表 3-8　自回归交叉滞后模型的 Mplus 语句

```
MODEL:y2 on y1 w1;
       y3 on y2 w2;
       y4 on y3 w3;
       w2 on y1 w1;
       w3 on y2 w2;
       w4 on y3 w3;
       w1 with y1;
```

3.4　中介效应分析

3.4.1　中介效应分析概述

中介效应分析广泛用于社会科学研究（Wood，Goodman，Beckmann & Cook，2008），如心理学（MacKinnon，Fairchild & Fritz，2007；Rucker，Preacher，Tormala & Petty，2011），管理学（Mathieu，DeShon & Bergh，2008）和传播学（Hayes，Preacher & Myers，2011）等。Rucker等（2011）统计发现，2005 至 2009 年间发表在《人格与社会心理学杂志》（Journal of Personality and SocialPsychology，JPSP）和《人格与社会心理学公报》（Personality and Social Psychology Bulletin，PSPB）上 59% 和 65% 的文章使用了中介检验程序。中介分析之所以如此流行，主要取决于如下几点原因（MacKinnon，2008；MacKinnon，Fairchild & Fritz，2007）：

　　①刺激—有机体—反应模型在心理学中的主导地位；

　　②中介变量是社会科学诸多理论中不可缺少的内容；

　　③方法学上的挑战，中介效应检验的精确性激起了方法学者的研究热情，新的方法或检验程序不断更新（Mathieu，DeShon & Bergh，2008）。

中介变量存在于多种模型，如路径模型、SEM、纵向模型（MacKinnon，2008；von Soest & Hagtvet，2011）和多水平模型（Preacher，Zyphur & Zhang，2010；温忠麟等，2012）等。下面主要介绍在路径模型内的中介效应分析。这里介绍的方法具有一定的普适性，潜变量路径分析（SEM）中的中介效应分析放在第 8 章介绍，关于其他模型的中介效应分析可参见 MacKinnon（2008）和温忠麟等（2012）的专著。

3.4.2　中介效应分析的意义

中介变量是联系两个变量之间关系的纽带，在理论上，中介变量意味着某种内部机制(MacKinnon,2008)。自变量 X 的变化引起中介变量 M 的变化,中介变量 M 的变化引起因变量 Y 的变化。例如,某种治疗癌症的药物(X)需要通过特定的酶(M)才能有效杀死肿瘤细胞(Y),如果体内缺少这种酶,药物的作用将无效。可见中介变量是参与整个因果过程中的重要一环,不可或缺,正因为如此,中介效应分析的前提是变量间存在明确的(理论上或事实上的)因果关系(Baron & Kenny,1986;Kenny et al. ,1998;MacKinnon et al. ,2002),否则结果很难解释。

在理论上,中介变量联系着两个变量,如果两个变量之间没有关系,中介作用将无从谈起,所以在中介分析时需要检验两个变量之间是否有关系,即相关系数或回归系数是否显著。然而情况并非如此简单,在特定情况下,自变量和因变量之间相关不显著时仍有可能存在中介效应。换句话说,自变量和因变量是否显著相关并不是存在中介效应的前提(MacKinnon,2008;Preacher,Rucker & Hayes,2007;Hayes,Preacher & Myers,2011;Rucker et al. ,2011;Shrout & Bolger,2002;温忠麟等,2012)。Rucker 等(2011)的模拟研究发现,在所有模拟条件下有近一半的情况是自变量和因变量关系不显著,却存在显著中介效应。

3.4.3　中介模型的形式

根据模型中中介变量的个数可以简单的将中介模型分为单中介和多中介(Multiple Mediators)模型,下面简要介绍两种模型。图 3-6 是一个单中介模型路径图,也是最简单的中介模型。图 3-7 是一个多中介模型,即模型中存在 2 个中介变量,两个中介变量之间不存在单向路径。图 3-8 是相对比较复杂的多中介模型,其中两个中介变量之间存在中介效应。

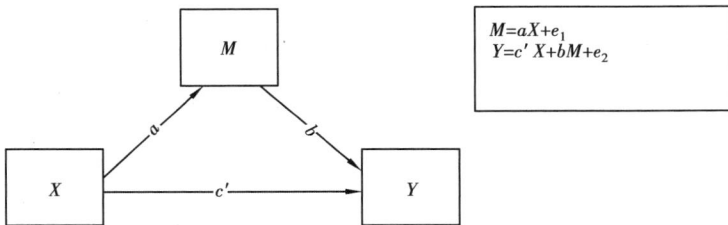

$$M=aX+e_1$$
$$Y=c'X+bM+e_2$$

图 3-6　单中介模型路径图

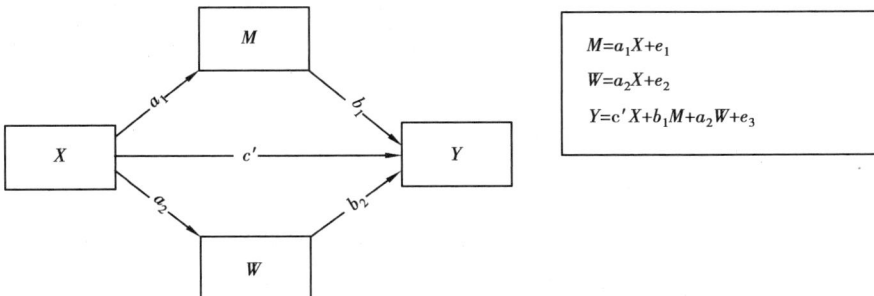

$$M=a_1X+e_1$$
$$W=a_2X+e_2$$
$$Y=c'X+b_1M+a_2W+e_3$$

图 3-7　多中介模型路径图

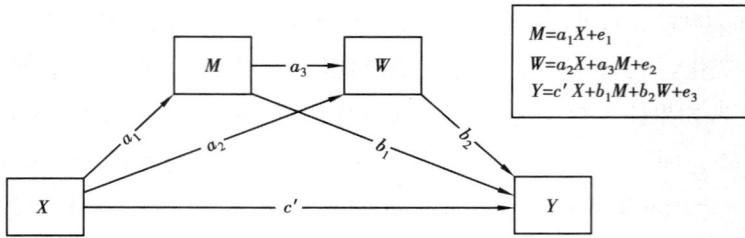

图 3-8　多中介模型路径图

3.4.4　抑制变量与混淆变量

抑制变量（suppressor）指将其纳入回归方程后将增加自变量和因变量之间回归系数的变量（Conger，1974）。换句话说，自变量和因变量之间的关系受到第三个变量的抑制，如果不控制该变量，自变量和因变量之间的回归系数将变小或变为相反的关系（Cohen et al.，2003）。

在中介模型中，当直接效应和间接效应有着相反的符号时即为抑制效应（Tzelgov & Henik，1991），此种情况也称作不一致的中介模型（Inconsistent Mediation Models，Davis，1985）。具体来说，图 3-6 中 a 和 b 的符号为正，c′的符号为负，ab 和 c′符号相反，此时即出现抑制效应或不一致的中介效应（中介效应与直接效应相反）。

混淆变量是指与自变量和因变量均相关的变量，该变量使自变量和因变量间产生虚假的关系（Meinert，1986）。例如，年龄混淆了年收入和罹患癌症几率之间的关系。随着年龄增加，年收入增加，同时患癌症的几率增加，年收入与癌症之间的关系完全是由年龄造成的。这种现象经常用来解释相关不等于因果关系的情况，因为可能存在第三个变量同时影响两者。

中介变量、抑制变量与混淆变量在概念上存在明显的区别，但在统计检验上又非常相似，中介效应的点和区间估计稍加修改后可用于抑制效应和混淆效应的估计上，关于三者更多的信息可参见 MacKinnon 等（2000）。

3.4.5　中介效应检验

文献中存在多种中介效应检验的程序（MacKinnon，2008；MacKinnon et al.，2002；温忠麟等，2012），下面以最简单的中介模型为例说明中介效应分析的一般过程和常见的几种检验方法。

如图 3-9（上）所示，自变量 X 作用于因变量 Y，路径系数 c。由于不涉及第三个变量，所以 c 代表自变量作用于因变量的总效应。一般情况下，只有当 c 显著或 X 与 Y 相关显著时才会考虑中介变量（e. g.，Baron & Kenny，1986；Judd & Kenny，1981；温忠麟等，2012），但并不必然如此，由于抑制效应或不一致中介效应的存在使得本来显著的总效应变的不显著，进而掩盖了真实的中介效应（MacKinnon，Krull & Lockwood，2000）。

图 3-9(下)是个单中介模型,a 代表自变量 X 作用于中介变量 M 的效应,b 表示中介变量 M 作用于因变量 Y 的效应,c' 代表考虑或控制中介变量 M 后,自变量 X 作用于因变量 Y 的效应。

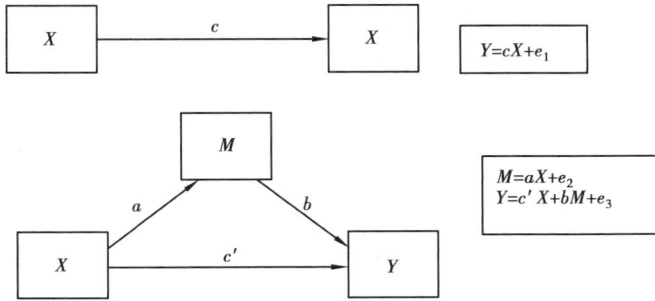

图 3-9 路径分析

使用流行的统计分析软件或结构方程软件可以方便地获取 a、b、c 和 c' 的估计值及对应标准误,并进行显著性检验和构建路径系数的置信区间。总效应等于所有中介效应加上直接效应:$c = ab + c'$。c 为总效应,c' 为考虑中介效应后的直接效应,ab 为中介效应也称间接效应。在回归模型中,$ab = c - c'$,但在其他模型(如 logistic 回归和多水平分析)中两者不一定完全相等(MacKinnon,2008;温忠麟等,2012)。

(1)逐步检验法或因果步骤法(Causal Steps Approach)

Kenny 及其同事描述的中介效应检验程序是使用较多的检验程序(Baron & Kenny,1986),该方法易于理解和操作,具体步骤如下:

a. 检验总效应系数 c 是否显著,即自变量与因变量之间是否存在显著关系。如果 c 显著则继续进行随后的分析,如果不显著中介分析终止;

b. 检验自变量作用于中介变量的效应 a 是否显著;如果 a 显著则继续进行随后检验,否则分析终止,中介效应不存在;

c. 检验中介变量作用于因变量的效应 b 是否显著;如果 b 显著则继续进行随后检验,否则分析终止,中介效应不存在;

d. 检验直接效应 c' 是否显著。在 a 和 b 都显著的情况下,如果 c' 不显著说明存在完全中介效应(Judd & Kenny,1981),否则存在部分中介效应(Baron & Kenny,1986)。

尽管逐步检验法易于理解和操作而且使用最频繁,但其存在问题也很明显。如前所述,c 是否显著并非中介检验的必要前提,因为在有些情况下,尽管 c 不显著仍然存在实质的中介效应即所谓的抑制模型(Suppression model;MacKinnon,Krull & lockwood,2000)。如果按照逐步检验法的要求,c 必须首先显著否则中介变量无从谈起,而实际中 c 不显著而存在实质性中介效应的情况又非常普遍,所以逐步检验法将错过很多实际存在的中介效应。另外,模拟研究发现,与其他方法相比逐步检验法的统计功效最小(MacKinnon,Lockwood,Hoffman,West & Sheets,2002;MacKinnon,Lockwood & Williams,2004)。

（2）系数乘积检验法（Product of Coefficients Approach）

系数乘积检验就是检验 ab 乘积是否显著，即 $H_0:ab=0$。此程序常使用 Sobel（1982）提出的标准误计算公式，因此此检验也被称作 Sobel 检验。

ab 乘积是中介效应的大小，所以检验 ab 乘积是否显著是对中介效应的直接检验。ab 乘积作为抽样分布，文献中存在多种计算其标准误的方法，其中最常用的是 Sobel（1982）给出的公式：

$$s_{ab} = \sqrt{b^2 s_a^2 + a^2 s_b^2}$$

s_a^2 和 s_b^2 分别为系数 a、b 标准误的平方。系数乘积检验法的统计量是 $Z = ab/s_{ab}$，如果检验显著说明中介效应显著。此公式被常用的 SEM 分析软件采用，例如 EQS、LISREL 和 Mplus。也有其他的分析程序使用不同的标准误公式如：

$$s_{ab} = \sqrt{b^2 s_a^2 + a^2 s_b^2 + s_a^2 s_b^2}$$

根据 s_{ab} 可以构建中介效应的置信区间：

$$95\% \, \text{CI} = ab \pm 1.96 s_{ab}$$

系数乘积检验法存在的主要问题是，检验统计量依据的正态分布前提很难满足，特别是样本量较少时（Cheung & Lau，2008）。因为即使 a、b 分别服从正态分布，ab 的乘积也可能与正态分布存在较大差异。

（3）差异系数检验

差异系数检验即检验 $H_0:c-c'=0$。通常情况下 $ab=c-c'$，因此差异系数同系数乘积法有很多相同之处。$c-c'$ 的标准误估计通常使用如下公式（McGuigan & Langholz，1988）：

$$s_{c-c'} = \sqrt{s_c^2 + s_{c'}^2 - 2rs_c^2 s_{c'}^2}$$

s_c 和 $s_{c'}$ 分别为两个直接效应估计的标准误，r 为自变量与中介变量的相关系数。差异系数采用 t 检验，其统计量为：

$$t = \frac{c - c'}{s_{c-c'}}$$

模拟研究发现，系数乘积法和差异系数法比逐步检验法精确且具有较高的统计效力（MacKinnon et al.，2002）。

（4）Bootstrap 法

Bootstrap 的原理是当正态分布假设不成立时，经验抽样分布可以作为实际整体分布用于参数估计。Bootstrap 以研究样本作为抽样总体，采用放回取样，从研究样本中反复抽取一定数量的样本（例如，抽取 500 次），通过平均每次抽样得到的参数作为最后的估计结果(Efron & Tibshirani,1993)。

　　Bootstrap 不需要分布假设所以避免了系数乘积检验法可能违反分布假设的问题,而且该方法不依赖理论标准误所以避免了不同标准误公式产生结果不一致的问题。模拟研究发现,与其他中介效应检验方法相比 Bootstrap 具有较高的统计效力(e. g. ,Cheung & Lau,2008;MacKinnon et al. ,2002,2004;Williams & MacKinnon,2008;Taylor,MacKinnon & Tein,2008)。因此,Bootstrap 法是目前最理想的中介效应检验法(Preacher & Hayes,2008;Preacher,Rucker & Hayes,2007;Hayes,Preacher & Myers,2011)。

　　Mplus 提供两种 Bootstrap[1]:标准的和残差的 Bootstrap(Bollen & Stine,1992;Efron & Tibshirani,1993)。标准的 Bootstrap 只适用于 ML、WLS、WLSM、WLSMV、ULS 和 GLS 估计法,因为 MLR、MLF、MLM 和 MLMV 估计法的标准 Bootstrap 与 ML 结果相同。残差的 Bootstrap 只适用于连续变量的 ML 估计。通过使用 Bootstrap 语句以及 MODEL INDIRECT 和 CINTERVAL,可以得到间接效应的 Bootstrap 标准误和偏差校正的 Bootstrap 置信区间[2]。

(5)效应分解

　　中介分析模型拟合完成后,接着需要对中介效应进行分解。通常分解的内容有:(1)中介效应的大小;(2)中介效应占总效应的比例,即 $ab/(ab + c')$;(3)中介效应与直接效应之比,ab/c';(4)分析特定中介效应的大小即通过某个中介变量的总的中介效应大小。以图 3-8 为例,说明效应分解的过程。

　　(1)总的中介效应 $= a_1 a_3 b_2 + a_1 b_1 + a_2 b_2$。

　　(2)中介效应占总效应的比例 $= (a_1 a_3 b_2 + a_1 b_1 + a_2 b_2)/(a_1 a_3 b_2 + a_1 b_1 + a_2 b_2 + c')$。

　　(3)中介效应与直接效应之比 $= (a_1 a_3 b_2 + a_1 b_1 + a_2 b_2)/c'$。

　　(4)通过中介变量 M 的中介效应 $= a_1 a_3 b_2 + a_1 b_1$;通过中介变量 W 的中介效应 $= a_1 a_3 b_2 + a_2 b_2$。特定的中介效应意味着,控制其他中介变量后,该中介变量的作用大小,所以通过对不同中介变量效应的比较可以确定最重要的中介变量。

(6)中介效应分析小结

　　本小结以最简单的中介模型为例,简要介绍了四种常用的中介效应检验方法。多中介等更复杂的效应检验与此大同小异,对于这些问题的进一步探讨请参见 MacKinnon 的专著(2008)和相关研究论文(e. g. ,Cheung & Lau,2008;Mathieu,DeShon & Bergh,2008;Shrout & Bolger,2002;Taylor,MacKinnon & Tein,2008)。

---

〔1〕　因为涉及到再抽样,所以在估计时要求输入数据类型为个体数据,即原始数据。

〔2〕　如果置信区间包括 0 则说明系数不显著;如果不包括 0 说明系数显著。

3.4.6 调节效应分析

调节效应分析是另外一个研究中常见的问题。当两个变量之间关系的方向和大小依赖于第三个变量时即说明存在调节效应,这里的第三个变量即为调节变量(Moderator)。调节效应通常使用如图 3-10 路径图表示:

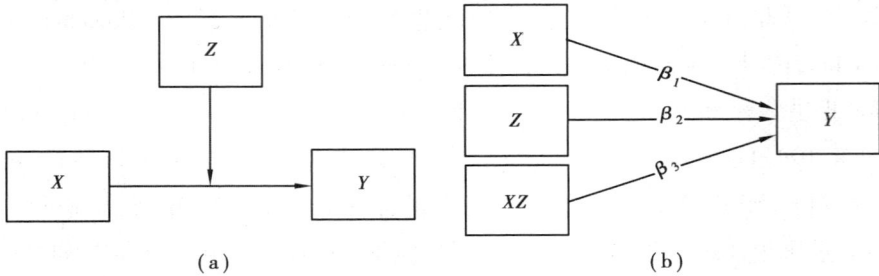

(a)   (b)

图 3-10　调节效应示意图

使用传统的回归模型表示调节效应的方程如下:

$$Y = \beta_0 + \beta_1 X + \beta_2 Z + \beta_3 XZ + \varepsilon$$

在社会科学文献中,调节效应常常与交互效应(interaction effect)替换使用。在回归方程中检验调节效应是否显著主要看回归系数 β_3 或 c 是否显著。β_3 或 c 代表自变量与调节变量间的交互作用,所以在数据分析时,调节效应和交互效应的统计分析程序相同。

然而,调节效应和交互效应并不完全是一回事,这主要体现在变量在模型中的地位。在交互效应分析时,两个自变量的地位是不固定的,其中任一变量都可以作为调节变量,或只有其中一个作为调节变量。而在调节效应分析中,根据调节变量的定义,哪个变量作为调节变量是非常明确的。因此,可以将调节效应作为交互效应的特例。表 3-9 总结了显变量调节效应的分析方法(温忠麟等,2012),潜变量调节效应相对复杂,放在第 8 章专门讨论。

表 3-9　显变量的调节效应分析方法

调节变量 M	自变量 X	
	类　别	连　续
类　别	两因素方差分析,交互效应即调节效应。	方法 1. 分组回归:按 M 的取值分组,在各组内分别作回归。若各组回归系数存在显著差异,则调节效应显著。 方法 2. 调节变量为哑变量,进行层次回归。
连　续	自变量作为哑变量,做中心化处理后做层次回归。如果乘积项的回归系数显著,则调节效应显著。	自变量和调节变量中心化后做层次回归。

两因素方差分析的过程可参见基础统计教材(张厚粲、徐建平,2004),在此不作讨论。分组回归的过程同回归分析过程,只是根据分组做多个回归分析。层次回归做调节效应分析的步骤(罗胜强、姜嬿,2008)如下。

(1)用哑变量(Dummy Variable)代表类别变量。如果自变量或调解变量中有一个是类别变量,第一步需将类别变量转换成哑变量。

(2)对连续变量进行中心化或标准化处理[1]。中心化的方法是用原始值减去样本均值,中心化后的变量均值为0。标准化的方法是中心化后再除以标准差获得Z分数。数据转化的目的是为了减小方程中变量多重共线性(Multicollinearity)的问题(Cohen,Cohen,West & Aiken,2003)。

Mplus提供两种中心化方法:总均值中心化(GRANDMEAN)和组均值中心化(GROUPMEAN)。前者是所有原始数据减去全体样本的均值,后者为所有原始数据减去所在组的均值。

(3)构造乘积项,即将中心化后的变量相乘产生新变量。

(4)构造方程。将自变量、因变量(自变量和因变量使用未中心化的数据)和乘积项放入多元层次回归。

(5)调节作用的分析和解释。交互项的回归系数显著则说明存在调节效应,此时需要对调节效应的作用模式进行分析。如果调节变量和自变量都是类别变量,分析过程同方差分析。如果调节变量是连续变量,通常有两种做法:

第一,找到调节变量的中位数,将样本分两组,然后分别进行回归分析,来观察自变量和因变量关系的不同作用模式;

第二,找到调节变量的均值,然后将高于或低于均值一个标准差的样本作为高低组,再分别作回归分析。

上述分析步骤可以在流行的统计软件(如SPSS)中运行,当然这些步骤在结构方程模型软件中以路径分析的形式实现(图3-10b),表3-10是Mplus执行上述检验的语句。

表3-10　交互效应回归分析的Mplus语句

```
TITLE:this is an example of a Moderation analysis step 1;
DATA:FILE IS ex3.4.dat;
VARIABLE:NAMES = X W Y;
        USEVARIABLE = X W Y int;
        ! CENTER = GRANDMEAN( X W );此处选择总均值中心化[2]。
```

[1]　最近的研究发现,中心化并不能减少共线性问题,是否中心化并不影响参数估计精确性和模型拟合(Dalal & Zickar,2012;Echambadi & Hess,2007)。

[2]　此处的中心化并不能在随后的分析中使用,换句话说,Model里面的X和W是中心化变量而乘积项仍然是原始变量的乘积,所以Mplus不能一步分析。

续表

```
DEFINE:INT = X * W;! 生成交互项,假设 X 和 W 已中心化;
MODEL:Y ON X W! 检验主效应;
           int;! 检验交互效应;
OUTPUT:Standardized;
```

3.4.7　中介和调节变量(效应)的比较

中介(Mediator)和**调节**(Moderator)的概念很容易混淆,或许是因为两者的英文单词很相像,但两者存在明显的差异。两者的对比见表 3-11(温忠麟、侯杰泰、张雷,2005;温忠麟等,2012)。

表 3-11　中介效应与调节效应的比较

	中介变量 M	调节变量 M
研究目的	XY 的内部机制或因果序列过程	X 在什么情况下影响 Y
相似概念	干预效应,间接效应	交互效应
什么情况下考虑	探索 X 影响 Y 的内部过程或机制	X 对 Y 的影响时强时弱
典型模型	$M = aX + e_2$ $Y = c'X + bM + e_3$	$Y = \beta_0 + \beta_1 X + \beta_2 W + \beta_3 XW + \varepsilon$
模型中 M 的位置	M 在 X、Y 的中间	X,M 在 Y 的前面
M 的功能	探索 X、Y 内部过程或机制	探索 X、Y 关系的条件
M 与 X、Y 的关系	M 与 X、、Y 相关都显著	M 与 X、Y 相关可以显著或不显著(后者较理想)
效应	ab	β_3

中介效应分析和调节效应分析是两个完全不同的过程,有着不同的理论作用。简言之,中介效应分析在于探讨理论内部的机制,而调节效应分析确定理论适用的外部条件。

3.5　混合的中介与调节效应

混合的中介与调节效应包含三种情况:有调节的中介(Moderated Mediation),有中介的调节(Mediated Moderation)和两者的混合。目前,文献上对有调节的中介和有中介的调节模型有不同的定义,甚至存在混淆。Baron 和 Kenny(1986)最早定义了有中介的调节效应,他们将其定义为调节效应通过中介变量影响因变量。有调节的中介指中介效应在第三个变量上存在大小或方向上的差异(James & Brett,1984)。中介效应为 ab,所以影

响路径系数 a 和 b 的调节变量均影响中介效应。因此在这个意义上,有调节的中介包含有中介的调节模型(Preacher,Rucker & Hayes,2007)。简便起见,下面的讨论以狭义的有调节的中介为例,即只对路径 b 产生调节的模型(只与中介变量 M 存在交互效应:$M \times IV$)。第三种情况是有调节的中介和有中介的调节同时存在于一个模型中。下面分别介绍三种模型的基本情况和估计过程。

3.5.1 有调节的中介效应模型

图 3-11 是一个典型的有调节的中介模型,其中变量 X、M 和 Y 三个变量组成简单的中介模型,W 为调节变量,调节 M 到 Y 的中介效应(即系数 b),WM 是有调节的中介效应项,b_3 作为调节效应的估计。例如,社会支持在应激和抑郁间起着缓冲作用(中介作用),但是这种缓冲作用在男女中存在差异,此时性别作为调节中介效应(社会支持缓冲应激与抑郁)的调节变量而存在。

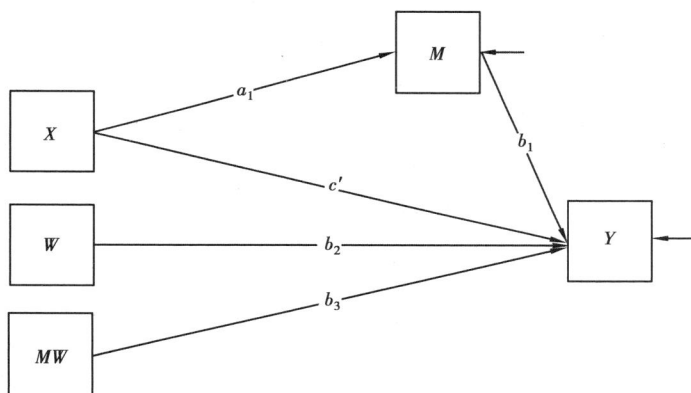

图 3-11 有调节的中介模型

当然调节变量 W 也可能对 X 到 M 的关系(即系数 a)进行调节,以及同时调节两条中介系数,关于更多情况的分析见 Edwards 和 Lambert(2007)的研究。

上述模型的回归检验程序如下:

a. 做 Y 对 X 和 W 的回归

$$Y = cX + b_2W + e_1$$

X 的系数 c 显著;

b. 做 M 对 X 的回归

$$M = a_1X + e_2$$

X 的系数 a_1 显著;

c. 做 Y 对 X、M 和 W 的回归

$$Y = c'X + b_1M + b_2'W + e_3$$

M 的系数 b_1 显著,说明 M 的中介效应显著;

d. 做 Y 对 X、M、W 和 MW 的回归

$$Y = c''X + b'_1M + b''_2W + b_3MW + e_3$$

MW 的系数 b_3 显著。

有调节的中介其重心还是中介效应,所以首先检验中介效应是否显著,然后再检验中介受调节变量调节的过程。

在流行的结构方程软件中,上述步骤同时完成,并给出相应的参数检验结果,表 3-12 是图 3-11 对应的 Mplus 语句。

表 3-12 有调节的中介模型的 Mplus 语句

```
TITLE:An example of a Moderated Mediation model present in P3-11;
DATA:FILE IS 3.dat;! 设置数据文件
VARIABLE:names = x m y w;
         USEVARIABLE = x m y w mw;
         ! 定义的交互项要列在 USEVARIABLE 里;
DEFINE:mw = m * w;! 定义交互项,;
ANALYSIS:bootstrap = 1000;
MODEL:y on m(b1)! 括号内的标签与公式对应。
      x
      w
      mw(b3);
      m on x(a1);
   w with m;
   mw with m;
MODEL CONSTRAINT:
   new (ind wmodval);
   wmodval = -1;! wmodval 可以设定为调节变量 W 的任何取值,
   ! 当 wmodval 设定为 -1 时,表示在 W = -1 时 X 通过 M 作用于 Y 的效应。
   ! 如果是连续变量可以设为均值加减一个标准差附近的整数值。
   ind = a1 * (b1 + b3 * wmodval);
OUTPUT:cinterval(bcbootstrap);! 获得偏差校正的 bootstrap 置信区间。
```

3.5.2 有中介的调节效应模型

当调节变量与自变量的调节或交互效应通过中介变量作用于因变量时称作有中介的调节效应。例如,应激作用于抑郁的效应会随着消极应对方式的差异而不同,而且这种影响还要通过中介变量社会支持作用于因变量,此时应对方式的调节效应需要通过社会支持的中介发挥作用。图 3-12 是一个典型的有中介的调节(Mediated Moderation)模型。自变量 X 与调节变量 W 的交互效应 XW 通过中介变量 M 作用于因变量 Y。

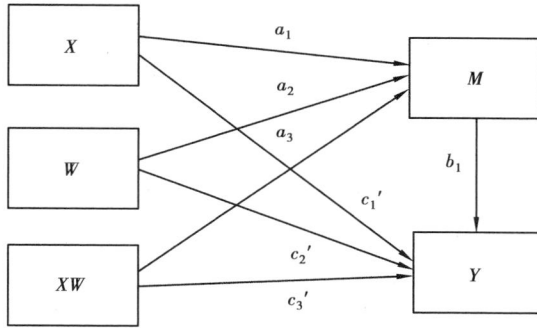

图 3-12 有中介的调节效应模型

上述模型的回归检验程序如下：

a. 做 Y 对 X、W 和 XW 的回归

$$Y = c_1 X + c_2 W + c_3 XW + e_1$$

XW 的系数 c_3 显著，说明调节效应显著；

b. 做 M 对 X、W 和 XW 的回归

$$M = a_1 X + a_2 W + a_3 XW + e_2$$

XW 的系数 a_3 显著；

c. 做 Y 对 X、M、W 和 XW 的回归

$$Y = c' X + c_2' W + b_1 M + c_3' XW + e_3$$

M 的系数 b_1 显著。

c_3' 为直接的调节效应，$a_3 b_1$ 为间接的调节效应。如果第三步中的 c_3' 不显著，则调节效应完全通过中介效应影响因变量。

上述分析过程需要说明的是，由于是检验有中介的调节效应，所以第一步检验调节效应是否显著，如果调节效应不显著则没有必要再检验调节效应通过中介变量的"有中介的调节效应"是否显著了。表 3-13 是图 3-12 对应的 Mplus 语句。

表 3-13 有中介的调节效应模型的 Mplus 语句

```
TITLE：An example of a Mediated Moderation model present in P3-12；
DATA：FILE IS 3. dat；
VARIABLE：names are x m y w；
          Usevariables = x m y w xw；
DEFINE：xw = x * w；
ANALYSIS：bootstrap = 1000；
MODEL：y on m(b1)！括号内的标签与公式对应。
       x
       w
```

续表

```
        xw;
        m on x(a1)
        w
        xw(a3);
MODEL CONSTRAINT:
        new(indwmodval);
        wmodval = -1;
        ind = (a1 + a3 * wmodval) * b1;
OUTPUT:CINTERVAL(bcbootstrap);
```

3.5.3 两者的混合

将上述两个模型组合在一起形成两者的混合,图 3-13 是图 3-11 和 3-12 组合后的模型示意图。

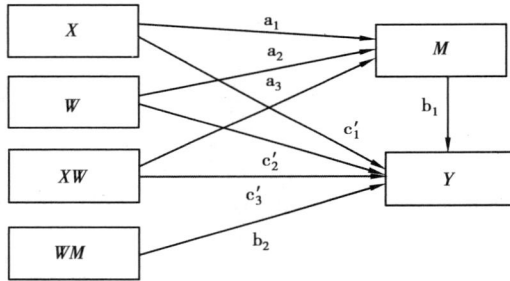

图 3-13 混合模型示意图

上述模型的回归检验程序如下(Muller,Judd & Yzerbyt,2005):

①做 Y 对 X、W 和 XW 的回归

$$Y = c_1X + c_2W + c_3XW + e_1$$

如果 c_3 显著说明 W 在 X 和 Y 间起调节效应,此时混合模型作为有中介的调节模型检验;

②a. 做 M 对 X、W 和 XW 的回归

$$M = a_1X + a_2W + a_3XW + e_2$$

检验 XW 的系数 a_3 是否显著;

③a. 做 Y 对 X、M、W、XW 和 WM 的回归

$$Y = c'X + c'_2W + b_1M + b_2MW + c'_3XW + e_3$$

检验 M 的系数 b_1 是否显著。

此时间接的调节效应等于 a_3b_1,直接的调节效应等于 c'_3。

如果 c_3 不显著说明 W 在 X 和 Y 间不存在调节效应,且满足 b_1a_3 或/和 b_2a_1 显著时,混合模型作为有调节的中介模型检验;

②b. 做 M 对 X、W 和 XW 的回归

$$M = a_1X + a_2W + a_3XW + e_2$$

检验 X 和 XW 的系数 a_1 和 a_3 是否显著;

③b. 做 Y 对 X、M、W、XW 和 WM 的回归

$$Y = c'X + c_2'W + b_1M + b_2MW + c_3'XW + e_3$$

检验 W 和 WM 的系数 b_1 和 b_2 显著。

此时,有调节的中介效应等于 $(a_1 + a_3W)(b_1 + b_2W)$,而有调节的直接效应等于 $c_1' + c_3'W$。

表 3-14　混合模型的 Mplus 语句

```
TITLE:An example of mixed model present in P3-13;
DATA:FILE IS C:\mplus3-14. dat;
VARIABLE:names = x m y w;
          USEVARIABLES = x m y w xw mw;
DEFINE:mw = m * w;
        xw = x * w;
ANALYSIS:bootstrap = 1000;
MODEL:y on m(b1)
        x
        w
        mw(b2)
        xw;
        m on x (a1)
        w
        xw(a3);
        mw with m;
MODEL CONSTRAINT:
        new(ind wmod);
        wmod = -1;
        ind = (a1 + a3 * wmod) * (b1 + b2 * wmod);! 有调节的中介效应;
OUTPUT:CINTERVAL(bcbootstrap);
```

3.6　Mplus 示例

3.6.1　中介效应模型分析示例

(1)模型设定

假设根据相关理论和过去研究结果,研究者提出如图 3-14 所示的假设模型。消极应

对和自我效能感在应激和抑郁间存在中介效应。

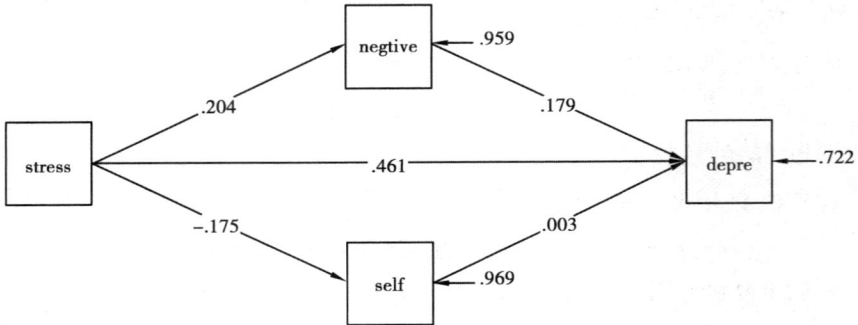

图 3-14　假设的中介模型

（2）测量工具

自我效能感的测量使用由 Schwarzer 等人编制的一般自我效能感量表（GSES）。该量表共有 10 个项目，被试在 1~4 等级上进行自我评定。我们只选择其中的前 5 个条目，条目内容列在表 3-15 中。

表 3-15　测量工具汇总表

测量工具	项目内容
自我效能感 （self,5 个）	1. 如果我尽力去做的话，我总是能够解决难题的。 2. 即使别人反对我，我仍有办法取得我所要的。 3. 对我来说，坚持理想和达成目标是轻而易举的。 4. 我自信能有效地应付任何突如其来的事情。 5. 以我的才智，我定能应付意料之外的情况。
消极应对 （negtive,5 个）	1. 试图休息或休假，暂时把问题（烦恼）抛开。 2. 通过吸烟、喝酒、服药和吃东西来解决烦恼。 3. 认为时间会改变现状，唯一要做的便是等待。 4. 试图忘记整个事情。 5. 依靠别人解决问题。
应激 （stress,5 个）	1. 考试前复习紧张。 2. 考试成绩不理想。 3. 学习任务过紧，心理负担过重。 4. 所预期的评优落空。 5. 担心中考或高考成绩不理想。

续表

测量工具	项目内容
抑郁 （depre，5 个）	1. 对异性的兴趣减退。 2. 感到自己的精力下降，活动减慢。 3. 想结束自己的生命。 4. 容易哭泣。 5. 感到受骗，中了圈套或有人想抓住自己。

抑郁的测量采用 SCL—90 症状自评量表的抑郁分量表。该分量表包含 13 个条目，只选择其中的前 5 个条目。采用 1～5 分评分，对应无（1）、轻度（2）、中度（3）、偏重（4）、严重（5）。

消极应对方式采用谢亚宁等编制的简易应对方式问卷（SCSQ）的消极应对分测验，包含 8 个条目，采用 0～3 四级评分。只选择其中的前 5 个条目。

应激的测量选用郑全全等（2010）年编制的中学生应激源量表，选择其中的学习压力分量表，5 个条目。

（3）分析过程

假设模型的 Mplus 语句见表 3-16，结果输出见表 3-17。

表 3-16　中介效应分析的 Mplus 语句

```
TITLE：this is an example of a path analysis；
DATA：FILE IS 8-data. dat；
VARIABLE：NAMES ARE age gender a1-a5 e1-e13 b1-b20 c1-c17 d1-d10；
        USEVARIABLE = stress negtive self depre；
        DEFINE：stress = sum( a1-a5)；
                    negtive = sum( b13-b17)；
                    self = sum( d1-d5)；
                    depre = sum( e1-e5)；
ANALYSIS：Bootstrap = 1000；
MODEL：depre on stress negtive self；
                negtive on stress；
                self on stress；
                negtive with self；
MODEL INDIRECT：depre ind self stress；
                    depre ind negtive stress；
OUTPUT：standardized CINTERVAL( BCBOOTSTRAP)；
```

表 3-17　中介效应分析的结果

SAMPLE STATISTICS

 SAMPLE STATISTICS

  Means

	NEGTIVE	SELF	DEPRE	STRESS
1	5.104	12.184	2.861	7.082

  Correlations

	NEGTIVE	SELF	DEPRE	STRESS
NEGTIVE	1.000			
SELF	−0.004	1.000		
DEPRE	0.273	−0.078	1.000	
STRESS	0.204	−0.175	0.497	1.000

THE MODEL ESTIMATION TERMINATED NORMALLY

MODEL FIT INFORMATION

Number of Free Parameters   11

Loglikelihood

  H0 Value   −28496.461

  H1 Value   −28494.377

Information Criteria

  Akaike（AIC）   57014.921

  Bayesian（BIC）   57083.545

  Sample-Size Adjusted BIC   57048.592

   （ $n* =(n+2)/24$ ）

Chi-Square Test of Model Fit

  Value   4.167

  Degrees of Freedom   1

  P-Value   0.0412

RMSEA（Root Mean Square Error Of Approximation）

  Estimate   0.029

  90 Percent C.I.   0.005 0.060

  Probability RMSEA < = .05   0.850

CFI/TLI

  CFI   0.998

  TLI   0.987

Chi-Square Test of Model Fit for the Baseline Model

  Value   1511.648

  Degrees of Freedom   6

续表

			Two-Tailed	
P-Value		0.0000		
SRMR (Standardized Root Mean Square Residual)				
Value		0.009		

MODEL RESULTS

	Estimate	S. E.	Est./S. E.	P-Value
DEPRE ON				
STRESS	0.387	0.014	28.175	0.000
NEGTIVE	0.188	0.017	11.327	0.000
SELF	0.003	0.014	0.193	0.847
NEGTIVE ON				
STRESS	0.163	0.013	12.18	10.000
SELF ON				
STRESS	−0.155	0.015	−10.505	0.000
Intercepts				
NEGTIVE	3.952	0.105	37.779	0.000
SELF	13.279	0.117	113.367	0.000
DEPRE	−0.873	0.214	−4.087	0.000
Residual Variances				
NEGTIVE	8.775	0.199	44.135	0.000
SELF	10.894	0.237	46.026	0.000
DEPRE	7.300	0.272	26.884	0.000

STANDARDIZED MODEL RESULTS

	StdYX Estimate	StdY Estimate	Std Estimate
DEPRE ON			
STRESS	0.461	0.122	0.387
NEGTIVE	0.179	0.179	0.188
SELF	0.003	0.003	0.003
NEGTIVE ON			
STRESS	0.204	0.054	0.163
SELF ON			
STRESS	−0.175	−0.046	−0.155
Intercepts			
NEGTIVE	1.306	1.306	3.952
SELF	3.961	3.961	13.279
DEPRE	−0.275	−0.275	−0.873

续表

Residual Variances			
NEGTIVE	0.959	0.959	8.775
SELF	0.969	0.969	10.894
DEPRE	0.722	0.722	7.300

R-SQUARE

Observed Variable	Estimate
NEGTIVE	0.041
SELF	0.031
DEPRE	0.278

TOTAL, TOTAL INDIRECT, SPECIFIC INDIRECT, AND DIRECT EFFECTS

	Estimate	S.E.	Est./S.E.	Two-Tailed P-Value
Effects from STRESS to DEPRE				
Sum of indirect	0.030	0.004	7.011	0.000
Specific indirect				
DEPRE				
SELF				
STRESS	0.000	0.002	−0.192	0.848
DEPRE				
NEGTIVE				
STRESS	0.031	0.004	8.394	0.000

STANDARDIZED TOTAL, TOTAL INDIRECT, SPECIFIC INDIRECT, AND DIRECT EFFECTS

STDYX Standardization

	Estimate	S.E.	Est./S.E.	Two-Tailed P-Value
Effects from STRESS to DEPRE				
Sum of indirect	0.037	0.005	7.144	0.000
Specific indirect				
DEPRE				
SELF				
STRESS	−0.001	0.003	−0.192	0.848
DEPRE				
NEGTIVE				
STRESS	0.036	0.004	8.679	0.000

（4）结果解释

中介模型的拟合指数结果为：$\chi^2 = 4.167$，$df = 1$，$p = .041$，$CFI = .998$，$TLI = .987$，$RMSEA = .029$，各指数均比较理想。模型估计的路径系数见图 3-14 和表 3-18。

表 3-18　特定间接效应分析

效应	估计值	标准误	p
F1→F2→F4	.037	.004	< .001
F1→F3→F4	− .001	.003	.848
F1→F4	.036	.010	< .001

F1 = 应激，F2 = 消极应对，F3 = 自我效能感，F4 = 抑郁。

根据路径分析效应分解原理，F1 到 F4 的总效应等于直接效应加上间接效应。本例中的直接效应等于 F1 到 F4 的路径系数 .461，总的间接效应等于 2 个特定中介效应之和为 .036。间接效应在总效应所占的比例为 .036/（.036 + .461）= .07，即应激作用于抑郁的效应有 7% 是通过自我效能和消极应对方式起的作用。两个中介变量在自变量和因变量间起的作用并不一致，主要表现在路径系数的符号上，自我效能感起着减缓或缓冲作用，而消极应对则起着"推波助澜"的作用。

（5）不同中介效应比较

当存在多个中介变量时，例如本例，通常需要比较特定中介效应的相对大小及差异比较，此时需要使用 Mplus 的"MODEL constraint"语句[1]，具体见表 3-19。

表 3-19　特定中介效应检验的 Mplus 程序

```
TITLE：This is an example of a path analysis；
DATA：FILE IS 8-DATA. DAT；
VARIABLE：NAMES ARE age gender a1-a5 e1-e13 b1-b20 c1-c17 d1-d10；
        USEVARIABLE = stress negtive self depre；
     DEFINE：stress = sum（a1-a5）；
            negtive = sum（b13-b17）；
            self = sum（d1-d5）；
            depre = sum（e1-e5）；
ANALYSIS：BOOTSTRAP = 1000；
MODEL：depre on stress（c）
        negtive（b1）
        self（b2）；
        negtive on stress（a1）；
        self on stress（a2）；
        ！negtive with self；！通常也会设定中介变量存在相关
```

[1]　特定的中介效应差异检验也可以使用"Model test"语句，但其不能与 BOOTSTRAP 同用，所以根据需要选择其一。具体做法是在 MODEL constraint 下面加上"Model test：ind1 = ind2；"。

续表

```
MODEL constraint：
      new(ind1 ind2 test)；
      ind1 = a1 * b1；! 定义特定的中介效应 1
      ind2 = a2 * b2；! 定义特定的中介效应 2
      test = ind1-ind2；! 特定中介效应差异检验
OUTPUT：Standardized CINTERVAL(BCBOOTSTRAP)；
```

3.6.2 调节效应模型分析示例

(1)模型设定

下面以一个假设的模型为例演示调节效应分析的过程。假设自我效能感调节消极应对和抑郁间的关系，即消极应对和抑郁间的关系在不同自我效能感水平个体上存在差异，假设的路径图如图 3-15 所示，对应的 Mplus 语句呈现在表 3-20 中。

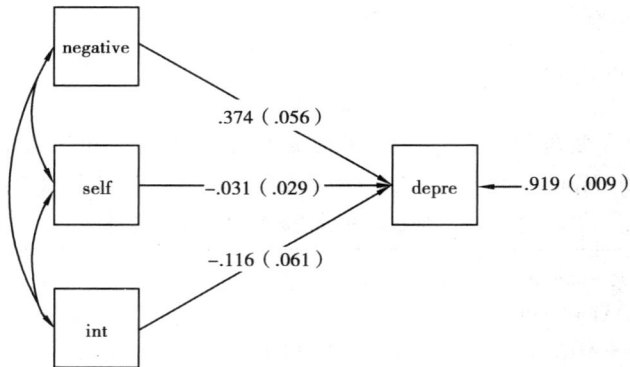

图 3-15　调节效应路径图

表 3-20　调节效应分析的 Mplus 语句

```
TITLE：this is an example of a path analysis for interactive effect；
DATA：FILE IS 8-data. dat；
VARIABLE：NAMES ARE age gender a1-a5 e1-e13 b1-b20 c1-c17 d1-d10；
USEVARIABLE = negative self depre int；
    CENTER = GRANDMEAN(negative self)；! 中心化变量；
DEFINE：negative = sum(b13-b17)；! 计算消极应对总分；
        self = sum(d1-d5)；! 计算自我效能感总分；
        depre = sum(e1-e5)；! 计算抑郁总分；
        int = negative * self；! 定义交互项；
MODEL：Depre on self negative；
        Depre on int；
OUTPUT：Standardized；
```

表 3-21　调节效应分析的结果

SAMPLE STATISTICS				
SAMPLE STATISTICS				
Means				
	DEPRE	NEGATIVE	SELF	INT
	————	————	————	————
1	2.861	0.000	0.000	62.149
Covariances				
	DEPRE	NEGATIVE	SELF	INT
	————	————	————	————
DEPRE	10.103			
NEGATIVE	2.621	9.154		
SELF	−0.834	−0.036	11.237	
INT	27.339	113.889	57.602	1835.349
Correlations				
	DEPRE	NEGATIVE	SELF	INT
	————	————	————	————
DEPRE	1.000			
NEGATIVE	0.273	1.000		
SELF	−0.078	−0.004	1.000	
INT	**0.201**	**0.879**	**0.401**	1.000

THE MODEL ESTIMATION TERMINATED NORMALLY

MODEL FIT INFORMATION

Number of Free Parameters	5
Loglikelihood	
H0 Value	−9585.210
H1 Value	−9585.210
Information Criteria	
Akaike（AIC）	19180.420
Bayesian（BIC）	19211.613
Sample-Size Adjusted BIC	19195.725
（n * =（n + 2）/24）	
Chi-Square Test of Model Fit	
Value	0.000
Degrees of Freedom	0
P-Value	0.0000
RMSEA（Root Mean Square Error of Approximation）	
Estimate	0.000

续表

90 Percent C. I.		0.000 0.000	
Probability RMSEA < = .05		0.000	
CFI/TLI			
CFI		1.000	
TLI		1.000	
Chi-Square Test of Model Fit for the Baseline Model			
Value		320.048	
Degrees of Freedom		3	
P-Value		0.0000	
SRMR (Standardized Root Mean Square Residual)			
Value		0.000	

MODEL RESULTS

	Estimate	S. E.	Est. /S. E.	Two-Tailed P-Value
DEPRE ON				
SELF	− 0.029	0.028	− 1.044	0.297
NEGATIVE	0.393	0.059	6.656	0.000
INT	− 0.009	0.005	1.884	0.060
Intercepts				
DEPRE	1.742	0.358	4.871	0.000
Residual Variances				
DEPRE	9.284	0.213	43.497	0.000

STANDARDIZED MODEL RESULTS

STDYX Standardization

	Estimate	S. E.	Est. /S. E.	Two-Tailed P-Value
DEPRE ON				
SELF	− 0.031	0.029	− 1.044	0.297
NEGATIVE	0.374	0.056	6.692	0.000
INT	− 0.116	0.061	− 1.884	0.060
Intercepts				
DEPRE	0.548	0.113	4.846	0.000
Residual Variances				
DEPRE	0.919	0.009	108.003	0.000

（2）结果解释

结果表明，调节效应模型的拟合良好，自我效能感的主效应不显著 $p > .05$，消极应对间的主效应显著 $p < .01$，两者的交互效应也不显著 $p > .05$，研究假设不成立。

3.7 本章小结

本章简要介绍了几种常用的相关和回归分析公式并给出对应的 Mplus 语句。着重介绍了路径分析模型，特别是研究中常用的中介效应与调节效应分析，有调节的中介模型和有中介的调节模型，以及同时包含调节和中介效应的混合模型，并给出了相应的 Mplus 语句供读者参考。

路径分析的优点是解决了回归分析中只能处理单个因变量的限制，同时估计多个自变量，多个中介变量（调节变量）和多个因变量间复杂的关系。利用结构方程模型软件估计路径分析可以同时获得参数估计结果，效应分解结果和模型的整体拟合评价。

然而，路径分析同回归分析一样没有考虑指标的测量误差。社会科学中的很多概念多是不能直接观测的潜变量，需要使用多个观测指标去间接推测。传统的路径分析使用单个外显指标或多个外显指标的总分或均值作为概念的测量，由于没有考虑测量误差常会低估概念间的实际关系（Bollen，1989：151-76；侯杰泰，等，2004：147-148），而随着潜变量路径分析即结构方程模型（这是将路径模型和因素分析结合起来的分析方法）的兴起，路径分析逐渐被取代而很少使用。

※推荐阅读※

Aiken 和 West（1991）的教材是相关和回归分析的经典。中介效应分析的百宝书是 David P. MacKinnon（2008）最近的专著，详细介绍了在各种模型中，中介效应分析的过程。通过总结性论文可以快速获得大体脉络，MacKinnon 等（2007）发表在 Annual Review of Psychology 上的综述简要概括了中介分析的方方面面，类似的文章见 Wood 等（2008）和 Mathieu 等（2008）。Spencer 等（2005）的文章对研究何时采用实验设计，何时采用中介分析设计探讨因果关系的情况提出了忠告。Muller 等（2005）的文章对有中介的调节和有调节的中介模型给予了细致的说明和示例。国内的文章资料可以参见温忠麟等的文章（2004；2005）和最近出版的专著《调节效应和中介效应分析》（温忠麟，等，2012）。罗胜强和姜嬿（2008）的文章也是对中介和调节变量非常优秀的总结。

温忠麟,张雷,侯杰泰,刘红云.（2004）.中介效应检验程序及其应用.*心理学报*,*36*,
    614-620.

温忠麟,侯杰泰,张雷.（2005）.调节效应与中介效应的比较和应用.*心理学报*,*37*,

268-274.

温忠麟,刘红云,侯杰泰.(2012). *调节效应和中介效应分析*. 北京:教育科学出版社.

罗胜强,姜嬿.(2008). *调节变量和中介变量*. 见陈晓萍,徐淑英,樊景立主编. 组织与管理研究的实证方法. 北京:北京大学出版社,p312-331.

Aiken, L. S. & West, S. G. (1991). *Multiple regression: Testing and interpreting interactions*. Newbury Park, CA: Sage.

MacKinnon, D. P. (2008). *Introduction to Statistical Mediation Analysis*. Mahwah, NJ: Erlbaum.

Mathieu, J. E., DeShon, R. P. & Bergh D. D. (2008). Mediational Inferences in Organizational Resarch Then, Now, and Beyond. *Organizational Research Methods*, *11*, 203-223.

Muller, D., Judd, C. M. & Yzerbyt, V. Y. (2005). When moderation is mediated and mediation is moderated. *Journal of Personality and Social Psychology*, *89*, 852-863.

Preacher, K. J., Rucker, D. D. & Hayes, A. F. (2007). Assessing moderated mediation hypotheses: Theory, methods, and prescriptions. *Multivariate Behavioral Research*, *42*, 185-227.

Spencer, S. J., Zanna, M. P. & Fong, G. T. (2005). Establishing a causal chain: Why experiments are often more effective than meditational analyses in examining psychological processes. *Journal of Personalityand Social Psychology*, *89*, 845-851.

4 探索性因素分析

4.1 因素分析概述

因素分析(Factor Analysis,FA)的产生已有 100 多年的历史(Spearman,1904),在心理学研究中的作用举足轻重,是行为科学诸领域(如教育学、社会学、管理学、市场营销和公共卫生等)使用最多的多元统计方法之一(Conway & Huffcutt,2003;Fabrigar et al.,1999)。国内学者对《心理学报》和《心理科学》1998 至 2007 年 10 年间刊登论文所使用的统计方法进行统计,结果发现因素分析是使用最广泛的多元统计方法之一(焦璨,等,2008)。

因素分析是用于解释外显变量之间相关的统计模型,主要用于实现两个目的:解释指标间的相关性和化简数据。按照假设,指标间存在相关是因为有一个潜在的共同因子或公因子(Common Factor;所有条目共同的部分),如果这个共同因子被提取,那么指标间的相关将不存在,即实现了局部独立性(Local Independence)。由于因子多为抽象概念,在真实世界是不存在的,而实际存在的指标又太多,通过因素分析就能将众多指标化简为少数几个因子,为厘清现象提供简明的工具。在因子的水平上假设和验证变量之间的关系,为理论的发展和检验提供便利。

按照分析前有无理论基础,可以将因素分析分成:探索性因素分析(Exploratory Factor Analysis,EFA)和验证性因素分析(Confirmatory Factor Analysis,CFA)。因素分析在心理学研究中最常用于探索、检验量表或问卷的因素效度(Factorial Validity;戴晓阳,曹亦薇,2009)。当问卷的理论结构不清晰时,普遍的做法是先使用探索性因素分析初步确定因子的个数、指标与因子间的关系以及因子与因子之间的关系。然后根据 EFA 的结果在新样本中进行 CFA 验证,如果结果理想则得到支持因素效度的结论(Gerbing & Hamilton,1996)。虽然两类因素分析存在明显的不同,但其理论假设和参数估计方法等方面的差异并不大。

本章主要论述探索性因素分析的原理和 Mplus 过程。首先论述探索性因素分析的原理并与主成分分析进行比较;接着讨论了分析类别变量因素分析的特点,详细介绍 EFA 分析的过程以及具体使用时涉及的问题;接着通过实例演示通过 Mplus 执行 EFA 分析的过程与结果解释;最后简要介绍 EFA 的最新发展:探索性结构方程模型及示例。

4.2 探索性因素分析原理

4.2.1 因素分析原理

因素分析的目的是采用少数几个潜变量即因子来解释一组变量间的相关,当潜变量被抽取后条目之间将不存在相关性,即达到局部独立性。换句话说,之所以变量之间存在相关,(完全)是因为潜变量的影响,当潜在变量被抽取后,之前的相关便不存在。在因素分析中,将观测分数的变异划分成三个部分:公共因子、独特性(Unique Factor;单个条目特有的部分或少数几个条目共有部分,如方法效应)和测量误差(随机和系统误差)。因素分析主要关注的是公因子部分,所以常将独特性部分和测量误差合并,表达式如下(芝祐顺,1979):

$$Z_{ij} = a_{j1}f_{i1} + a_{j2}f_2 + \cdots + a_{jm}f_{im} + d_j u_{ij}$$

式中 Z_{ij} 为个体 i 在项目 j 上的标准分,f 为公因子,a_j 为每个公因子的权重即因子负荷量,u_{ij} 为独特性因子,d_j 为独特性因子的权重。

由上式不难看出,个体在某个条目上的得分等于一组公共因子和条目独特性加权之和。因为是一组因子,所以在探索性因素分析里面决定条目反应的原因不止一个,在实际结果中会发现一个条目会在多个因素上有负荷。因素分析一般有如下假设:(1)指标与共因子之间为线性关系;(2)公因子间相互独立(正交)或彼此相关(斜交);(3)误差不相关;(4)公因子与误差不相关。

4.2.2 因素分析与主成分分析

分析连续变量时的因素分析又称作线性因素分析,因为此时潜变量与项目之间的关系是线性的。线性因素分析在很多商业大型统计分析软件中被作为默认分析程序,如 SPSS。在 SPSS 因素分析模块,默认的因素提取方法为主成分法(Principal Components Analysis,PCA)。主成分法与主轴因子抽取法或公因子抽取法不同[1],虽然在多数情况

---

[1] 数学上,主成分分析采用的相关矩阵对角线元素为 1,而主轴法采用的对角线元素为复相关系数平方(Squared Multiple Correlation,SMC)。

下两种方法所得结果非常接近(Velicer & Jackson,1990)。

主成分分析是通过将一组变量组成一个线性方程来解释原来变量尽可能多的信息即变异最大化,其主要目标是用较少的几个主成分来解释这组变量尽可能多的信息,即简化数据。而因素分析是用少数几个因子来解释众多指标间彼此相关的原因即共同变异,其主要目标在于提取造成指标间共变的原因即提取公因子。如上所述,在因素分析模型中是将观测分数变异划分为公因子、独特性和测量误差三部分。而在 PCA 中并没有单独区分独特性部分(下面的公式和图 4-1b),所以在 PCA 中往往会高估因子负荷和因子间相关(这主要是由于独特性成分造成的虚假关系)。从这个意义上说,主成分并非潜变量,所以将主成分分析完全等同于因素分析是不妥的。

$$C_1 = W_{11}X_1 + W_{12}X_2 + \cdots + W_{13}X_3 + W_{1p}X_p$$
$$C_2 = W_{21}X_1 + W_{22}X_2 + \cdots + W_{23}X_3 + W_{2p}X_p$$
$$\vdots$$
$$C_q = W_{q1}X_1 + W_{q2}X_2 + \cdots + W_{q3}X_3 + W_{qp}X_p$$

式中 C_1 为第一个主成分,C_q 为第 q 个主成分,w_{ij} 表示第 j 个 X 指标在主成分 C_i 上的权重。

然而在特定条件下,这两种方法所得到的结果会很相近(Velicer & Jackson,1990),但如果研究的目标是确定潜在因子,EFA 将更合适(Cattell,1978;Gorsuch,1983;McDonald,1985)。研究者在研究中很可能被统计分析软件所误导,如 SPSS 中的因素分析模块中默认主成分分析。

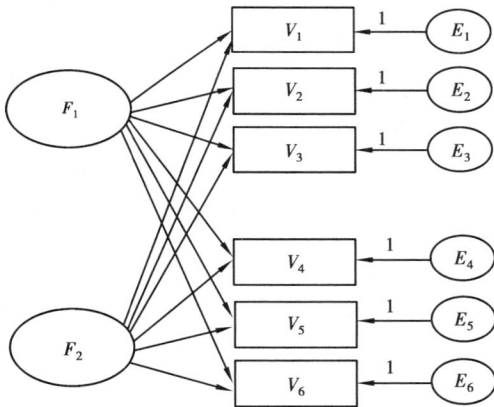

图 4-1a 因子分析示意图   图 4-1b 主成分分析示意图

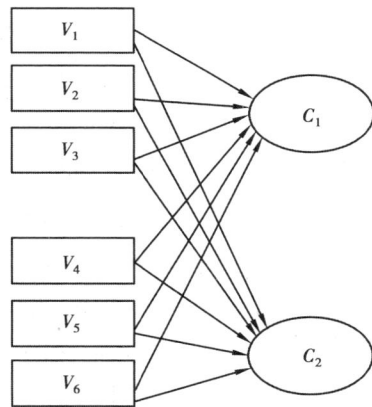

4.2.3 二分变量因素分析

社会科学研究中常常会遇到二分变量的数据,如临床评定量表,大型人格问卷如MMPI、EPQ、CPI 等均采用 0-1 计分。由于此时指标与潜在因子之间的关系为非线性关系,采用传统线性因素分析是不合适的。

用线性因素分析模型拟合二分变量常会扭曲变量的潜在结构,因为通过二分变量计算的 pearson 积差相关系数会受项目分布形态和项目内容的影响。即使两个完全一致的项目测量同一特质,当作答频率不同时计算的 pearson 积差相关系数也不能达到 1(Lord & Novick,1968)。而探索性因素分析是基于相关矩阵,任何影响相关矩阵稳定性的因素都可能导致错误的因素分析结果(Comrey,1978;芝祐顺,1979)。其次,因子分析模型假设,潜变量与项目间的关系是线性关系,当项目是二分变量时,项目与潜变量间的关系通常是非线性的。McDonald 和 Ahlawat(1974)揭示了当线性因子分析模型拟合二分变量时会产生虚假因子的情况,这个因子称为"困难因子(Difficulty Factors)"。为了避免困难因子的出现,测量学家提出了一些解决方法。

第一,用线性因子分析拟合四分相关系数(Tetrachoric Correlations)。这种方法使用四分相关矩阵而非线性因子分析模型中的 pearson 积差相关矩阵。该方法假设,二分变量是连续潜变量在测量时的类别化。当潜变量的分布为单变量正态分布时,四分相关是积差相关的极大似然估计(Divgi,1979)。该法的缺点是,四分相关并没有使用项目全部信息(Bock & Lieberman,1970),因此又被称为有限信息方法(Limited-information approach)。

第二,稳健加权最小二乘法(WLSMV)。该方法由 Muthén 和同事(1978;1997)提出。与第一种方法相比,该方法使用了更多的信息。WLSMV 是类别数据因子分析最好的方法之一(Brown,2006),目前仅有 Mplus 提供。WLSMV 估计法使用对角加权矩阵的加权最小二乘法,同时采用均值-方差校正卡方检验(Muthén & Muthén,1998;2012)。Flora 和 Curran(2004)的模拟研究发现,使用 WLSMV 估计类别指标的验证性因素分析在多种条件下均能产生精确的参数估计和标准误。WLSMV 用于分析 200 个样本的截尾(censored)数据时也同样有效(Brown,2006)。但在实际应用中,分析的变量超过 10 个时至少需要 1 000 个以上的样本,分析的变量超过 30 个时则需要特别小心(Muthén,1989)。

第三,全息因子分析(Full-Information Factor Analysis model,FIFA)。该方法由 Bock 和 Aitkin 于 1981 年开发,后来 Schilling(1993)又对其做了进一步的发展。FIFA 理论上类似于项目反应理论中的正态卵型模型。FIFA 参数估计采用边际极大似然估计(Marginal Maximum Likelihood)和 EM 算法(Dempster,Laird & Rubin,1977),模型拟合采用卡方检验。然而在实际应用中,当项目和估计的潜因子较多时将会遇到困难(Bock,Gibbons & Muraki,1988)。Reiser 和 VandenBerg(1994)的研究揭示,当变量超过 8 个,同时样本量少于 1 000 时,模型卡方检验很不精确。在 Mplus 中,用 ML 估计法处理类别数据采用的就是 FIFA。

4.3 探索性因素分析过程

4.3.1 使用 EFA 存在的问题

虽然因素分析作为重要的多元统计分析方法为心理学研究提供了有力的工具,但在实际应用中因素分析经常被误用、滥用(Fabriga,Wegener,MacCallum & Strahan,1999;

Preacher & MacCallum,2003;Henson & Roberts,2006;范津砚等,2003)。即便不时有方法学者针对应用中存在的问题提出批评和纠正,但实际效果并不令人满意。在国内也是如此,范津砚等(2003)对《心理学报》和《心理科学》1991—2000 年 10 年间的 95 篇探索性因素分析文章进行了统计分析,结果发现主要存在以下四个方面的问题:(1)在确定因素个数时倾向于机械地依靠某个单一方法来做决定;(2)大量使用正交旋转;(3)过于依赖统计软件 SPSS;(4)对因素分析过程中的重要信息或结果报告不够。

4.3.2　EFA 分析过程

因素分析作为最常用的数据分析工具,之所以会在实际应用当中出现这么多问题,主要是因为因素分析过程中有太多需要研究者主观判断的决策,这些决策环环相扣,前一步的决策不当便会为随后的分析埋下错误的种子。另一方面,研究者为了使自己的研究结果看起来“很美”,在做决策时更是跟着数据走。下面将介绍探索性因素分析的过程,并使用实例演示 Mplus 分析过程和结果解释。

Fabrigar 等(1999)总结的探索性因素分析使用过程中的 5 个关键步骤(见图 4-2)被广大方法学者视为“标准”,下面以此为框架简要介绍。

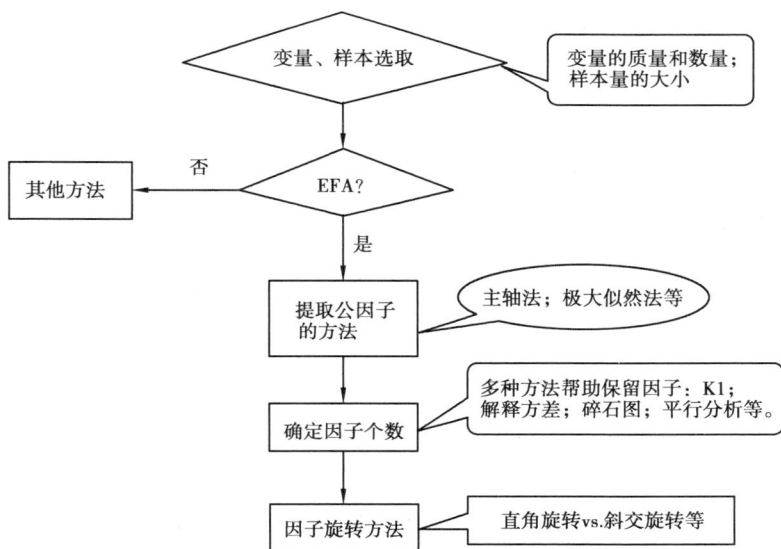

图 4-2　EFA 流程图

（1）确定变量及样本

这一步是数据分析前的准备工作,对于整个研究的成败来说是非常重要的(Cattell,1978)。此阶段要求研究者根据理论和前人研究结果收集尽可能多的与自己的研究主题相关的条目,有时也要包含一些与主题无关的条目。如果在指标收集阶段不能把重要的内容收入其中,那么在分析阶段将丢失重要的信息。因为因素分析是根据输入的信息产生相应的结果,高质量的数据产生高质量的信息,否则就是“garbage in,garbage out”。例如,研究者想编制一份测量中学生生活满意度的问卷,而事先不知道中学生生活满意度应该包含哪些方面,因此研究者采用访谈、开放性问卷和专家咨询等手段收集了 20 个指标,并在中学生群体收集了 500 例数据。通过 EFA 发现结果可以提取三个可解释的因子:同学关系、学校环境和父母关系。但是如果在收集的 20 个指标里没有师生关系满意度的指标,那么在结果里肯定是提取不出师生关系满意度因子的。

收集的条目数要比最后保留的条目数多出很多,如何决定条目的去留也是需要留意的问题。常用的标准为因子负荷量,通常认为负荷量在 0.3 以上(Nunnally,1994)。而 Comrey(1973)建议了如下的标准: >.71 为优秀, >.63 为非常好, >.55 为好, >.45 一般, >.32 差。除此之外,研究者还提出了基于模型的指标评价程序(Kano & Harada,2000),这种方法与验证性因素分析中的模型修正类似,但随后的研究发现这种方法并不比传统方法优越(Hogarty,Kromrey,Ferron & Hines,2004)。

在做因素分析时常常会遇到这样的问题:每个因子至少需要多少个指标;因素分析至少需要多少样本量。关于第一个问题已有不少研究者给了建议,认为测量指标越多越好,一般至少要有 3 ~ 5 个(MacCallum et al.,1999;Velicer & Fava,1998),从模型识别的角度来说,单个因子至少要有 3 个指标才能满足被识别的条件(见验证性因素分析模型识别部分)。当然,这 3 ~ 5 个指标必须是心理测量性能良好的(如,共同度 >0.4),否则也不能有效地测量预测的概念。

第二个问题也有很多不同的答案。如 Gorsuch(1983)建议样本和变量比为 5:1,同时样本量不低于 100。Nunnally(1994)则推荐样本和变量比为 10:1。芝祐顺(1979)认为至少需要 100 个有代表性的样本才能得到稳定的相关系数矩阵,因素分析的结果也才稳定。然而上述经验法则都忽略了指标本身的特性(如,共同度),最近的研究发现当条目共同度较大时较少的样本量也能得到精确的参数估计。例如,因子由 3 ~ 4 个条目测量,而且平均共同度在 0.7 以上,则只需要 100 个样本就可以准确的估计参数了。随着共同度的降低,样本量随之增大(MacCallum et al.,1999)。总的来说,最近的研究发现最少样本量与共同度、因子负荷量、因子个数和指标数与因子数之比相关(Gagné & Hancock,2006;MacCallum,Widaman,Preacher & Hong,2001;MacCallum et al.,1999;Marsh,Hau,Balla & Grayson,1998;Velicer & Fava,1998)。当因子负荷量最够高时,样本量对因子解的影响较小,甚至非常小的样本量($N < 50$)也能获得合理的解(de Winter,Dodou & Wieringa,2009)。

样本量和指标个数在实际研究中已受到广泛关注,指标和样本量的最低标准绝大多数都能达到,但是研究者往往忽略了样本的代表性或异质性(戴晓阳,曹亦薇,2009)。同质性太高的样本往往低估指标间的相关系数,进而低估因素负荷和因素间相关(Tucker & MacCallum,1997;芝祐顺,1979)。

(2)确定 EFA 是最合适的分析方法

因素分析的目的是找出少数因子去解释指标间的相关。心理现象错综复杂,很多心理现象之间存在关联,通过因素分析可以在这复杂的现象中找到问题的关键。从心理学的学科性质来讲,由于心理学家研究的是行为背后的潜在原因,所以因素分析是个理想的工具(Cattell,1978;McDonald,1985)。然而如前所述,在实际研究中很多研究者出于不同的目的将主成分分析等同于因素分析,这样的做法是不可取的。

(3)选择适当的方法提取公因子

提取公因子的方法有多种,其中常用的有极大似然估计(Maximum Likelihood,ML)和主轴因素法(Principal Axis Factoring,PAF;数学原理参见芝祐顺,1979)。每种方法都有其优缺点。ML可以报告整个模型的拟合指数,而且可以计算因素负荷的置信区间等指标(Cudeck & O'Dell,1994),缺点是前提假设要求太高,数据分布需满足多元正态分布,否则会扭曲结果(Curran,West & Finch,1996;Hu,Bentler & Kano,1992),这一假设前提对多数研究来说是相当苛刻的。PAF的优点是对数据分布形态没有要求,缺点是不能像ML那样提供拟合指数和大量的参数估计值。

(4)因子个数的取舍

保留多少个因子是个非常重要的问题,因子抽取过度或不足都存在问题,但是实证研究更倾向于支持保留较多的因子(Fava & Velicer,1992;Wood et al.,1996)。例如,Wood等(1996)通过模拟研究指出:第一,抽取较少因子时,这些因子更可能包含较多的误差;第二,抽取过度与抽取不足相比对因子负荷的估计更精确。因此研究者提出了很多检验程序来帮助决策,但并不存在一个公认的客观标准。下面介绍的5种方法是实际研究中最常使用的。

特征值大于1(Kaiser's Rule,K1)[1]　K1规则是研究者最常采用的标准之一(范津砚等,2003;Fabrigar et al.,1999;Hayton,Allen & Scarpello,2004;Henson & Roberts,2006)。此规则也是多数统计软件默认的规则(例如SPSS),采用此方法确定因子个数存在很多问题,因为它是基于PCA的思想发展起来的,更重要的是有研究表明该法总是导致过多的因子被保留(Zwick & Velicer,1986)。

解释方差总量　研究者常常采用的另外一个方法就是方差解释量,它也是基于PCA的思想发展而来的。关于因子解释多少总体方差合适并没有统一的标准,很多研究者给出了不同的经验法则。如50%或80%(Floyd & Widaman,1995)。方差解释量达到多少算是合适呢,有研究者从另外一个角度对此进行了探讨。Peterson(2000)对568篇市场营销领域的803项因素分析进行了统计,结果表明平均的方差解释量为56.6%,其中有30%的分析没有到达50%的解释量。更有趣的是Peterson发现与实际研究等同条件的模拟数据显示平均方差解释量为50.2%,所以解释方差总量定在50%就显得有点"令人担忧"了。另一方面来讲,既然解释方差总量是基于主成分分析的思想而发展起来的,那

---

[1]　最近,Lance,Butts & Michels(2006)通过对文献回顾指出,Kaiser'srule并非Kaiser的初衷而是后人的曲解。类似的划界分还有拟合指数>.9和信度>.7。

么解释总体方差的多少并非是判断 EFA 成功的关键了（Preacher & MacCallum，2003）。

碎石图（Scree Plot） 碎石图提供了因子数目和特征值大小的图形表示，因此可以通过视觉判定选择合适的因子个数。图 4-3 是 SPSS 根据 27 个条目进行的 EFA 给出的碎石图。碎石图直观方便，但是在没有明显拐点的时候，常常造成选择的困难。

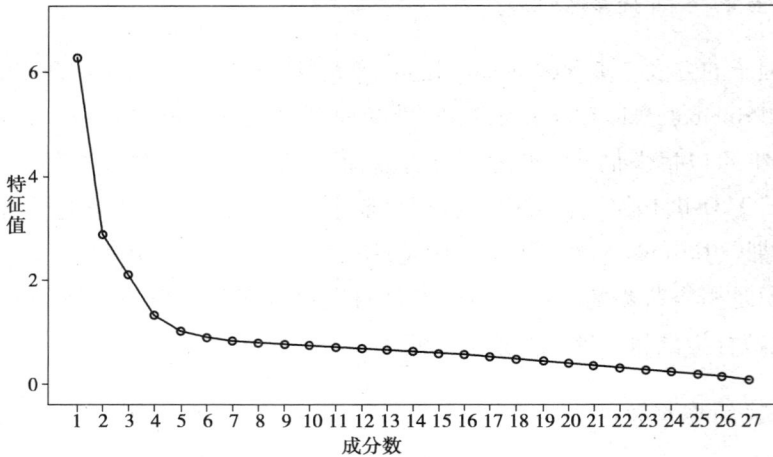

图 4-3　碎石图示例

平行分析（Parallel Analysis，Horn，1965）[1] 平行分析被认为是 EFA 中因子保留最精确的方法（Zwick & Velicer，1986），但是在实际研究中却极少受到重视和应用（Henson & Roberts，2006），这可能是由于流行的统计分析软件不提供此结果，而需要研究者自己动手编程所致。平行分析背后的逻辑是（Reise，Waller & Comrey，2000）：如果一个从真实数据中抽取的因子所解释的变异比从模拟的随机数据中抽取相应数量因子所解释的变异还要小，就没有保留的价值，应当舍弃。通过比较真实数据特征值的碎石图和一组随机矩阵的平均特征值的曲线，便可以确定保留因子的个数。

具体来说，平行分析主要包括三个步骤。首先，生成一组随机数据的矩阵，这些矩阵和真实的数据矩阵要有相同的指标数和样本量。接着，求出这组随机数据矩阵的特征值，并计算这些特征值的平均值。最后，通过比较真实数据中特征值的碎石图和这组随机矩阵的平均特征值的曲线，确定两条特征值曲线的交点，根据交点的位置，便可以确定要抽取因子的绝对最大数目。如果真实数据的特征值落在随机矩阵的平均特征值曲线之上，则保留这些因子；反之，则舍弃这些因子（孔明，卞冉，张厚粲，2007；Hayton，Allen & Scarpello，2004）。运行此方法的 R 软件语句可参考孔明等人的研究（2007），SPSS 语句可参考 Hayton et al.（2004）。Liu 和 Rijmen（2008）还提供了处理类别变量的 SAS 语句。

竞争模型比较 如果通过上述方法仍然很难确定合适的因子个数，那么研究者可以通过类似于验证性因素分析中竞争模型比较的方法来确定最优的模型（Fabrigar et al.，1999）。关于嵌套模型比较的信息见本书第 9 章。

---

〔1〕　Mplus 7 已增加平行分析的功能，具体在 ANALYSIS 命令下调用 PARALLEL 命令，见 Mplus 手册第 7 版 p611。

除了上述 5 种经常在实际研究中使用的选择依据外还有其他的一些方法,如残差分析。而且新的方法也被提出,如似然比检验(Likelihood Ratio Test,LRT;Hayashi,Bentler & Yuan,2007)和 Hull 法(Lorenzo-Seva,Timmerman & Kiers,2011)。

上述介绍的 5 种方法各有优缺点但都不足以确定"正确"的因子数,或者说就不存在正确的因子数,现在所能做到的就是使保留的因子个数更接近于真实。从另一方面来讲,即使几种判断标准同时使用仍不能保证最后保留的因子个数就是正确的,但至少可以保证犯错误的概率是最低的,所以推荐在实际应用中保留符合多个标准的因素个数。

(5)因子旋转

一旦确定了因子个数,下一步就要确定因子旋转的方法来获得一个简单、容易解释的因子结构。因子旋转的方法有多种,但可分为两大类:正交旋转(Orthogonal Rotation)和斜交旋转(Oblique Rotation)。

正交旋转假定因子之间不存在相关,而斜交旋转则没有这样的约束条件。就社会科学所研究的众多概念来说,因子之间往往存在着关联,所以大多数情况下使用斜交旋转更符合事实。但在实际研究中正交旋转可能(但也不一定)会得到更容易解释的因子结构,所以在期刊发表出来的论文多采用(甚至只采用)正交旋转以获得"方便"的结果(Browne,2001)。虽然这种做法有实际的好处(论文接受发表),但往往会误导研究结果(Reise,Waller & Comrey,2000)。其实在研究中可以先使用斜交旋转,如果发现因子间相关较小或没有相关时再采用正交旋转,采用统计分析软件做这样的操作并不麻烦。需要注意的是,在研究中常常出现这样一种情况,即在条目水平上进行一阶因素分析,接着在一阶因子上进行高阶因素分析。条目水平的 EFA 根据理论选择直角或斜角旋转,如果理论预期存在一个高阶因子,那么在一阶因子水平上的 EFA 则毫无疑问应该使用斜角旋转(Floyd & Widaman,1995)。事实上,旋转方法并没有对错之分,应当选择最合适的方法提供简单结果以达到研究目标(Asparouhov & Muthén,2009)。

Mplus 提供多种旋转方法(见 Mplus 手册第 16 章),关于旋转的统计原理见(Browne,2001)。Mplus 推荐使用 GEOMIN 旋转(默认 GEOMIN 斜交旋转),因为其非常适合于处理存在跨负荷指标的 EFA 分析。如果选择 Mplus 默认旋转,GEOMIN ε 值会随因子个数的增加而变大,可通过如下设置自定 ε 值:ROTATION = GEOMIN(OBLIQUE.5),当然也可通过 ROTATION 命令选择使用其他旋转方法。

(6)结果报告

一个完整的 EFA 分析提供了非常丰富的信息,这些信息的披露为其他研究者的验证工作提供了便利。目前国内心理学界对因素分析过程中的重要信息或结果报告的并不够(范津砚等,2003),一方面是由于国内期刊对于版面的限制,另一方面也反映了审稿人对 EFA 分析的要求较低。根据 EFA 分析的五个关键步骤,同时结合 CFA 报告的相关标准(见第 5 章),表 4-1 列举了一些 EFA 结果呈现时需要报告的信息。当然从一定意义上说,表 4-1 中的内容已超出了 EFA 结果报告的范围。

表 4-1　EFA 研究报告清单

A 变量选取和数据收集

  A1. 理论建构的清晰定义(操作性定义);

  A2. 初始指标数量;

  A3. 指标取舍的标准;

  A4. 样本特征(取样方法、样本量、所选目标样本依据);

B 数据准备

  B1. 数据正态性检验;

  B2. 缺失值分析及处理方法;

  B3. 指标类型的说明(名义的、类别的还是连续的);

  B4. 数据分析的水平(指标 vs. 分量表)。

C 确定 EFA 是最合适的分析方法

  C1. 选择使用 EFA 而非其他方法的依据。

D 共因子提取法

  D1. 分析所用矩阵的类型(协方差 vs 相关);

  D2. 矩阵是否可供读者索取;

  D3. 公因子提取方法及依据(主轴法,ML 或其他方法);

E 因子个数的取舍

  E1. 因子个数保留的标准(K1、碎石图、平行分析等);

  E2. 是否采用多个标准保留因子;

  E3. 删除不好因子的标准(条目较少,无法解释)。

F 因子旋转

  F1. 选择因子旋转方法(直角 vs 斜交)及依据;

  F2. 具体旋转方法的名称。

G 结果报告

  G1. 使用 ML 法时模型评价是否采用多个拟合指标:卡方、自由度、p 值、RMSEA、CFI 和 TLI 等(见第 5 章);

  G2. 条目保留的情况(最终保留了多少条目;每个因子保留的条目是否充足);

  G3. 标准化因子负荷矩阵(是否存在"开天窗"现象,即不报告跨负荷指标的负荷量);

  G4. 因子间相关矩阵。

  G5. 分析采用的软件及版本。

H 讨论

  H1. 分析结果对理论的印证情况,如条目是否覆盖了所要测量建构的所有方面;

  H2. 交叉验证(如在新样本中进行 CFA)。

4.4 探索性因素分析示例

4.4.1 研究背景

流调中心抑郁量表(The Center for Epidemiologic Studies Depression Scale,CES-D:Radloff,1977)是评估抑郁症状最常用的自评问卷之一。CES-D 设计共包含 20 个条目用于测量四类抑郁症状:抑郁情感(Depressed Affect,DA;7 个条目),躯体抱怨(Somatic Complaints,SC;7 个条目),人际问题(Interpersonal Problems,IP;2 个条目)和正性情感(Positive Affect,PA;4 个条目)。按过去一周内出现相应情况或感觉的频度评定:不足一天者为"没有或基本没有",1~2 天为"少有",3~4 天为"常有",5~7 天为"几乎一直有",分别评为 0,1,2,3。其中 4 个正性情感的条目反向计分。

尽管 CES-D 的四因子模型在不同文化群体中采用 CFA 得到验证,但采用 EFA 的研究结果并不一致(Kim,DeCoster,Huang & Chiriboga,2011)。同样,对国内人群中的 CFA 研究也证实四因子结构(凌宇等,2008),但由于文化差异,不同文化背景的个体情感表达的方式不同,直接使用 CFA 可能错过了探索特有结构的机会(Kimet al.,2011;Wang et al.,2013)。因此,在采用 CFA 之前,使用 EFA 探索其特有结构显得非常重要,所以在此使用 EFA 而非其他分析方法。

CES-D 项目水平的统计量呈现在表 4-2 中,偏态和峰态系数除条目 20 外绝对值都在 1 以内,所以采用 ML 估计是合适的[1](见第 9 章);如果采用稳健极大似然估计将能获得更稳健的参数估计结果,所以在此选用 MLR 估计(Satorra & Bentler,1994)。从理论的角度来看,允许三个因子相关是合理的,所以因子旋转选择斜交旋转。下面以此例演示 EFA 的分析过程。

表 4-2　CES-D 项目统计量

项目内容	M	SD	偏　态	峰　态
1. 烦恼	2.19	.739	.340	-.018
2. 食欲减退	1.75	.668	.561	.239
3. 苦闷感	1.89	.806	.592	-.241
4. 自卑感	2.27	.853	.277	-.519
5. 注意障碍	2.14	.740	.460	.190
6. 情绪低沉	2.01	.745	.476	.092
7. 乏力	1.96	.720	.526	.332

[1]　尽管 CES-D 采用四点计分使用 ML 也是稳健,如果采用 WLMSV 可能更精确,此处仅为示例,仍使用 MLR 估计。

续表

项目内容	M	SD	偏　态	峰　态
8. 绝望感	2.05	.853	.473	-.420
9. 失败感	1.71	.744	.870	.424
10. 害怕	1.84	.772	.731	.255
11. 睡眠障碍	2.08	.888	.480	-.504
12. 无愉快感	2.03	.744	.397	-.058
13. 言语减少	2.01	.758	.541	.181
14. 孤独感	1.94	.807	.651	.042
15. 敌意感	1.71	.704	.809	.620
16. 空虚感	2.11	.859	.342	-.603
17. 哭泣	1.91	.784	.678	.208
18. 忧愁	2.05	.768	.483	.029
19. 被憎恶感	1.68	.701	.871	.701
20. 能力丧失	1.50	.641	1.139	1.159

4.4.2　Mplus 实现

Mplus 执行 EFA 分析有个特点，可以通过简单的设定同时获得多个因子模型结果。例如，设置"ANALYSIS：TYPE = EFA14；"，Mplus 将分别报告提取 1 至 4 个因子的模型参数。CES-D 探索性因子分析的 Mplus 输入程序和结果（部分）呈现在表 4-3 和表 4-4 中。

表 4-3　EFA 示例程序和部分结果

```
INPUT：
    TITLE：The structure of CES-D
    DATA：          FILE IS CFA for CES-D. dat；
    VARIABLE：NAMES = age gender y1-y20 i1-i10；
                USEVARIABLES = y1-y20；
    ANALYSIS：
        ROTATION = GEOMIN（oblique）；！确定因子旋转方法，系统默认 GEOMIN。
        本例采用默认设置，当然也可以选择其他旋转法。
        ESTIMATOR = MLR；！选择提取公因子的方法；
        TYPE = EFA 1 4；！定义抽取因子的个数从 1 到 4 个，
                    如果只抽取特定个数，只需将两个数字设为相同的数值即可。
    OUTPUT：STANDARDIZED MOD；！要求输出标准化值和修正指数；
    PLOT：TYPE IS PLOT2；！要求报告碎石图。
```

OUTPUT：

The structure of CES-D

SUMMARY OF ANALYSIS

Number of groups	1
Number of observations	2530
Number of dependent variables	20
Number of independent variables	0
Number of continuous latent variables	0

Observed dependent variables

Continuous

Y1	Y2	Y3	Y4	Y5	Y6
Y7	Y8	Y9	Y10	Y11	Y12
Y13	Y14	Y15	Y16	Y17	Y18
Y19	Y20				

！下面为模型估计参数设定。

Estimator	MLR
Rotation	GEOMIN
Row standardization	CORRELATION
Type of rotation	OBLIQUE
Epsilon value	Varies
Information matrix	OBSERVED
Maximum number of iterations	1000
Convergence criterion	0.500D-04
Maximum number of steepest descent iterations	20

Optimization Specifications for the Exploratory Factor Analysis

Rotation Algorithm

Number of random starts	30
Maximum number of iterations	10000
Derivative convergence criterion	0.100D-04

Input data file(s) CFA for CES-D. dat

Input data format FREE

RESULTS FOR EXPLORATORY FACTOR ANALYSIS

EIGENVALUES FOR SAMPLE CORRELATION MATRIX ！特征值从大到小。

	1	2	3	4	5
1	7.151	1.696	1.101	0.943	0.880

续表

	EIGENVALUES FOR SAMPLE CORRELATION MATRIX				
	6	7	8	9	10
1	0.837	0.760	0.752	0.678	0.618
	EIGENVALUES FOR SAMPLE CORRELATION MATRIX				
	11	12	13	14	15
1	0.584	0.572	0.531	0.500	0.494
	EIGENVALUES FOR SAMPLE CORRELATION MATRIX				
	16	17	18	19	20
1	0.454	0.433	0.389	0.338	0.288

EXPLORATORY FACTOR ANALYSIS WITH 1 FACTOR(S):

MODEL FIT INFORMATION! 模型拟合信息。

Number of Free Parameters   60

Loglikelihood

   H0 Value   -50497.095

   H0 Scaling Correction Factor 1.184

   for MLR

   H1 Value   -48887.287

   H1 Scaling Correction Factor 1.238

   for MLR

Information Criteria

   Akaike (AIC)   101114.190

   Bayesian (BIC)   101464.349

   Sample-Size Adjusted BIC 101273.713

    $(n* = (n + 2) / 24)$

Chi-Square Test of Model Fit

   Value   2560.977*

   Degrees of Freedom   170

   P-Value   0.0000

   Scaling Correction Factor 1.257

   for MLR

* The chi-square value for MLM, MLMV, MLR, ULSMV, WLSM and WLSMV cannot be used for chi-square difference testing in the regular way. MLM, MLR and WLSM chi-square difference testing is described on the Mplus website. MLMV, WLSMV, and ULSMV difference testing is done using the DIFFTEST option.

RMSEA（Root Mean Square Error Of Approximation）

　　　　Estimate　　　　　　　　　　　　　　0.075

　　　　90 Percent C. I.　　　　　　　　　　0.072　　0.077

　　　　Probability RMSEA ＜ ＝ .05　　　　0.000

CFI/TLI

　　　　CFI　　　　　　　　　　　　　　　0.830

　　　　TLI　　　　　　　　　　　　　　　0.810

Chi-Square Test of Model Fit for the Baseline Model

　　　　Value　　　　　　　　　　　　　14259.106

　　　　Degrees of Freedom　　　　　　　　190

　　　　P-Value　　　　　　　　　　　　0.0000

SRMR（Standardized Root Mean Square Residual）

　　　　Value　　　　　　　　　　　　　0.057

MINIMUM ROTATION FUNCTION VALUE　　　16.54324

　　　GEOMIN ROTATED LOADINGS！旋转后的因子负荷。

　　　　　　　　　　1

　　　　　　　　　————

Y1　　　　0.587

Y2　　　　0.419

Y3　　　　0.649

Y4　　　　0.166

Y5　　　　0.528

Y6　　　　0.760

Y7　　　　0.630

Y8　　　　0.311

Y9　　　　0.673

Y10　　　0.659

Y11　　　0.418

Y12　　　0.438

Y13　　　0.470

Y14　　　0.717

Y15　　　0.657

Y16　　　0.411

Y17　　　0.475

Y18　　　0.746

Y19　　　0.704

Y20　　　0.600

续表

GEOMIN FACTOR CORRELATIONS! 因子间相关系数。				
	1			
1	1.000			

	ESTIMATED RESIDUAL VARIANCES				
	Y1	Y2	Y3	Y4	Y5
1	0.656	0.825	0.578	0.973	0.722

	ESTIMATED RESIDUAL VARIANCES				
	Y6	Y7	Y8	Y9	Y10
1	0.423	0.603	0.903	0.547	0.566

	ESTIMATED RESIDUAL VARIANCES				
	Y11	Y12	Y13	Y14	Y15
1	0.826	0.808	0.779	0.486	0.569

	ESTIMATED RESIDUAL VARIANCES				
	Y16	Y17	Y18	Y19	Y20
1	0.831	0.774	0.444	0.505	0.640

S. E. GEOMIN ROTATED LOADINGS! 标准误的旋转负荷。

	1
Y1	0.015
Y2	0.019
Y3	0.015
Y4	0.023
Y5	0.018
Y6	0.011
Y7	0.017
Y8	0.022
Y9	0.014
Y10	0.015
Y11	0.019
Y12	0.019
Y13	0.020
Y14	0.012
Y15	0.015
Y16	0.021

Y17	0.019
Y18	0.011
Y19	0.014
Y20	0.017

S. E. GEOMIN FACTOR CORRELATIONS! 标准误间的相关。

	1
	————
1	0.000

S. E. ESTIMATED RESIDUAL VARIANCES

	Y1	Y2	Y3	Y4	Y5
	————	————	————	————	————
1	0.018	0.016	0.019	0.008	0.019

S. E. ESTIMATED RESIDUAL VARIANCES

	Y6	Y7	Y8	Y9	Y10
	————	————	————	————	————
1	0.017	0.021	0.014	0.019	0.020

S. E. ESTIMATED RESIDUAL VARIANCES

	Y11	Y12	Y13	Y14	Y15
	————	————	————	————	————
1	0.016	0.017	0.019	0.018	0.020

S. E. ESTIMATED RESIDUAL VARIANCES

	Y16	Y17	Y18	Y19	Y20
	————	————	————	————	————
1	0.017	0.018	0.016	0.020	0.020

Est. /S. E. GEOMIN ROTATED LOADINGS

	1
	————
Y1	38.752
Y2	21.601
Y3	44.289
Y4	7.203
Y5	29.811
Y6	69.331
Y7	37.660
Y8	13.965
Y9	48.722
Y10	43.885
Y11	22.082
Y12	22.815

续表

Y13	23.123				
Y14	57.628				
Y15	42.874				
Y16	20.037				
Y17	24.509				
Y18	67.673				
Y19	49.424				
Y20	36.334				

Est./S.E. GEOMIN FACTOR CORRELATIONS

	1
	_____
1	0.000

Est./S.E. ESTIMATED RESIDUAL VARIANCES

	Y1	Y2	Y3	Y4	Y5
	_____	_____	_____	_____	_____
1	36.889	50.776	30.373	127.717	38.644

Est./S.E. ESTIMATED RESIDUAL VARIANCES

	Y6	Y7	Y8	Y9	Y10
	_____	_____	_____	_____	_____
1	25.387	28.555	65.285	29.431	28.643

Est./S.E. ESTIMATED RESIDUAL VARIANCES

	Y11	Y12	Y13	Y14	Y15
	_____	_____	_____	_____	_____
1	52.285	48.096	40.804	27.256	28.269

Est./S.E. ESTIMATED RESIDUAL VARIANCES

	Y16	Y17	Y18	Y19	Y20
	_____	_____	_____	_____	_____
1	49.146	42.083	26.987	25.219	32.291

MODIFICATION INDICES! 修正指数。

MODIFICATION INDICES FOR ANALYSIS WITH 1 FACTOR(S)

MODIFICATION INDICES

THETA

	Y1	Y2	Y3	Y4	Y5
	_____	_____	_____	_____	_____
Y1	0.000				
Y2	14.488	0.000			
Y3	57.225	42.430	0.000		
Y4	23.622	0.889	0.494	0.000	
Y5	17.960	1.199	5.648	34.639	0.000
Y6	30.038	1.983	15.992	13.605	17.379

续表

Y7	0.084	0.652	5.424	1.371	72.802
Y8	25.537	0.296	2.530	101.650	0.549
Y9	16.191	12.985	0.251	4.153	4.221
Y10	3.255	0.000	1.316	1.016	6.111
Y11	4.829	16.889	4.366	6.859	0.006
Y12	13.547	2.998	0.041	53.509	14.915
Y13	6.198	0.335	1.173	0.394	8.069
Y14	2.560	5.204	9.185	0.330	21.858
Y15	18.822	2.163	26.299	3.233	11.423
Y16	20.051	0.306	1.528	63.187	9.156
Y17	12.824	0.253	0.354	8.415	3.451
Y18	12.142	5.249	0.012	3.617	7.069
Y19	35.433	9.744	50.604	7.700	4.718
Y20	16.489	1.159	1.807	12.174	0.396

THETA					
	Y6	Y7	Y8	Y9	Y10
Y6	0.000				
Y7	29.450	0.000			
Y8	25.361	5.932	0.000		
Y9	0.285	23.978	85.027	0.000	
Y10	0.158	0.002	5.311	9.177	0.000
Y11	0.823	7.029	4.796	1.854	1.914
Y12	0.012	1.374	184.293	5.777	8.994
Y13	0.108	2.266	5.867	2.570	6.252
Y14	1.915	36.864	7.345	1.223	9.281
Y15	38.361	6.692	2.342	4.285	2.657
Y16	8.720	0.170	244.326	22.838	16.733
Y17	1.571	17.932	8.665	11.122	18.767
Y18	38.768	26.916	35.545	23.085	0.119
Y19	52.867	11.773	0.013	0.216	2.576
Y20	15.605	1.289	7.498	1.808	2.871

THETA					
	Y11	Y12	Y13	Y14	Y15
Y11	0.000				
Y12	2.924	0.000			
Y13	0.061	0.001	0.000		
Y14	0.005	0.028	43.683	0.000	
Y15	0.289	8.724	5.807	28.240	0.000

续表

Y16	3.100	377.763	0.755	0.010	0.089
Y17	3.947	25.651	0.026	0.001	4.442
Y18	0.197	2.834	0.083	31.647	11.722
Y19	9.292	2.359	0.427	2.757	407.787
Y20	1.306	0.048	0.022	10.165	16.457

THETA

	Y16	Y17	Y18	Y19	Y20
Y16	0.000				
Y17	17.384	0.000			
Y18	22.257	99.634	0.000		
Y19	0.002	0.002	0.116	0.000	
Y20	0.003	0.214	1.335	85.449	0.000

EXPECTED PARAMETER CHANGE

THETA

	Y1	Y2	Y3	Y4	Y5
Y1	0.000				
Y2	0.032	0.000			
Y3	0.066	0.056	0.000		
Y4	−0.056	−0.011	−0.008	0.000	
Y5	0.037	−0.010	0.021	−0.071	0.000
Y6	0.039	0.010	0.029	−0.036	0.031
Y7	0.002	0.006	0.019	−0.013	0.070
Y8	−0.056	−0.006	−0.018	0.154	−0.009
Y9	−0.032	−0.028	0.004	0.022	0.017
Y10	0.015	0.000	−0.010	−0.011	0.021
Y11	0.024	0.046	0.024	−0.040	0.001
Y12	−0.034	0.016	0.002	0.093	−0.037
Y13	−0.023	0.005	−0.010	0.008	−0.027
Y14	−0.013	−0.018	−0.025	−0.006	−0.039
Y15	−0.033	−0.011	−0.040	0.019	−0.027
Y16	−0.048	0.006	−0.014	0.118	−0.034
Y17	0.034	0.005	0.006	−0.038	−0.018
Y18	0.026	−0.017	−0.001	−0.019	−0.021
Y19	−0.043	−0.022	−0.053	0.027	−0.016
Y20	−0.029	−0.008	−0.010	0.034	−0.005

THETA

	Y6	Y7	Y8	Y9	Y10

续表

Y6	0.000				
Y7	0.036	0.000			
Y8	−0.047	0.025	0.000		
Y9	−0.004	0.036	0.096	0.000	
Y10	−0.003	0.000	−0.025	0.023	0.000
Y11	0.009	0.028	−0.032	−0.014	0.015
Y12	−0.001	−0.010	0.166	0.021	−0.027
Y13	−0.003	−0.013	−0.030	−0.014	−0.023
Y14	−0.010	−0.047	−0.029	−0.008	0.024
Y15	−0.040	−0.018	−0.015	−0.015	−0.012
Y16	−0.027	−0.004	0.224	0.048	−0.043
Y17	−0.010	−0.038	−0.037	−0.030	0.041
Y18	0.040	−0.037	−0.059	−0.034	−0.003
Y19	−0.044	−0.023	−0.001	0.003	−0.011
Y20	−0.024	0.008	0.026	0.009	−0.012

THETA	Y11	Y12	Y13	Y14	Y15
Y11	0.000				
Y12	−0.021	0.000			
Y13	0.003	0.000	0.000		
Y14	0.001	0.001	0.059	0.000	
Y15	−0.005	−0.024	0.020	0.039	0.000
Y16	−0.025	0.231	0.010	0.001	0.003
Y17	−0.025	−0.053	0.002	0.000	−0.018
Y18	−0.004	−0.014	0.002	0.041	−0.023
Y19	−0.029	−0.012	0.005	0.012	0.130
Y20	−0.011	0.002	−0.001	−0.022	0.026

THETA	Y16	Y17	Y18	Y19	Y20
Y16	0.000				
Y17	−0.051	0.000			
Y18	−0.045	0.085	0.000		
Y19	0.000	0.000	0.002	0.000	
Y20	0.000	−0.004	−0.007	0.057	0.000

限于篇幅 2-4 个因子的结果不呈现,整理在表 4-2 中。

默认设置:估计指标截距和误差方差、误差不相关。因子方差固定为 1。默认 GEOMIN 旋转。

4.4.3 结果解释

通过 GRAPH 下拉菜单的 view graphs 可以查看碎石图,如图 4-4 所示。四个模型的拟合参数和旋转后的因子负荷分别呈现在表 4-4 和表 4-5 中。

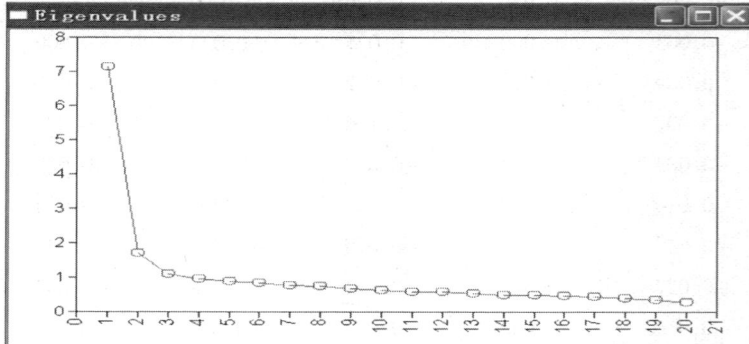

图 4-4　Mplus 提供的碎石图

表 4-4　CES-D 探索性因素分析模型拟合指数

Model	χ^2	df	TLI	CFI	AIC	BIC	SRMR	RMSEA(90% CI)
两因子	1513.52 *	151	.878	.903	99 816.61	100 277.65	.035	.060(.057, .062)
三因子	784.05 *	133	.934	.954	98 931.83	99 497.92	.025	.044(.041, .047)
四因子	493.08 *	116	.956	.973	98 586.99	99 252.29	.019	.036(.033, .039)
三因子 CFA	1 213.67 *	167	.915	.926	99 412.38	99 780.05	.039	.050(.047, .052)

注:* $p <$ .01.

表 4-5　CES-D 的探索性因子负荷矩阵

项目内容	两因子		三因子			四因子			
	F1	F2	F1	F2	F3	F1	F2	F3	F4
1. 烦恼	.67	-.12	.72	.08	.06	.34	-.07	-.03	.43
2. 食欲减退	.40	.04	.42	.06	-.02	.22	.07	-.01	.23
3. 苦闷感	.64	.03	.69	.07	-.05	.41	.06	-.03	.34
4. 自卑感	-.06	.38	-.15	.34	.15	-.09	.34	.15	-.06
5. 注意障碍	.56	-.04	.55	.02	.02	.63	-.08	.02	.01
6. 情绪低沉	.77	.01	.78	.03	.01	.42	.03	.03	.43
7. 乏力	.59	.09	.56	.10	.05	.72	.03	.04	-.04
8. 绝望感	-.05	.63	-.02	.61	.02	.18	.57	.01	-.17
9. 失败感	.54	.25	.42	.33	.17	.44	.19	.18	.05
10. 害怕	.67	.02	.54	-.01	.17	.30	-.01	.18	.29

续表

项目内容	两因子		三因子			四因子			
	F1	F2	F1	F2	F3	F1	F2	F3	F4
11. 睡眠障碍	**.44**	.03	**.42**	.01	.03	.27	− .02	.04	.19
12. 无愉快感	.10	**.62**	.16	**.63**	− .03	− .01	**.66**	− .04	.19
13. 言语减少	**.44**	.06	.27	.04	.21	.01	.07	.23	.28
14. 孤独感	**.68**	.07	**.44**	.04	**.32**	.01	.08	.33	**.46**
15. 敌意感	**.60**	.10	.04	− .02	**.76**	.02	− .02	**.76**	.03
16. 空虚感	.02	**.71**	.04	**.69**	.04	.01	**.69**	.03	.06
17. 哭泣	**.55**	− .12	**.43**	− .11	.15	− .02	− .07	.16	**.47**
18. 忧愁	**.78**	− .04	**.61**	.04	.21	.04	.01	.22	**.63**
19. 被憎恶感	**.63**	.12	.00	− .01	**.87**	.025	− .01	**.87**	− .01
20. 能力丧失	**.52**	.14	.21	.09	**.42**	.21	.07	**.42**	.03
因子相关矩阵									
F2	.47 *		.38 *			.38 *			
F3			.67 *	.40 *		.62 *	.40 *		
F4						.63 *	.27 *	.56 *	

注:负荷大于0.3的被加粗;*p < .01。

两因子模型的拟合指数在临界值(关于模型评价见第5章)附近,因子负荷的结果提示,四个正向条目负荷于一个因子,剩余项目负荷在另外一个因子,而且条目9在两个因子上的负荷相当。

三因子模型的拟合指数与两因子相比有了很大改善,因子负荷矩阵提示,14,15,19和20四个条目从两因子模型的一个因子中独立出来。四因子模型的拟合指数最好,但因子结构比较混乱,其中有4个因子存在跨负荷,从结构简洁的角度来说,选择两因子和三因子模型是合适的,而从模型拟合指数角度选择三因子和四因子模型是合适的,同时碎石图也支持保留三个因子,所以综合考虑后选择保留三因子模型。

然而三因子模型的条目组合与原量表的条目组合发生了很大的变化。原量表的抑郁情感、躯体抱怨和人际问题的16个条目重新组合成了两个新的因子。如何解释这种变化需要从理论的角度进行分析。前面提到,由于文化差异,不同文化背景的个体情感表达的方式不同。在传统文化背景下,人们表达情感的方式较为含蓄,特别是在表达内心痛苦和心理症状时更倾向于用躯体化的形式表现。进一步讲,传统观念容易将心理疾病视为是羞耻的(Chan & Parker, 2004),所以中国人在表达抑郁情感时倾向于混淆躯体和情感,表现在因子分析结果上则为上述三个因子条目相互交织。

前面使用EFA分析发现CES-D抽取三个因子较为合适,但是这三个因子模型是否经得住验证性因子分析的检验呢? 通过第 5 章介绍的方法进行三因子模型的验证性因子分析,结果发现(不考虑变量类型)其拟合指数达到可接受的水平(表4-4)。与 EFA 不同,在 CFA 中,每个指标只能隶属于一个因子,而在其他因子上的负荷限定为零,这种限定非常严格,以至于在实践中很多量表达不到推荐的拟合指数标准(Marsh, Hau & Grayson,2005)。为了更好地处理上述情况,下一节将介绍一种最新而有效的方法——探索性结构方程模型。

4.5 探索性结构方程模型

4.5.1 探索性结构方程模型概述

在实际研究中,许多测量工具有着良好的 EFA 结构但很难得到 CFA 的支持(Marsh et al. ,2009;Marsh,Hau & Grayson,2005)。例如,测量大五人格最常用的量表 NEO-PI-R,在 EFA 分析中,其因子结构在多种文化、多种人群中得到复制,但是在 CFA 中拟合指数并不理想(McCraeet al. ,1996)。换句话说,在 CFA 中限制某些条目的因子负荷为 0 并不合适,这往往会高估因子间的相关以及与外部变量间的关系(Asparouhov & Muthen, 2009),特别是在某些特定的研究领域,如人格(不同的人格特质在同一个人身上同时存在而非完全孤立)。因此,在某些情况下使用 CFA 并不能得到合理的模型拟合。为了获得可接受的模型拟合,研究者常常使用修正指数来修改模型(见第 9 章),而此种做法存在诸多弊端(MacCallum, Roznowski & Necowitz, 1992)。为此,研究者最近提出了一种称作探索性结构方程模型(Exploratory Structural Equation Modeling, ESEM)的方法(Asparouhov & Muthen,2009),该方法同时兼顾 EFA 和 CFA 的特点。

ESEM 作为 EFA 和 CFA 的整合具有如下优点(Asparouhov & Muthen,2009):(1)可以得到所有 SEM 的参数,包括整个模型的拟合指数,误差相关,与其他变量的关系等。(2)可以探讨 EFA 模型在多组和/或多时点的测量不变性,而这在 EFA 模型中是不可能的。关于 ESEM 统计原理参见 Asparouhov 和 Muthen(2009)的文章,相关应用见 Marsh 等人的文章(2009;2010)。目前,ESEM 只能在 Mplus 中实现,下面以 CES-D 为例演示 ESEM 的分析过程。

4.5.2 探索性结构方程模型示例

与 EFA 设置不同,ESEM 采用的是 CFA 模式,用 MODEL 命令设置因子模型。仍然以 CES-D 三因子模型为例比较 ESEM 和传统 CFA 模型间的差异。ESEM 示例程序呈现在表 4-6 中。通过执行该程序,Mplus 报告的结果与 EFA 抽取三因子的结果完全相同(相同的模型拟合,相同的因子负荷、因子相关等)。但是与 EFA 不同,ESEM 可以在 MODEL 命令下设置因子与外部变量间的关系,也即是包含 EFA 所有特征的同时涵盖了 CFA 的特征。

为了进一步说明 ESEM 带有的 CFA 特点,表 4-6 的第二部分呈现了包含协变量(自尊,由 5 个条目测量的潜变量)的 ESEM 模型,如图 4-5 所示。该模型的拟合指数呈现在表 4-7 中,因子负荷、因子相关以及自尊对三个因子的回归系数列在表 4-8。在带有协变量的 ESEM 模型中,CES-D 的因子负荷与 EFA 三因子模型结果差异不大,三个因子间的相关在 .20 到 .60($p < .01$)之间。自尊对三个因子的回归系数分别为 $-.46$, $-.44$ 和 $-.64$($p < .01$)。

表 4-6　ESEM 示例程序

```
TITLE：this is an example of an ESEM
DATA：FILE IS CFA for CES-D. dat；
VARIABLE：NAMES = age gender y1-y20；
          Usevariable = y1-y20；
MODEL：F1-F3 BY y1-y20（＊1）；！括号内的星号定义 f1-f3 为 ESEM 因子；
OUTPUT：STANDARDIZED MOD；
```

```
TITLE：this is an example of an ESEM with covariate
DATA：FILE IS CFA for CES-D. dat；
VARIABLE：NAMES = age y1-y20 i1-i10；
ANALYSIS：ROTATION = geomin（oblique）；
          ESTIMATOR = MLR；
MODEL：F1-F3 BY y1-y20（＊1）；
       F4 BY i1-i5；
       F1-F3 ON F4；！自尊预测 F1-F3；
OUTPUT：STANDARDIZED MOD；
```

```
TITLE：this is an example of an ESEM！更多的内容见第 8 章
DATA：FILE IS CFA for CES-D. dat；
VARIABLE：NAMES = age gender y1-y20 i1-i10；
          USEVARIABLES = y1-y20 i1-i5；
ANALYSIS：
          ESTIMATOR = MLR；
MODEL：F1 BY y1 ＊ y2 y3 y5 y6 y7 y9 y10 y11；
       F2 BY y4 ＊ y8 y12 y16；
       F3 BY y13 ＊ y14 y15 y17 y18 y19 y20；
       F4 BY i1 ＊ i2-i5；
       F1-F4@1；
       F1-F3 ON F4；
OUTPUT：STANDARDIZED MOD；
```

为了与传统的 CFA 模型进行比较,表 4-6 的最后给出了传统的 CFA 程序,相关参数结果分别呈现在表 4-7 和表 4-8 中。前面提到,CFA 限制某些因子负荷为零会高估因子负荷、因子相关和与外部变量间的关系,从表 4-7 和表 4-8 中的结果不难看出,CFA 的多数因子负荷大于 ESEM 中的负荷,因子相关系数和自尊的回归系数也要高一些。

表 4-7　带有协变量的 ESEM 和 CFA 模型拟合结果

Model	χ^2	df	TLI	CFI	AIC	BIC	SRMR	RMSEA(90% CI)
CFA	1 213.67*	167	.915	.926	99 412.38	99 780.05	.039	.050(.047, .052)
ESEM	1 567.37*	235	.905	.926	120 674.21	121 345.35	.040	.047(.045, .050)
SEM	2 039.71*	269	.890	.901	121 204.71	121 677.42	.049	.051(.049, .053)

注: * $p < .01$.

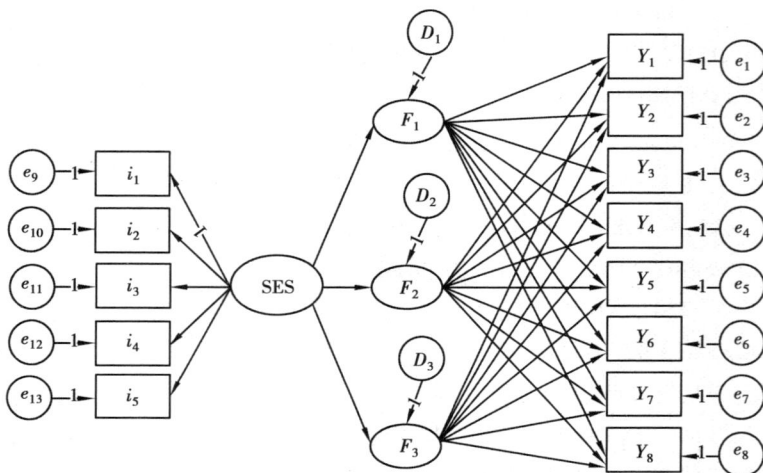

图 4-5　带有协变量的 ESEM 示意图(注:F1,F2 和 F3 残差彼此相关)

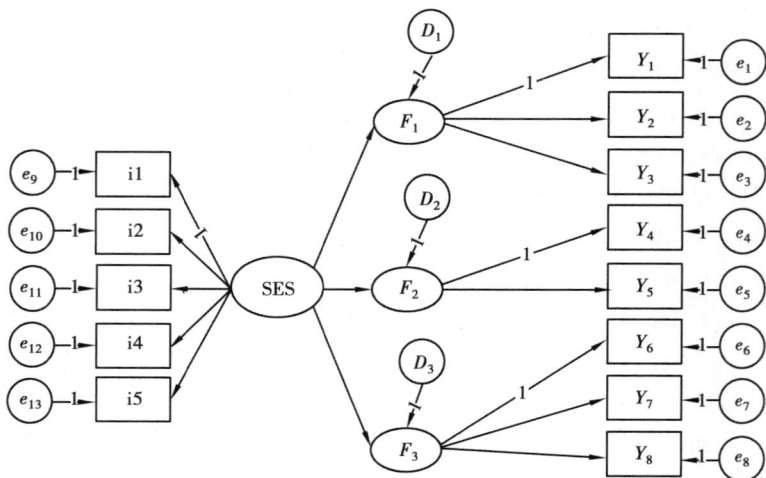

图 4-6　带有协变量的三因子 CFA 模型意图(注:F1,F2 和 F3 残差彼此相关)

表 4-8 带有协变量的 ESEM 模型和 CFA 模型参数比较

项目内容	ESEM 三因子			CFA 三因子		
	F1	F2	F3	F4	F2	F3
1. 烦恼	.73	− .06	− .08	.61	0	0
2. 食欲减退	.43	− .03	.07	.43	0	0
3. 苦闷感	.70	− .06	.06	.66	0	0
4. 自卑感	− .17	.14	.37	0	0	.34
5. 注意障碍	.55	.01	.01	.54	0	0
6. 情绪低沉	.78	.01	.01	.78	0	0
7. 乏力	.56	.03	.12	.64	0	0
8. 绝望感	− .06	− .00	.67	0	0	.59
9. 失败感	.41	.16	.26	.67	0	0
10. 害怕	.55	.16	− .00	.67	0	0
11. 睡眠障碍	.42	.03	− .02	.43	0	0
12. 无愉快感	.14	− .03	.61	0	0	.70
13. 言语减少	.28	.22	.02	.47	0	0
14. 孤独感	.44	.33	.02	.71	0	0
15. 敌意感	.04	.77	− .02	0	.77	0
16. 空虚感	.02	.04	.67	0	0	.72
17. 哭泣	.44	.16	− .12	.48	0	0
18. 忧愁	.63	.21	− .06	.75	0	0
19. 被憎恶感	− .01	.87	.00	0	.85	0
20. 能力丧失	.20	.41	.01	0	.63	0
因子相关及回归系数						
F2	.60*			.73*		
F3	.20*	.23*		.31*	.29*	
β	− .46*	− .44*	− .64*	− .49*	− .46*	− .62*

注：* p < .01。

4.6 本章小结

探索性因子分析是行为科学研究中最常用的多元统计方法之一，然而在实践中存在一些误用和错用。本章通过比较 EFA 和 PCA 的异同，指出两种方法有着非常不同的统计逻辑。接着详细介绍了 EFA 分析的 5 个关键步骤，并通过实例演示了 Mplus 分析过程和结果解释,希望通过本章的介绍能使研究者在具体使用 EFA 时避免不必要的错误。本章的最后对 EFA 最新的发展 ESEM 做了简要介绍和示例。

※推荐阅读※

Stanley A. Mulaik(1987)简要回顾了探索性因素分析的哲学起源。Fabrigar 等(1999)的文章总结了探索性因素分析使用过程中的的 5 个关键步骤,这些步骤为本书采用。通过对 5 个步骤的理解,可以帮助使用者避免不必要的错误。Reise 等(2000)的文章总结了 EFA 在量表修订过程中的问题并提出了很多建设性的意见。Tucker 和 MacCallum(1997)所著的 EFA 手稿,可通过 Robert C. MacCallum 教授的个人主页下载。

Fabrigar, L. R., Wegener, D. T., MacCallum, R. C., & Strahan, E. J. (1999). Evaluating the use of exploratory factor analysis in psychological research. *Psychological Methods*, *4*, 272-299.

Reise, S. P., Waller, N. G., & Comrey, A. L. (2000). Factor Analysis and Scale Revision. *Psychological Assessment*, *12*(3), 287-297.

Tucker, L. R., & MacCallum, R. C. (1997). Exploratory Factor Analysis. http://www.unc.edu/~rcm/book/factornew.htm

Mulaik, S. A. (1987). A Brief History of the Philosophical Foundations of Exploratory Factor Analysis. *Multivariate Behavioral Research*, *22*, 267-305.

5　验证性因素分析（一）

5.1　验证性因素分析概述

验证性因素分析（Confirmatory factor analysis，CFA）是结构方程模型的重要组成部分，主要处理观测指标与潜变量之间的关系，也被称作测量模型（Measurement Model）。CFA 作为检验量表或测验结构效度的工具而为研究者熟知（Brown，2006；DiStefano & Hess，2005；王孟成，戴晓阳，万娟，2009）。不仅如此，CFA 也是检验方法学效应和测量不变性的有效工具（Brown，2006；王孟成，等，2010；Wang，Elhai，Dai & Yao，2012；更多内容见本书第 7 章）。

CFA 与 EFA 同为处理观测变量和潜变量的方法，两者最显而易见的区别是：外显变量与潜在因子之间的关系是事先确定的还是事后推定的[1]。EFA 一般在分析之前并不明确各观测指标（量表条目）与潜在结构即因子之间的具体隶属关系，其关系是在分析之后确定的，所以 EFA 分析具有数据导向的特点，因此被称作数据驱动型分析（Data-Driven Analysis）。与 EFA 不同，CFA 在分析之前就已经确定了观测指标与潜在因子之间的隶属关系，所以 CFA 具有假设检验的特点，为理论驱动型分析（Theory-Driven Analysis），通过图 5-1 可以直观的比较两个模型的特点。

图 5-1a 是 EFA 示意图，由于指标尚未确定归属，所以 8 个指标测量两个斜交因子，而图 5-1b 为 CFA 示意图，条目 Y1-Y4 测量第一个因子，另外四个条目测量第二个因子，条目与因子之间的关系事先已确定。

---

[1]　不过，探索性结构方程模型使得这一差异变得模糊，详见本章探索性结构。另外，CFA 建模过程中有时也存在探索的意味，即模型设置搜索（详见第 9 章）。

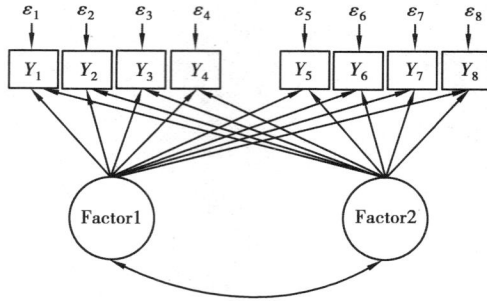

图 5-1a EFA 示意图

CFA 与 EFA 相比有如下优点：

第一,更简约。通过图 5-1 不难发现,EFA 模型中包含更多的参数(箭头),而 CFA 则只涉及 EFA 中的部分参数。当然 CFA 对模型增加了更多的参数限制,比 EFA 的要求更加严格。

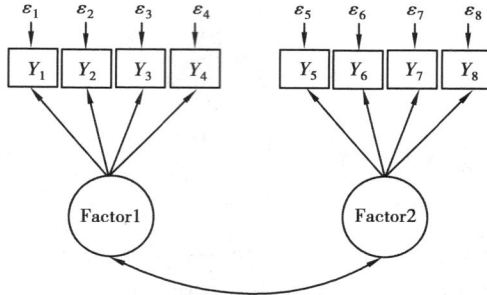

图 5-1b CFA 示意图

第二,为检验测验/量表跨群体或时间不变性提供可能。尽管存在一些 EFA 模型可以粗略比较模型参数等值,但在 CFA 框架下可以对不同参数进行等值性检验(因子负荷、误差,因子方差协方差等,见本书第 7 章)。

第三,用于比较不同的理论模型。在 CFA 中可以通过似然比、拟合指数和信息指数(如 AIC 和 BIC)差异等方便地比较嵌套和非嵌套模型。而在 EFA 中则不可行。在 EFA 中指标跨负荷非常普遍,而在 CFA 中可以允许指标跨负荷,通过嵌套模型比较的方式非常方便、灵活地处理[1]。

第四,方法效应(Method Effects)。在 EFA 中指标的独特性方差和测量误差方差是混淆在一起的,而 CFA 可以将指标独特性分离出来,为检验方法学效应提供可能。所谓的方法学效应是指由测量方法而不是所测量的构念(Construct)引起的变异(Campbell & Fiske, 1959; Podsakoff, MacKenzie, Lee & Podsakoff, 2003)。如量表中,反向计分的条目间相关要高于平均相关。在 CFA 中可以通过多质多法(Multitrait-Multimethod, MT-MM)将方法学效应分离出来,而采用传统的 EFA 就很难实现。

---

[1] 在 CFA 中不允许指标跨负荷并非没有副作用,通常会虚高因子间相关(Marsh et al. 2009)。

第五,其他优点。包括对测验组合信度和单个指标信度的考察等(见本章后文)。

5.2 验证性因素分析原理

5.2.1 验证性因素分析的表达式

同一测量模型可以有不同的表达形式,常用的有路径图、方程和矩阵。以单因子三指标模型为例子,表 5-1 中呈现了三种表达形式。这三种表达形式的本质是一致的,基于此存在着不同取向的结构方程建模软件。例如 AMOS 以路径图的形式进行模型设置,软件再将路径图所承载的信息转换成方程进行数据运算。而 LISREL 则长于使用方程和矩阵。

表 5-1 还呈现了 Mplus 的表达形式。与其他三种形式相比,Mplus 表达式更加简洁,这主要是由于其他信息(如误差的信息)已预定为软件默认设置。

表 5-1 验证性因素模型的表达形式

外生变量	内生变量
(1) 路径图形式	

(2) 方程形式

$$\chi_1 = \tau_1 + \lambda_{x1}\xi_1 + \delta_1 \qquad y_1 = \tau_1 + \lambda_{y1}\eta_1 + \varepsilon_1$$

$$\chi_2 = \tau_2 + \lambda_{x2}\xi_1 + \delta_2 \qquad y_2 = \tau_2 + \lambda_{y2}\eta_1 + \varepsilon_2$$

$$\chi_3 = \tau_3 + \lambda_{x3}\xi_1 + \delta_3 \qquad y_3 = \tau_3 + \lambda_{y3}\eta_1 + \varepsilon_3$$

(3) 矩阵形式

$$\chi = \tau_x + \Lambda_x \xi + \delta \qquad y = \tau_y + \Lambda_y \eta + \varepsilon$$

(4) Mplus 形式

$$\xi_1 \ by \ x1 \ x2 \ x3 \qquad \eta_1 \ by \ y1 \ y2 \ y3$$

注:Mplus 并不明确区分内生和外生变量。

表 5-1 需要说明的是,在 CFA 中,测量方程中的均值部分即指标截距(τ_x 和 τ_y)中心化后为 0,所以在表达测量方程时通常省去,但在涉及均值结构的模型时(如潜均值比较)

则需要均值结构部分(见第 7 章)。

表 5-1 中使用的是 LISREL 符号体系,下面通过两个路径图(图 5-2)来详细了解。LISREL 符号系统将测量模型分成两类:内生变量和外生变量。内生变量指影响其的因素在模型之内,换句话说,内生变量是受其他变量影响的变量;而外生变量则是影响其他变量的变量,而影响外生变量的因素在模型之外。在图 5-2 中,上图为两个外生相关潜变量,各由 3 个外生观测指标测量;下图为两个内生相关潜变量,各由 3 个内生观测变量测量。更多的符号见第 8 章。

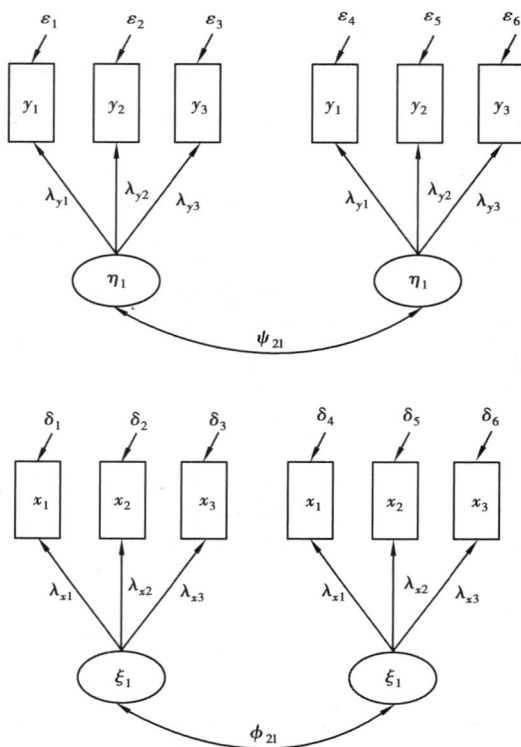

图 5-2　CFA 符号系统:以二因子模型为例

5.2.2　验证性因素分析步骤

图 5-3 呈现了 CFA 的流程图,从图中可以直观了解 CFA 的整个过程。

这个过程由 5 大环节组成:(1)模型设置;(2)模型识别;(3)模型拟合评价;(4)排除等价或其他可能的非等价模型;(5)结果的解释与报告。下面将就每个环节的具体过程和注意事项进行详细讨论[1]。

---

[1]　在结构方程建模时考虑等价模型非常重要,但在实践中研究者很少意识到这一问题(Breckler, 1990; MacCallum, Wegener, et al., 1993),第 9 章将专门讨论。

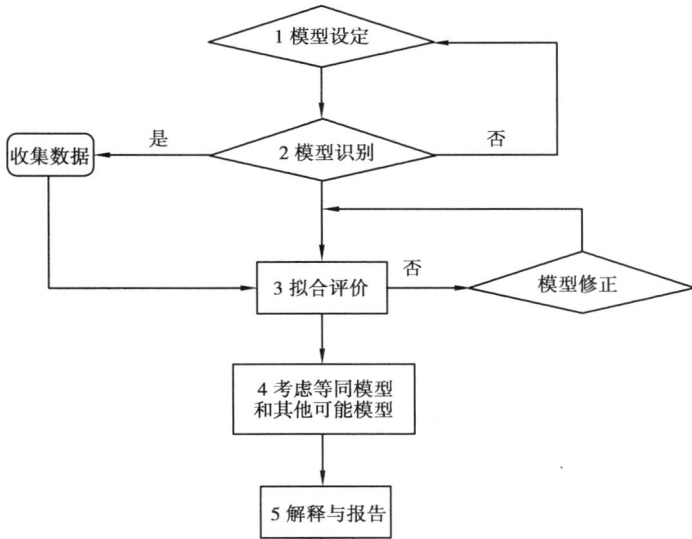

图 5-3 CFA/SEM 流程图

（1）模型设定 Model Specification

模型设定（Model Specification）即模型表达，指模型涉及变量、变量之间关系、模型参数等的设定。根据过往研究结果或依据理论，确定因子个数及条目与因子间的隶属关系。在心理测量领域，验证性因素分析最常用于量表修订过程中的结构效度验证（DiStefano & Hess，2005）。例如，国外已经很成熟的量表有着优良的心理测量学特性，如果考虑引进，就需要对其心理测量学特性在国内人群中的表现进行检验。由于量表因子结构已经明确，条目隶属关系也已充分论证，这时就可以直接选择做 CFA。不过需要说明的是，选择这么做的前提是承认该量表所测量的心理现象在国内人群中同样存在，否则就要另起炉灶进行本土化的量表构建。

在理论设定过程中，研究者可以通过路径图的形式来帮助厘清因子与指标间的关系，在结果呈现时也可以借助路径图清晰的展示。一旦有了基于理论的假设模型，便进入了下一步的模型识别。

（2）模型识别

模型设定好之后，需要检验所设定的模型是否能够识别，即理论模型是否存在合适的解。模型识别的第一步要看样本协方差矩阵提供的信息是否充足，此规则为 t 法则。假设有 10 个测量指标，可以提供 10 个方差和 45 个协方差（$p(p+1)/2$），共 55 个样本参数信息。如果数据提供的信息少于模型需要估计的自由参数 t，则模型不能识别（Under-Identified），因为此时 $p(p+1)/2 - t = df < 0$，正所谓巧妇难为无米之炊。如果数据提供的信息正好等于需要估计的自由参数，则模型充分识别（Just-Identified），此时 $df = 0$；如果

数据提供的信息多于需要估计的自由参数,则模型过度识别(Over-Identified),$df > 0$。

由于不同的模型,设置的待估参数不同,所以识别规则也不同。表 5-2 总结了三类 CFA 模型的识别规则(Kenny, Kashy & Bolger, 1998; Kline, 2010):

表 5-2　不同类型 CFA 模型识别规则汇总

---

(1)标准的 CFA 模型识别规则 [1]

①**指定测量单位** [2]。在 CFA 中每个因子都需要指定测量单位,否则不可识别。指定单位的方法有两种,一种是设定一个指标的负荷为 1,另一种是设定因子方差为 1。

②**t 法则**:$t \leqslant p(p+1)/2$　t 为自由参数的个数,p 为指标的个数。

③**三指标法则**:每个因子至少 3 个指标;每个因子只在一个指标上有负荷;误差不相关。

④**两指标法则**:多于一个因子;每个因子至少 2 个指标;每个因子只在一个指标上有负荷(指标不跨负荷);每个因子都有与之相关的因子;误差不相关。单个因子,2 个指标负荷限定相等;误差不相关。

⑤**单指标法则**:因子由单个指标测量需满足下列条件之一:

a. 指标误差方差固定为 0 或其他值(如,1 – 信度 × 指标方差)

b. 或在结构模型中存在额外的工具变量(Instrumental Variable),并且指标误差与工具变量的误差不相关。

---

(2)误差相关 CFA 模型识别规则

存在误差相关的 CFA 模型识别需要符合如下三个条件(规则 2):

⑥**对于每个因子**,至少符合如下两条中的一条(规则 2-1):

a. 至少有三个指标的误差彼此不相关;

b. 至少有两个指标的误差彼此不相关,并且这两个指标的误差不与其他因子指标的误差相关或这两个指标的负荷限制相等。

⑦**对于每对因子**,每个因子中至少存在一个指标的误差间不相关。(规则 2-2);

⑧**对于每个指标**,至少有另外一个指标(不一定隶属于同一个因子)的误差与该指标的误差不相关。(规则 2-3)

---

(3)存在跨负荷的 CFA 模型识别规则

跨负荷的指标需满足如下两个条件(规则 3):

a. 跨负荷指标所属的因子必须满足(规则 2-1)对最少指标数的要求;

b. 满足规则 2-2,即每个因子至少有一个指标不与其他因子指标的误差相关。

跨负荷指标误差存在相关的模型需满足如下两个条件(规则 3-1):

a. 满足规则 3;

b. 跨负荷指标所负荷的因子必须有一个不存在跨负荷的指标,并且不与跨负荷指标误差相关。

---

〔1〕　标准的 CFA 模型如图 5-1b 所示,每个条目只在一个因子上有负荷,误差不相关(亦称作简单结构)。

〔2〕　目前常用的两种指定测量单位的方法,在多数情况下产生相同的拟合和参数估计,但有时会产生不同的标准误,见第 9 章专题讨论。

模型识别的必要条件之一是为潜变量指定单位,否则任何模型都无法识别。实践中常用的设定方法有两种(第三种方法见第 9 章):固定指标负荷为 1 和固定因子方差为 1。目前几乎所有的 SEM 分析软件都会自动为潜变量指定单位,在 Mplus 中,每个因子的第一个指标的负荷默认为 1,当然也可以采用表 5-3 中的方法将因子方差设定为 1。在测量模型中,两种方法不会对模型参数估计产生影响,但在其他情况下则不同,具体见第 9 章的专题讨论。t 法则和指定测量单位是所有模型识别的必要条件。

为了更深入了理解表 5-2 中的识别规则,附录列举了多个常见的 CFA 模型,读者可根据这些识别规则判断每个模型的可识别情况。

表 5-3　Mplus 中指定测量单位的设置方法

固定负荷法:

F1 BY y1-y5;！程序默认设置因子的第一个指标的负荷为 1。

固定方差法:

F1 BY y1 * y2-y5;！指标后加自由估计符号" * "可以设定 y1 自由估计。

！" * "还可用于设定开始值。

F1@1;！使用固定参数符号@ 固定因子方差为 1。

(3)参数估计

模型估计的方法有多种,最常用的是极大似然估计 ML。ML 估计法的前提有如下几个:

①数据连续分布。心理学研究中很少能满足此要求,但选项数在 5 个以上可近似看作连续变量,也可以得到相对准确的估计(Johnson & Creech,1983)。

②多元正态分布。此要求很苛刻,在实践中很难满足,如何处理非正态数据见第 9 章。

③数据独立。基本上多数情况可以满足此前提。在复杂取样设计中,变量之间独立性受到威胁时可使用 MLR 估计法,获得稳健卡方和标准误。

④大样本。Mplus 还提供了 12 种参数估计的方法(见第 2 章),其中处理非正态数据时最常用的是稳健极大似然估计(MLM),当数据存在复杂结构时则选用 MLR。如果变量为类别变量,稳健加权最小二乘法(WLSMV)是最佳选择。

(4)数据准备

数据分析之前都需要对数据质量进行审查,如奇异值(Bollen,1987;Lee & Xu,2003;Yuan & Bentler,2001)。Yuan 和 Bentler(2001)指出,即使提出的模型对样本中的大部分数据是合适的,但只要有小部分的奇异值也会导致估计偏差。Lee 和 Xu(2003)提供了一些数据准备的技巧。

5.3 模型拟合评价

模型拟合(Model Fit)用于评价样本方差-协方差矩阵(S)与理论模型生成的方差-协方差矩阵(E)之间的差距。模型拟合评价可以分为两类(Yuan,2005):假设检验和近似拟合检验。如同传统的显著性假设检验一样,如果模型隐含的方差-协方差与观测到的样本方差-协方差之间的差异达到一定显著性水平(如 0.05 或 0.01)的临界值,那么模型将被拒绝。相反,如果差异低于临界值便接受模型。模型隐含的方差-协方差与观测方差-协方差之间的差异服从 χ^2 分布,所以采用 χ^2 检验来衡量这个差异是抽样误差造成的还是实际存在的。由于 χ^2 容易受到其他因素的干扰(如样本量),所以研究者们又提出了其他评价模型拟合的指标,这些指标统称为近似拟合检验(Approximate Fit Tests)。学者发展了数十种用于评价模型拟合优劣的统计指标,而且新的拟合指标还在不断发展。拟合指数反映的是模型整体的拟合程度。换句话说,是将模型各方面的差异用一个整体的数值来表示(Steiger,2007)。下面首先介绍卡方检验,接着介绍几种常用的近似拟合指数。

5.3.1 假设检验卡方[1]

最基础也是报告最多的拟合指标是卡方(chi-square, χ^2)统计量(Jackson, Gillaspy & Purc-Stephenson, 2009),而且多数拟合指标也是基于卡方统计量演变而来的。卡方统计量根据如下公式得到:

$$T = (N - 1)\ \mathrm{FML}$$

FML 为使用 ML 或其他估计法所得到的最小拟合函数值,N 为样本量。当样本足够大,且符合多元正态分布时,$(N - 1)$ FML 服从中央卡方分布(Central Chi-square Distribution),即从样本获得的值接近于卡方真值。SEM 软件会报告卡方值及显著性检验的结果。

然而在实际研究中,常得到显著的卡方检验结果,即拒绝研究提出的模型,特别是当样本量较大时更容易出现。这主要是由于卡方易受如下因素影响:

第一,样本量。卡方统计量对样本量非常敏感,倾向于随样本量的增加而变大。当样本量很大时,即使观测的方差-协方差矩阵和模型隐含的方差-协方差矩阵之间差异很小也很容易得到显著的卡方差异。在测量不变性的模拟研究中也发现类似的情况(Cheung & Rensvold, 2002; Meade, Johnson & Braddy, 2008)。

---

[1] 为了校正自由度对卡方的影响,常采用卡方与自由度之比(χ^2/df)来评价模型拟合,Wheaton (1987)推荐 2-5 作为模型可接受的范围;也有研究者认为 $\chi^2/df < 2$ 才是理想的拟合(Byrne, 1989; Marsh & Hocevar, 1985)。侯杰泰等认为 χ^2/df 仅校正了自由度的影响而没有消除 N 的影响,所以仅凭它的大小很难说明模型好坏(侯杰泰等,2004: p200)。

第二,数据分布形态。SEM 最常用的 ML 估计法的前提假设是变量符合多元正态分布,如果违反此假设的前提将会影响卡方统计量的准确性(Yuan, Bentler & Zhang, 2005),当数据非正态分布时可以选择其他估计法或报告校正卡方统计量(见第9章详细的讨论和可能的处理方法)。

第三,观测指标的质量。观测指标之间的相关系数较高时也会高估卡方统计量(Kline, 2010)。

因此,在实践中研究者往往忽略显著的卡方差异检验结果,而将近似拟合指数作为接受模型的依据,Barrett(2007)强烈反对这种做法,认为所有 SEM 研究都应该报告卡方检验结果并以此作为接受或拒绝模型的依据。尽管这种观点过于偏激,但显著的卡方检验至少说明模型拟合并非完美,这一点需要引起研究者注意(Kline, 2010)。

5.3.2　近似拟合检验

近似拟合检验按照不同的标准可以进行不同的分类,但最常见的是将其分为如下三类:绝对拟合指数(Absolute Fit Indexes)、增值拟合指数(Incremental Fit Indexes)或比较拟合指数(Comparative Fit Indexes),以及简约拟合指数(Parsimony-adjusted Index)(侯杰泰等, 2004; Kline, 2010)。限于篇幅,下面只介绍几种常用的同时也是 Mplus 提供的拟合指数[1],其他指数可参见侯杰泰等(2004, P166-177)。

(1)拟合指数(Goodness-of-Fit Index, GFI)

$$GFI = 1 - C_{res} / C_{total}$$

GFI 属于绝对拟合指数,类似于回归模型中的决定系数 R^2,即整个模型可以解释样本方差-协方差的程度。上式中的 C_{res} 和 C_{total} 分别表示样本方差-协方差矩阵中的残差和总变异。如果残差变小,GFI 增大,整个模型可解释总变异的比例增大,拟合变好。Breivik 和 Olsson(2001)模拟研究发现 GFI 对样本量不敏感。

(2)规范拟合指数和非规范拟合指数

规范拟合指数(Normed Fit Index, NFI)的取值范围多数都在0到1之间,其中 NFI 提出较早(Bentler & Bonett, 1980),其意思指研究模型与拟合最糟糕的独立模型相比的改善情况,其式如下。

$$NFI = (\chi^2_{M0} - \chi^2_{M1}) / \chi^2_{M0}$$

χ^2_{M0} 指变量之间不相关的独立模型的卡方值,χ^2_{M1} 指研究设定模型的卡方值。χ^2_{M1} 越大拟合越差。当研究的模型与理论暗含的模型相差较少时,NFI 接近1,反之接近于0,一般以.9作为临界值。NFI 受样本量影响较大,其值随样本量的增加而变大,且会受到模型

---

〔1〕　Mplus 报告的拟合指数有 χ^2,TLI,SRMR(WRMR 类别变量时),RMSEA,AIC 和 BIC。

复杂程度的影响,所以研究者提出了考虑模型复杂度的校正指数非规范拟合指数 NNFI（Nonnormed Fit Index, NNFI）,也称作 Tucker-Lewis index（TLI; Tucker & Lewis, 1973）,其式如下:

$$NNFI = \left[(\chi_{M0}^2 / df_{M0}) - (\chi_{M1}^2 / df_{M1}) \right] / \left[(\chi_{M0}^2 / df_{M0}) - 1 \right]$$

由于 NNFI 的取值会超出 0 ~ 1 的范围,所以将其称为非规范拟合指数。通常将 TLI > .90 作为可接受的标准, > .95 拟合较好（Hu & Bentler, 1999）。

(3) 比较拟合指数

比较拟合指数（Comparative Fit Index, CFI）由 Bentler 提出（1990）,最早仅用于 EQS 软件,现在被所有结构方程模型软件采用,是目前使用最广泛的指标之一（Fan, Thompson & Wang, 1999; Jackson, Gillaspy & Purc-Stephenson, 2009; McDonald & Ho, 2002）,也是最稳健的指标之一（Hu & Bentler, 1999）。CFI 对样本量不敏感（Fan, Thompso & Wang, 1999）,在小样本中也表现不错（Tabachnick & Fidell, 2007）。

$$CFI = 1 - (\chi_{M1}^2 - df_{M1}) / (\chi_{M0}^2 - df_{M0})$$

CFI 表示相对于基线模型（变量间不相关的独立模型）,研究模型的改进程度,当 CFI = 1 时仅指 $\chi_M^2 \leq df_M$,而非模型拟合完美。CFI 基于非中央 χ^2 分布假设的统计量,当此前提不满足时结果不精确。Hu 和 Bentler（1999）给出了取值范围是大于 .95,并推荐与 SRMR（≤.08）配合使用。

(4) 标准化残差均方根（Standardized Root Mean Square Residual, SRMR）

除了可以从模型拟合的角度对模型进行评价,也可以从残差的大小来考查模型的拟合程度,进而对模型拟合情况进行评价。SRMR 就是直接对残差进行评价的指标之一,其取值范围在 0 到 1 之间,当值小于 .08 时,表示模型拟合理想（Hu & Bentler, 1999）。SRMR 易受样本量影响,在处理类别数据时,SRMR 表现不佳（Yu, 2002）。

$$SRMR = \sqrt{\left[2 \sum_{i=1}^{p} \sum_{j=1}^{i} (s_{ij} - \hat{\sigma}_{ij} / s_{ii} s_{jj})^2 \right] / p(p+1)}$$

p 为观测变量的个数,s_{ij} 为观测协方差,$\hat{\sigma}_{ij}$ 为模型生成的协方差,s_{ii} 和 s_{jj} 为观测变量标准差。

(5) 近似误差均方根（Root Mean Square Error of Approximation, RMSEA, Steiger & Lind, 1980）

$$RMSEA = \sqrt{(\chi_M^2 - df_M) / df_M (N-1)}$$

$$RMSEA = \sqrt{(\chi_M^2 - df_M) / df_M (N-1)} \sqrt{G}$$

χ_M^2 和 df_M 分别表示研究所假设模型的卡方值和自由度,G 为组别数。

RMSEA 在多样本建模时存在误差,后来 Steiger(1998)对此进行了校正,使之适用于多组模型。当在单样本中建模时 $G = 1$,结果同前,可见原公式是修正后的特例。Mplus 采用修正后的公式。RMSEA 受样本量影响小,对模型误设较敏感,同时惩罚复杂模型,是比较理想的拟合指数,被广泛使用(Jackson, Gillaspy & Purc-Stephenson, 2009)。RMSEA 虽对模型复杂程度进行了惩罚,但随着样本量的增加惩罚的力度递减(Mulaik, 2009)。当样本量小于 200 时,RMSEA 低估模型拟合(Curran et al., 2003)。

Steiger(1990)推荐的标准为小于.01 拟合非常好,小于.05 拟合较好,小于.1 拟合可以接受。也有其他研究者推荐不同的标准,如 Hu 和 Bentler(1999)通过模拟研究给出的接受阈限为.06。McDonald 和 Ho(2002)推荐小于.08 作为可接受的模型,小于.05 作为良好模型的阈限。在 Mplus 中,程序会计算 RMSEA90% 的信度区间,和单侧检验的显著性,不显著的结果提示支持研究模型。

5.3.3 信息指数

(1)Akaike 信息准则(Akaike Information Criterion, AIC)

文献中存在多个 AIC 计算公式,分别如下:

$$AIC_1 = -2logL + 2t$$
$$AIC_2 = \chi^2 + 2t$$
$$AIC_3 = \chi^2 - 2df$$

$logL$ 为模型极大对数似然函数值;t 为自由参数的个数;df 为模型自由度。

上述三个 AIC 公式并不等价,但计算的结果顺序是一致的,其中 Mplus 使用 AIC_1。AIC 是基于信息理论发展出来的指数,倾向于支持 AIC 值较小的模型,常用于非嵌套模型间的比较(Kline, 2010;Raftery, 1995;Vrieze, 2012;更多内容见第 9 章)。AIC 考虑了待估参数的个数,因此对模型复杂程度进行了惩罚,但随着样本量的增加惩罚的力度递减(Mulaik, 2009)。

(2)贝叶斯信息准则(Bayesian information criterion, BIC)

BIC 用于模型选择最早由 Raftery(1986a,1986b)提出,随后被研究者广泛采用,目前几乎所有的 SEM 软件都报告 BIC 指数,Mplus 报告 BIC_1[1]。

$$BIC_1 = -2logL + tlog(N)$$
$$BIC_1 = -2logL + tlog(N)$$
$$BIC_{12} = \chi^2 - dflog(N)$$

式中 N 为样本量,t 为自由参数的个数。

----

[1]　另外 Mplus 还报告一个样本校正的 BIC,此时用 $N* = (N + 2) / 24$ 取代式中的 N。

同 AIC 一样,BIC 值越小越好。由于考虑了样本量的影响,所以 BIC 倾向于支持更简单的模型,哪怕该模型被传统的显著性检验所拒绝。Raftery(1995)撰文详细讨论了 BIC 用于模型选择的原理和优点,但是 BIC 用于模型选择也存在一些不足(Weakliem, 1999),针对 BIC 用于模型选择的更多信息请参见 *Sociological Methods & Research* 1999 年第 27 卷和 2004 年第 33 卷的专刊讨论。

5.3.4 拟合指数评价

近似拟合指数的临界值或划界分是研究者通过模拟研究或经验给出的,而且这些临界值本身在研究者中间并没有达成一致(Beauducel & Wittmann, 2005; Fan & Sivo, 2005; Marsh, Hau & Wen, 2004; Yuan, 2005),也有研究者否定近似拟合指数在模型评价中的作用(Barrett, 2007; Millsap, 2007)。将这些临界值作为"金标准"(gold rule)用于拒绝或接受模型是非常危险的,因为临界值是通过模拟研究获得的,而模拟研究设置的条件与实际研究差异较大,以理想条件获得的标准去评价实际研究(非理想条件),多数情况下是不合适的(Marsh, Hau & Wen, 2004; Marsh et al., 2009)。例如,在 Hu 和 Bentler (1999)的模拟条件下,指标因子负荷在.70 ~ .80 之间,他们推荐的临界值为 CFI > .95,SRMR < .11,RMSEA < .06($N \geqslant 250$)和 < .08($N < 250$)。而在实际研究中,指标因子负荷达到如此高的水平是非常不易的。若因子负荷改变,再想通过这个临界值评价模型显然不太可靠。例如 Heene 等(2011)最近的模拟研究发现,指标因子负荷量会影响基于卡方值的几种常用的拟合指数(CFI、RMSEA、SRMR),即拟合指数随负荷的降低而恶化。再者 Hu 和 Bentler(1999)的模拟采用的是 ML 估计,如果采用其他估计法再以此临界值作为标准显然不合适。总之,临界值或划界分更多的是一种参考,而不是适应所有条件的"金标准"。

作为一般的 SEM 使用者,在根据拟合指数评价模型并做出选择时一定要抱着审慎的态度,不能简单地根据单个拟合指数做出接受或拒绝模型的决定。同时认识到即使拟合指数达到了要求也不能说明模型必定是有效的(Hu & Bentler, 1998; Marsh, Hau & Wen, 2004),模型也可能忽略了其他方面的问题(如等同模型),而正确的做法应该是综合各种拟合指数以及模型的预测力等多方面的信息(Kline, 2010)加以判断,如此才能将犯错误的可能性降到最小。

根据拟合指数能得到正确的模型吗?如果答案是肯定的,那么如何解释为数众多的等价模型(见第 9 章的讨论),它们有着同样的拟合指数而在解释上千差万别。相反,如果答案是否定的,那为何选择使用如此复杂而又不能告诉我们正确答案的方法呢?这个问题似乎没有令人满意的答案,因为追根到底这不仅仅是个纯粹的统计问题,而是个复杂的哲学问题。不容否认,正确的模型当然存在,但是由于种种原因,如测量误差、取样误差乃至研究设计的不足等因素限制了我们获得完全正确的模型,但是我们可以通过对尽可能多的竞争模型进行比较(Burnham & Anderson, 2002),获得最接近正确模型的近似模型。总之,模型没有对错,只有对事实的接近程度,因此拟合指数只能告诉我们相对最好的模型而不能告诉我们最正确的模型。

5.3.5 模型修正

多数情况下,执行结构方程建模并不能一次就得到理想的模型。如果模型拟合数据不理想,可能是数据的问题,也可能是模型的问题或理论本身的不足。因此处理模型拟合不理想可以有多种途径:①对原模型重新定义形成新模型;②收集新样本再对原模型进行验证;③根据修正指数(Modification Indices,MI)修改原模型。相比较而言,前两种方法更严谨,但在实际研究中,研究者往往会根据修正指数的提示对模型进行修正,以达到合理可接受的拟合水平,即所谓的设定搜索(Specification Search)。这一过程使得 CFA 具有探索的特征,有研究者认为此时使用 EFA 更合适(Browne,2001)。

模型中任何一个固定或限定参数都可以计算一个修正指数,表示当这些参数自由估计时模型卡方值减少的近似值。因此,修正指数可以看作是一对嵌套模型间的卡方差异量(固定或限定参数的模型嵌套于自由估计的模型),当 MI 大于 3.84($p < .05$,$df = 1$ 时的卡方值)时表明参数自由估计的模型显著优于固定或限定参数模型。

修正指数是基于残差分析的统计指标,完全由数据驱动,如果全部接受 MI 的提示,最后得到的是饱和模型,此时数据和模型拟合趋于完美,所以在根据 MI 做修改时一定要有理论依据或在逻辑上说得通,否则很难将结果概化到其他样本中去(MacCallum,Roznowski & Necowitz,1992)。

由于数据之间是联动的,改变任何一个参数都会导致整个方差-协方差矩阵发生变化,所以在具体模型修正过程时,每次只修正一个参数(Kaplan & Wenger,1993),通常是从修正指数最大的开始。由于模型修正具有数据驱动的特点,通过修正得到的最终模型应该进行交叉验证(Cross-Validation):在一个新的样本中进行再验证,否则可能产生严重的错误(MacCallum,Roznowski & Necowitz,1992)。

在 Mplus 中通过在 OUTPUT 命令中加入 MODINDICES 语句获得 MI 值和预期参数变化值。程序默认的 MI 值是 10,即超过 10 的会报告。如果需要报告所有的 MI 值(涉及 ON,WITH 和 BY 关系的所有可能的 MI 值),可在 MODINDICES 后加上"(ALL)"。如果只想获得大于某一特定值的 MI,只需将括号中的 ALL 换成相应数值即可,如 MODINDICES(50)。

5.3.6 报告结果

上述步骤完成之后,就需要对获得的结果进行解释和报告。通过上述分析可以获得各方面的信息,而且 SEM 软件也会报告大量的分析结果(如多种拟合指数),针对这么多信息,如何进行选择和报告呢? 对于初学者来说,确实是件令人头疼的事,更令人沮丧的是,关于报告什么不要报告什么目前尚没有公认的标准。

　　好在已有人从实践出发,将研究者报告的各种模型拟合信息进行统计,总结出为大家普遍接受的模型拟合信息。例如 Jackson 及其同事(2009)统计了 1998 至 2006 年发表在美国心理学协会(American Psychological Association, APA)系列杂志上的 194 篇采用 CFA 作为数据分析方法的文章,通过对这些文章报告结果的统计分析,他们总结出一个 CFA 结果报告的内容清单。清单的详细内容列在表5-4 中。

　　表 5-4 中的清单内容贯穿整个 CFA 研究过程的五个方面。这五个方面的内容不仅报告结果时要考虑,在研究设计之初就应考虑周全,否则避免不了事后捏造之嫌。

表 5-4　CFA 研究报告清单

A 理论建构和数据收集

　　1. 模型建构的理论或实证依据;

　　2. 模型检验数量和类型(因子间是相关、直角还是层级的);

　　3. 具体的模型设置(指标与潜变量之间的明确关系);

　　4. 模型路径图;

　　5. 样本特征(取样方法、样本量、所选目标样本依据);

　　6. 等价模型的排除;

　　7. 模型是否可以识别。

B 数据准备

　　1. 数据正态性检验;

　　2. 缺失值分析及处理方法;

　　3. 指标类型的说明(名义的、类别的还是连续的);

　　4. 数据转换的说明(如是否打包);

　　5. 数据分析的水平(指标 vs. 分量表)。

C 模型分析

　　1. 分析所用矩阵的类型(协方差 vs. 相关);

　　2. 矩阵是否可供读者索取;

　　3. 采用的参数估计方法及依据;

　　4. 潜变量定义的方法(固定方差还是固定负荷);

　　5. 分析采用的软件及版本。

D 结果报告

　　1. 模型评价是否采用多个拟合指标:卡方,自由度,p 值,RMSEA,CFI 和 TLI 等;

　　2. 模型修正的情况及依据;

　　3. 条目保留的情况;

　　4. 标准化因子负荷,因子间相关矩阵。

E 讨论

　　1. 模型结果对理论的印证情况;

　　2. 进一步的检验(如测量不变性)。

上表中的内容应该引起国内研究者的注意,如实、全面地报告研究过程,特别是研究方法信息,可以为其他研究者重复验证提供参考。需要特别说明的是,目前国内研究报告中很少报告数据准备的情况,特别是很少报告数据的分布形态信息和缺失值处理信息(缺失值处理有关内容见第 9 章)。

5.4　一阶 CFA 实例与 Mplus 过程

在本章的后半部分,通过具体的实例演示一阶验证性因素分析的 Mplus 语句和结果解释。其他形式的模型:双因子模型(Bifactor Model)和 MTMM 等,将放在第 6 章介绍。

5.4.1　实例说明

(1)引言

创伤后应激障碍(Posttraumatic Stress Disorder,PTSD)是指个体因经历异乎寻常的威胁性或灾难性应激事件或情景,而导致延迟出现和长期存在的精神障碍。最新的 DSM-Ⅳ将其定义为再体验(Re-experiencing)、回避(Avoidance)、过度唤起或高警觉(Hyper-arousal)3 类症状为主要特征的精神障碍疾病类型,共包括 17 条基本症状。Weathers 等编制的 PTSD 筛查表(The PTSD Checklist,PCL;Weathers et al.,1993)是以 17 条症状为基础编制的自评筛查问卷。下面以 PCL 问卷中文版在 560 名初中地震受灾者中的调查数据为例,演示上述 CFA 模型和 Mplus 结果解释。

(2)测量工具

创伤后应激障碍检查表中文版(The PTSD Checklist- Chinese version,PCL-CV),原设计的前 5 个症状条目为再体验,中间 7 个症状条目为回避,最后 5 个症状条目为过度唤起或高警觉。量表采用 1-5 五级记分,1 = 没有发生,2 = 轻度,3 = 中度,4 = 重度,5 = 极重度。

(3)样本

被试是来自四川阿坝州小金县某初中的学生,共发放问卷 590 份,回收 581 份,资料完整的 560 份,回收有效率 96.4%。其中男生 292 人,女生 268 人;初一 179 人,初二 203 人,初三 178 人;年龄在 12 ~ 17 岁之间,平均年龄 14 岁。

(4)数据描述

量表各条目均值和标准差以及偏态和峰态系数呈现在表 5-5 中,自评阳性症状(>3)发生率在 21.79%(C7) ~ 51.43%(D5)之间。各条目的偏态系数在.29(D5)到

1.40(C7)之间,峰态系数的绝对值在.01 到 1.04 之间。根据研究者的建议,当偏态和峰态系数分别小于 2 和 7 时,采用 ML 估计是稳健的(West, Finch & Curran, 1995; Finney & DiStefano, 2006;也见第 9 章),所以此处采用 ML 估计是可以接受的,同时也给出了采用 MLM 估计和 WLSMV 估计的程序和对应的拟合结果。

表 5-5　PCL 各条目的描述统计量

PCL-C item	M	SD	>3	%	偏态	峰态
B1. Intrusive thoughts	2.34	1.14	208	37.14	.74	−.12
B2. Nightmares	1.97	1.18	147	26.25	1.09	.21
B3. Reliving trauma/Flashback	2.26	1.22	205	36.61	.72	−.47
B4. Emotional cue reactivity	2.69	1.26	284	50.71	.36	−.87
B5. Sudden physical reaction	2.24	1.28	204	36.43	.77	−.49
C1. Avoidance of thoughts/feelings	2.10	1.09	159	28.39	.95	.28
C2. Avoidance of reminders	2.12	1.12	180	32.14	.80	−.18
C3. Specific amnesia	2.13	1.14	172	30.71	.88	−.01
C4. Loss of Interest	1.97	1.19	149	26.61	1.09	.18
C5. Feeling distant	1.89	1.34	126	22.50	1.30	.88
C6. Feeling numb	1.92	1.15	152	27.14	1.07	.14
C7. Hopelessness	1.79	1.16	122	21.79	1.40	.94
D1. Trouble sleeping	2.04	1.19	160	28.57	1.00	.03
D2. Irritable/angry	2.10	1.17	168	30.00	.99	.20
D3. Poor/Difficulty concentration	2.34	1.19	200	35.71	.75	−.28
D4. Overly alert	2.10	1.23	181	32.32	.91	−.20
D5. Exaggerated startle response	2.76	1.30	288	51.43	.29	−1.04

5.4.2　模型设定与识别

(1)模型设定

根据 DSM-Ⅳ,PTSD 包含再体验、回避、过度唤起或高警觉 3 类症状群,分别包含 5 条、7 条和 5 条症状。如上所述,PCL 根据 DSM-Ⅳ定义的 PTSD 三因子结构编制,所以每个条目与 DSM-Ⅳ症状对应,结构路径图如图 5-4 所示,称作 PTSD-DSM 模型。另外,研究者发现 DSM-Ⅳ定义的三因子模型拟合数据并不理想,因此又提出了几个不同的模型(King, Leskin, King & Weathers, 1998; Simms, Watson & Doebbeling, 2002)。从多模型比较的角度来说,通过几个竞争模型的比较可以对不同理论进行检验,获得与数据最吻合的模型。

King 等最先提出一个一阶四因子模型:再体验,回避,情感麻木和高警觉。该模型中将原 DSM 的回避因子分成回避和情感麻木两个独立因子。随后 Simms 等又提出另外一个四因子模型:再体验,回避,高警觉和烦躁不安。该模型与 King 等的四因子模型的区别在于情感麻木和 3 个(睡眠问题,易激惹和注意集中困难)高警觉症状合并成一个新的因子。最近,Elhai 等(2011)又提出一个五因子模型:再体验,回避,情感麻木,烦躁不安和焦虑唤起。该模型将 King 等四因子模型中的高警觉因子 5 个症状分成两个独立的因子。三个模型的条目归属汇总在表 5-6 中,路径图见图 5-4 至图 5-7。

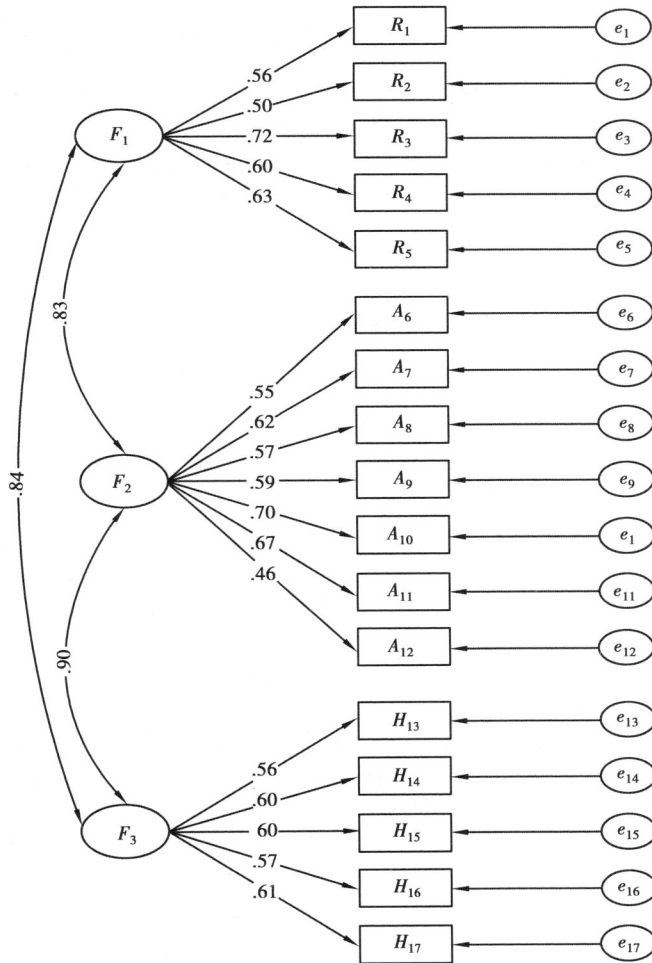

图 5-4　DSM- Ⅳ 三因子模型示意图

(2)模型识别

在 PTSD-DSM 模型中,存在三个潜变量和 17 个测量指标,提供 $p(p+1)/2 = 153$ 个信息,而需要估计的参数有 17 个因子负荷,3 个因子间的协方差和 17 个条目的误差方差,共 37 个参数,$153-37=116(df)$。每个因子的指标多于 3 个并且无相关误差,因此符合上述 CFA 模型识别规则即指定测量单位、t 法则和三指标法则。根据识别规则,其他三个模型也是可以识别的。

另外,PCL 采用李克特 5 点计分,可以近似看作连续变量,当然也可以当作分类变量来处理,表 5-7 和表 5-12 中分别呈现了两种数据类型处理时的 Mplus 输入语句和(部分)估计结果。

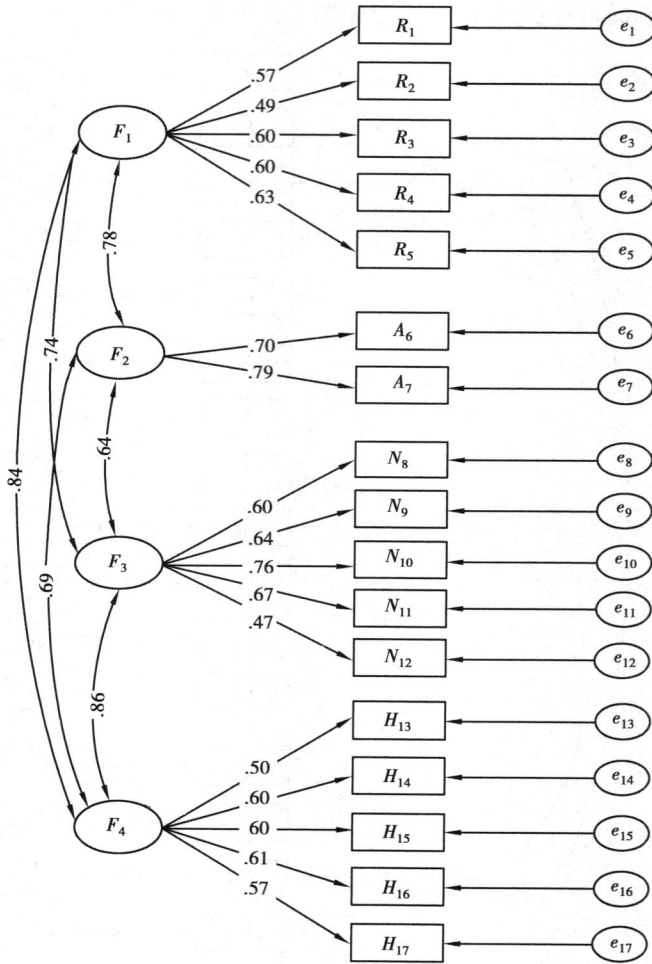

图 5-5　King's 四因子模型示意图

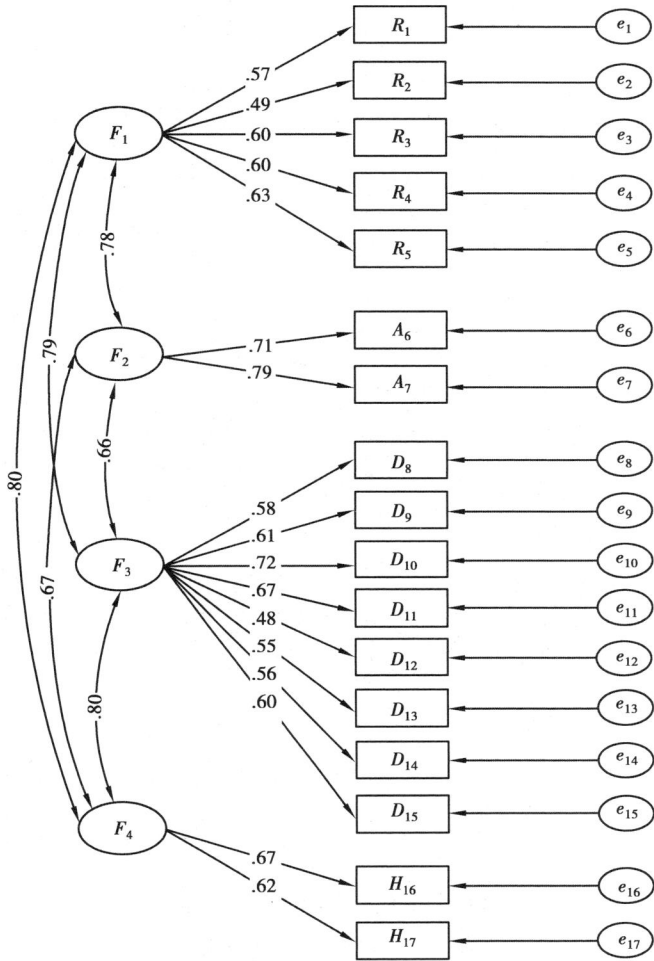

图 5-6 Simms's 四因子模型示意图

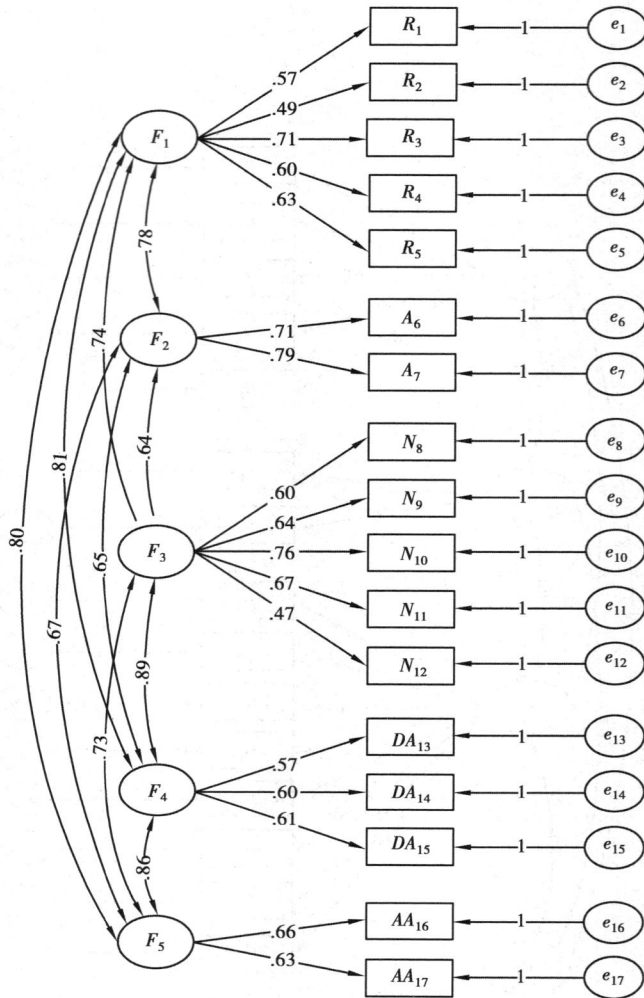

图 5-7　Elhai's 五因子模型示意图

表 5-6　四个 PTSD 模型设置

DSM-IV PTSD symptoms	Model			
	DSM	King's	Simms's	Elhai's
B1. Intrusive thoughts	R	R	R	R
B2. Nightmares	R	R	R	R
B3. Reliving trauma/Flashback	R	R	R	R
B4. Emotional cue reactivity	R	R	R	R
B5. Sudden physical reaction	R	R	R	R
C1. Avoidance of thoughts/feelings	A	A	A	A
C2. Avoidance of reminders	A	A	A	A
C3. Specific amnesia	A	N	D	N

DSM-IV PTSD symptoms	Model			
	DSM	King's	Simms's	Elhai's
C4. Loss of Interest	A	N	D	N
C5. Feeling distant	A	N	D	N
C6. Feeling numb	A	N	D	N
C7. Hopelessness	A	N	D	N
D1. Trouble sleeping	H	H	D	DA
D2. Irritable/angry	H	H	D	DA
D3. Poor/Difficulty concentration	H	H	D	DA
D4. Overly alert	H	H	H	AA
D5. Exaggerated startle response	H	H	H	AA

注:R = 再体验,A = 回避,N = 情感麻木,H = 高警觉,D = 烦躁不安,DA = 烦躁唤起,AA = 焦虑唤起。

5.4.3 一阶 CFA 分析结果与解释

(1)拟合评价

通过输入表 5-7 前部分的语句,Mplus 给出了后部分的结果。结果发现,模型卡方值 = 386.868,TLI = .888,CFI = .904,AIC = 27 748.035,BIC = 27 981.743,RMSEA = .065。根据通常的拟合指数评价标准,该模型的各拟合指数在临界值附近,因此考虑对模型进行修正。

表 5-7 一阶三因子相关 PTSD 模型的 Mplus 语句(ML)和结果

```
TITLE: The structure of PTSD of DSM-4 using ML! 标题。

DATA:    FILE IS PTSD.dat;! 指定数据存储位置。

VARIABLE:NAMES ARE x1 x2 y1-y17;! 定义数据文件中的变量名。

    USEVARIABLES are y1-y17;

! 由于数据文件中包含多个变量,在单个研究中并非会使用,所以需要定义本研究中使用的
变量。

ANALYSIS:ESTIMATOR = ML;! 选择估计方法,Mplus 默认的估计法为 ML;

MODEL:   f1 BY y1-y5;! 定义模型,因子 f1 由 y1 y2 y3 y4 y5 五个指标测量。

        f2 by y6-y12;! 定义模型,因子 f2 由 y6-y12 七个指标测量。

        f3 by y13-y17;! 定义模型,因子 f3 由 y13-y17 五个指标测量。

OUTPUT:STANDARDIZED;! 要求 Mplus 输出标准化解。

        MODINDICES;! 要求 Mplus 报告修正指数;
```

续表

> ! 上述模型有如下设置为程序默认:①为了模型识别,每个因子的第一个条目的负荷默认为 1;②三个因子之间彼此相关;③因子方差、条目残差方差和条目截距自由估计;④条目残差不相关;⑤测量指标为连续变量。

INPUT READING TERMINATED NORMALLY ! 提示 INPUT 语句读取正常。

The structure of PTSD of DSM-4

SUMMARY OF ANALYSIS! 分析前对数据及模型变量进行汇总。

Number of groups	1
Number of observations	560
Number of dependent variables	17
Number of independent variables	0
Number of continuous latent variables	3

Observed dependent variables

Continuous

Y1	Y2	Y3	Y4	Y5	Y6
Y7	Y8	Y9 ·	Y10	Y11	Y12
Y13	Y14	Y15	Y16	Y17	

Continuous latent variables

F1	F2	F3

! 下面几行是参数估计的技术细节涉及估计方法、迭代次数上限、收敛标准等信息。

Estimator	ML
Information matrix	EXPECTED
Maximum number of iterations	1000
Convergence criterion	0.500D-04
Maximum number of steepest descent iterations	20

Input data file(s) ptsd. dat

Input data format   FREE

THE MODEL ESTIMATION TERMINATED NORMALLY! 提示模型估计正常。

! 下面为模型拟合参数信息。

Number of Free Parameters	54

Loglikelihood

H0 Value	−13820.017
H1 Value	−13626.583

Information Criteria

Akaike (AIC)	27748.035
Bayesian (BIC)	27981.743
Sample-Size Adjusted BIC	27810.321
$(n^* = (n + 2) / 24)$	

续表

Chi-Square Test of Model Fit

	Value			386.868
Degrees of Freedom				116
P-Value				0.0000

RMSEA（Root Mean Square Error Of Approximation）

	Estimate			0.065
90 Percent C.I.			0.058	0.072
Probability RMSEA <= .05				0.000

CFI/TLI

| | CFI | | | 0.904 |
| TLI | | | | 0.888 |

Chi-Square Test of Model Fit for the Baseline Model

	Value			2961.742
Degrees of Freedom				136
P-Value				0.0000

SRMR（Standardized Root Mean Square Residual）

| | Value | | | 0.045 |

MODEL RESULTS

	Estimate	S.E.	Est./S.E.	Two-Tailed P-Value
F1 BY				
Y1	1.000	0.000	999.000	999.000
Y2	0.909	0.100	9.072	0.000
Y3	1.369	0.115	11.910	0.000
Y4	1.181	0.111	10.661	0.000
Y5	1.263	0.117	10.825	0.000
F2 BY				
Y6	1.000	0.000	999.000	999.000
Y7	1.157	0.101	11.436	0.000
Y8	1.081	0.106	10.183	0.000
Y9	1.157	0.113	10.268	0.000
Y10	1.319	0.115	11.447	0.000
Y11	1.275	0.111	11.492	0.000
Y12	0.872	0.100	8.672	0.000
F3 BY				
Y13	1.000	0.000	999.000	999.000
Y14	1.057	0.099	10.629	0.000

续表

Y16	1.130	0.107	10.603	0.000
Y17	1.109	0.109	10.136	0.000
F2　　WITH				
F1	0.322	0.040	8.123	0.000
F3　　WITH				
F1	0.358	0.043	8.287	0.000
F2	0.360	0.043	8.421	0.000
Intercepts				
Y1	2.341	0.048	48.461	0.000
Y2	1.971	0.050	39.746	0.000
Y3	2.261	0.052	43.787	0.000
Y4	2.691	0.053	50.471	0.000
Y5	2.241	0.054	41.411	0.000
Y6	2.102	0.046	45.567	0.000
Y7	2.118	0.047	44.692	0.000
Y8	2.129	0.048	44.156	0.000
Y9	1.971	0.050	39.390	0.000
Y10	1.891	0.048	39.348	0.000
Y11	1.916	0.048	39.577	0.000
Y12	1.788	0.049	36.607	0.000
Y13	2.039	0.050	40.550	0.000
Y14	2.104	0.049	42.508	0.000
Y15	2.341	0.050	46.766	0.000
Y16	2.098	0.052	40.359	0.000
Y17	2.764	0.055	50.413	0.000
Variances				
F1	0.410	0.063	6.545	0.000
F2	0.365	0.056	6.579	0.000
F3	0.439	0.067	6.588	0.000
Residual Variances				
Y1	0.897	0.060	15.020	0.000
Y2	1.039	0.067	15.547	0.000
Y3	0.725	0.057	12.630	0.000
Y4	1.020	0.069	14.685	0.000
Y5	0.986	0.069	14.325	0.000
Y6	0.826	0.054	15.373	0.000
Y7	0.768	0.052	14.812	0.000

Y8	0.874	0.057	15.358	0.000
Y9	0.914	0.061	15.099	0.000
Y10	0.658	0.048	13.594	0.000
Y11	0.719	0.050	14.470	0.000
Y12	1.058	0.066	16.018	0.000
Y13	0.977	0.064	15.270	0.000
Y14	0.881	0.059	14.879	0.000
Y15	0.902	0.061	14.750	0.000
Y16	0.953	0.065	14.704	0.000
Y17	1.144	0.076	15.050	0.000

STANDARDIZED MODEL RESULTS

STDYX Standardization! 标准化的结果

	Two-Tailed			
	Estimate	S. E.	Est./S. E.	P-Value
F1　　BY				

! 标准化因子负荷,潜变量变化一个单位,观测变量变化因子负荷个单位。

Y1	0.560	0.034	16.401	0.000
Y2	0.496	0.037	13.527	0.000
Y3	0.717	0.027	26.532	0.000
Y4	0.599	0.032	18.597	0.000
Y5	0.631	0.031	20.584	0.000
F2　　BY				
Y6	0.554	0.033	16.564	0.000
Y7	0.624	0.030	20.758	0.000
Y8	0.573	0.032	17.798	0.000
Y9	0.590	0.032	18.600	0.000
Y10	0.701	0.027	26.394	0.000
Y11	0.672	0.027	24.791	0.000
Y12	0.456	0.037	12.328	0.000
F3　　BY				
Y13	0.557	0.034	16.588	0.000
Y14	0.598	0.032	18.836	0.000
Y15	0.598	0.032	18.588	0.000
Y16	0.609	0.031	19.354	0.000
Y17	0.566	0.034	16.863	0.000
F2　　WITH! 因子间相关系数				
F1	0.833	0.028	29.465	0.000

续表

F3	WITH				
	F1	0.844	0.031	26.836	0.000
	F2	0.898	0.025	35.430	0.000
Intercepts！相当于潜变量等于 0 时观测变量的取值					
	Y1	2.048	0.074	27.538	0.000
	Y2	1.680	0.066	25.600	0.000
	Y3	1.850	0.070	26.590	0.000
	Y4	2.133	0.076	27.892	0.000
	Y5	1.750	0.067	26.029	0.000
	Y6	1.926	0.071	26.973	0.000
	Y7	1.889	0.071	26.788	0.000
	Y8	1.866	0.070	26.671	0.000
	Y9	1.665	0.065	25.504	0.000
	Y10	1.663	0.065	25.493	0.000
	Y11	1.672	0.065	25.555	0.000
	Y12	1.547	0.063	24.700	0.000
	Y13	1.714	0.066	25.811	0.000
	Y14	1.796	0.068	26.295	0.000
	Y15	1.976	0.073	27.216	0.000
	Y16	1.705	0.066	25.762	0.000
	Y17	2.130	0.076	27.882	0.000
Variances！标准化后的因子方差为 1					
	F1	1.000	0.000	999.000	999.000
	F2	1.000	0.000	999.000	999.000
	F3	1.000	0.000	999.000	999.000
Residual Variances！潜变量未解释的指标方差，等于 1-R-SQUARE					
	Y1	0.687	0.038	17.960	0.000
	Y2	0.754	0.036	20.755	0.000
	Y3	0.486	0.039	12.529	0.000
	Y4	0.641	0.039	16.596	0.000
	Y5	0.601	0.039	15.524	0.000
	Y6	0.693	0.037	18.732	0.000
	Y7	0.611	0.037	16.295	0.000
	Y8	0.672	0.037	18.222	0.000
	Y9	0.652	0.037	17.401	0.000
	Y10	0.509	0.037	13.675	0.000
	Y11	0.548	0.036	15.016	0.000

Y12	0.792	0.034	23.502	0.000
Y13	0.690	0.037	18.471	0.000
Y14	0.642	0.038	16.899	0.000
Y15	0.643	0.038	16.720	0.000
Y16	0.629	0.038	16.439	0.000
Y17	0.679	0.038	17.862	0.000

R – SQUARE! 条目被因子解释比例,等于标准化因子负荷的平方。

Observed Variable	Estimate	S. E.	Est./S. E.	Two-Tailed P-Value
Y1	0.313	0.038	8.201	0.000
Y2	0.246	0.036	6.763	0.000
Y3	0.514	0.039	13.266	0.000
Y4	0.359	0.039	9.299	0.000
Y5	0.399	0.039	10.292	0.000
Y6	0.307	0.037	8.282	0.000
Y7	0.389	0.037	10.379	0.000
Y8	0.328	0.037	8.899	0.000
Y9	0.348	0.037	9.300	0.000
Y10	0.491	0.037	13.197	0.000
Y11	0.452	0.036	12.395	0.000
Y12	0.208	0.034	6.164	0.000
Y13	0.310	0.037	8.294	0.000
Y14	0.358	0.038	9.418	0.000
Y15	0.357	0.038	9.294	0.000
Y16	0.371	0.038	9.677	0.000
Y17	0.321	0.038	8.431	0.000

MODEL MODIFICATION INDICES! 修正指数结果;

NOTE：Modification indices for direct effects of observed dependent variables
regressed on covariates may not be included. To include these, request
MODINDICES（ALL）.

Minimum M. I. value for printing the modification index 10.000

! 默认报告大于 10 的 MI 值

		M. I.	E. P. C.	Std E. P. C.	StdYX E. P. C.
BY Statements! 因子负荷;					
F1	BY Y6	13.500	0.699	0.448	0.410
F1	BY Y7	16.985	0.787	0.504	0.449
F1	BY Y10	18.707	−0.821	−0.526	−0.462

续表

F1	BY Y15	10.114	−0.770	−0.493	−0.416
F3	BY Y10	10.525	−0.944	−0.625	−0.550
WITH Statements! 允许误差相关时,卡方的近似变化值;					
Y5	WITH Y3	10.534	−0.157	−0.157	−0.186
Y7	WITH Y1	15.877	0.153	0.153	0.185
Y7	WITH Y6	71.648	0.317	0.317	0.398
Y8	WITH Y6	11.530	−0.133	−0.133	−0.157
Y9	WITH Y6	20.592	−0.183	−0.183	−0.211
Y10	WITH Y7	13.110	−0.130	−0.130	−0.183
Y10	WITH Y8	15.281	0.146	0.146	0.193
Y10	WITH Y9	49.782	0.272	0.272	0.350
Y12	WITH Y6	10.160	−0.134	−0.134	−0.144
Y17	WITH Y11	14.417	−0.163	−0.163	−0.180

(2)模型修正

通常,初始模型拟合数据并非很理想(如本例),此时有必要对模型进行修正。通常的做法是根据软件报告的修正指数(Modification Indices, MI)进行修改。如表 5-8 中,采用 ML 估计法时,Mplus 报告的最大 MI 值为 71.648,说明如果考虑将 Y6 和 Y7 的误差设定为自由估计可以减少 71.648 个卡方单位。尽管根据 MI 提示修正模型有很多弊端,但在实践中多数研究者仍采用此方法达到目的。在本例中,我们通过表 5-8 给出的程序将条目 6 和条目 7 之间的误差设为自由估计。

结果表明,允许条目 6 和条目 7 间的误差相关,实际减少了 72.486 个卡方单位。由于限定误差相关的模型嵌套于自由估计的模型,所以可以通过卡方差异检验来确定设置误差相关是否改进了模型拟合。显然, $\Delta df = 116 - 115 = 1$; $\Delta\chi^2 = 386.868 - 314.382 = 72.486 > 3.84(p = .05, df = 1$ 时的近似卡方值),与此同时,拟合指数也获得不同程度的改善,因此允许误差相关是值得的。

请注意,在这里允许条目 6 和条目 7 间的误差相关仅仅是根据软件的提示或者仅从数据出发,如果将软件提供的 MI 都考虑到模型中去,将会得到一个与数据完全吻合的饱和模型($\chi^2 = 0, df = 0$)。我们前面提到,模型的目的在于化简变量间关系,饱和模型绝非理想的模型。因此,在考虑 MI 时要有一定的理论依据,不能仅仅靠软件提示,还要考虑在逻辑上可行性。具体到本例,允许条目 6 和条目 7 间的误差相关是否可行呢? 我们可以从其他竞争模型那里获得依据,在其他三个候选模型中均将条目 6 和条目 7 独立成一个因子,说明两者之间的关系密切。条目间误差相关说明存在方法效应(见第 6 章),或者从局部独立性假设的角度看,条目间的相关在提取共同因子后应该达成独立性,不然就说明除了测量潜变量以外还存在一些无法解释的因素对条目产生影响。具体在 DSM 三因子模型中,与其他共同测量回避因子的条目相比,条目 6 和条目 7 除了测量回避以外还测量了其他内容。在 King 四因子模型中,将条目 6 和条目 7 从原回避因子的 7 个条目中独立出来,可见在此处允许条目 6 和条目 7 间的误差相关是合理的。

表 5-8 模型修正设置

TITLE: The structure of PTSD of DSM-4 using ML;
DATA: FILE IS ptsd. dat;
VARIABLE:NAMES ARE x1 x2 y1-y17;
        USEVARIABLES are y1-y17;
ANALYSIS:ESTIMATOR = ML;
MODEL:f1 BY y1-y5;
      f2 by y6-y12;
      f3 by y13-y17;
      Y6 WITH Y7;! 允许条目 6 和 7 的误差相关;
OUTPUT:STANDARDIZED;MODINDICES;

Number of Free Parameters	55
Loglikelihood	
H0 Value	-13783.774
H1 Value	-13626.583
Information Criteria	
Akaike (AIC)	27677.549
Bayesian (BIC)	27915.585
Sample-Size Adjusted BIC	27740.988
($n^* = (n+2)/24$)	
Chi-Square Test of Model Fit	
Value	314.382 ! χ^2 减少 $72.486 \approx 71.648$;
Degrees of Freedom	115 ! 允许误差相关用掉 1 个 df;
P-Value	0.0000
RMSEA (Root Mean Square Error Of Approximation)	
Estimate	0.056
90 Percent C. I.	0.048 0.063
Probability RMSEA < =.05	0.100
CFI/TLI	
CFI	0.929 ! 拟合有所改善;
TLI	0.917
Chi-Square Test of Model Fit for the Baseline Model	
Value	2961.742
Degrees of Freedom	136
P-Value	0.0000
SRMR (Standardized Root Mean Square Residual)	
Value	0.044

Y6	WITH ! 误差间相关为 0.373;			
	Y7	0.373	0.039	9.574	0.000

（3）考虑其他可能模型

在模型设置部分已分别设定了其他三种可能存在的竞争模型。这些模型的 Mplus 语句呈现在表 5-9 中。

表 5-9　三个竞争模型的 Mplus 设置

King's model	Elhai's model
MODEL：F1 BY y1 -y5；	MODEL：F1 BY y1 y2-y5；
F2 BY y6 y7；	F2 BY y6 y7；
F3 BY y8 - y12；	F3 BY y8 y9-y12；
F4 BY y13- y17；	F4 BY y13 y14 y15；
Simms's model	F5 BY y16 y17；
MODEL：F1 BY y1- y5；	
F2 BY y6 y7；	
F3 BY y8-y15；	
F4 BY y16 y17；	

注：与 DSM 程序相同部分略去。

三个潜在模型的拟合指数（均采用 MLM 估计法）结果汇总在表 5-10 中。总的来说，按照传统评价标准，三个模型拟合数据均理想。TLI 和 CFI $> .95$，SRMR $< .08$ 和 RMSEA $< .05$。正如前面提到的，没有正确的模型，只有拟合更好的模型，所以从模型比较的角度挑选最好的模型在多数情况下是上策。模型比较的方法有多种（见第 9 章讨论），如似然比检验（嵌套模型）、信息指数比较（嵌套和/或非嵌套模型）。

通过固定模型 A 的某些参数可以产生出许多嵌套于模型 A 的模型，即限定模型嵌套于非限定模型。此处，Elhai 的五因子模型与两个四因子模型之间存在嵌套关系，而两个四因子模型之间则不存在嵌套关系。在 King 四因子模型中，原高警觉因子的 5 个条目在 Elhai 五因子模型中分成两个因子，烦躁唤起和焦虑唤起；而在 Simms 四因子模型中，原烦躁不安因子的 C3-C7 和 D1-D3 的 8 个条目在 Elhai 五因子模型中拆分成两个因子，情感麻木和烦躁唤起。同理，这些模型均嵌套于 DSM 三因子模型中。

嵌套模型通常采用卡方差异检验，详见第 9 章的专题讨论。三个模型的校正因子分别为 1.36，1.356 和 1.36，根据 $ML\chi^2 =$ 校正因子 $\times SB\chi^2$，对应的 $ML\chi^2$ 分别为 260.59，268.73 和 243.72。按照正常的卡方差异检验程序，King 与 Elhai 模型之间的 $\Delta\chi^2 = 16.87$，$\Delta df = 4$。查卡方分布表，$\alpha = .05$ 和 .01 时对应的卡方值为 9.49 和 13.28，所以两个模型之间的差异在 .01 水平显著。同理，Simms 与 Elhai 之间的 $\Delta\chi^2 = 25.017$，$\Delta df = 4$，$p < .01$。通过上述比较，同时结合拟合指数信息可得，与其他竞争模型相比，Elhai 五因子模型拟合数据最佳。

表 5-10　模型拟合指数汇总表

Model	χ^2	df	TLI	CFI	AIC	BIC	SRMR	RMSEA(90% CI)
DSM^{ML}	386.87 ∗	116	.888	.904	27748.04	27981.74	.045	.065(.058, .072)
DSM^{MLM}	283.28 ∗	116	.907	.920	27748.04	27981.74	.045	.051(.043, .058)
DSM^{WLSMV}	376.08 ∗	116	.945	.953	—[1]	—	1.129^a	.063(.056, .070)
King^b	191.61 ∗	113	.955	.963	27627.79	27874.48	.038	.035(.026, .044)
Simms	198.18 ∗	113	.951	.959	27635.94	27882.64	.037	.037(.028, .045)
Elhai	179.20 ∗	109	.958	.967	27618.85	27882.85	.036	.034(.025, .043)

注:DSM-IV^{ML} = ML 估计法的结果;DSM-IV^{MLM} = MLM 估计法的结果;DSM-IV^{WLSMV} = 类别变量采用 WLSMV 估计的结果。 ∗$p < 0.001$。

a:类别变量时,Mplus 不提供 SRMR 而提供 WRMR(相关内容见第 9 章)。

b:MLM 估计时三个模型的校正因子分别为 1.3602,1.3563 和 1.3598。

(4)指标非正态的处理

ML 估计法的前提是指标呈多元正态分布,而从上述指标描述信息可知,17 个指标并非完全正态分布(单变量)。通常当偏态小于 2 和峰态小于 7 时采用 ML 估计是稳健的(Finney & DiStefano,2006),但是采用其他专门处理非正态数据的估计法(见第 9 章)可以得到更精确的拟合指数和标准误(参数估计值不变,如因子负荷和因子相关等)。其中最常用的也是最有效的方法为 Satorra 和 Bentler(1994)提出的校正法,简称 S-B 法。在 Mplus 中,MLM 估计法对应 S-B 法。表 5-11 给出了使用 MLM 估计法的 Mplus 语句和输出的部分信息。

表 5-11　一阶三因子相关 PTSD 模型 Mplus 语句(MLM)

```
TITLE：　The structure of PTSD of DSM-4 using MLM.
DATA：　FILE IS ptsd.dat;
VARIABLE:NAMES ARE x1 x2 y1-y17;
　　　　　USEVARIABLES are y1-y17;
ANALYSIS:ESTIMATOR = MLM；! 选择估计方法,Mplus 默认的估计法为 ML,由于数据并非
　　完全多元正态分布,所以选择 MLM,所得卡方值和标准误为 Satorra-Bentler$\chi^2$ 和稳健标准误。
MODEL:f1 BY y1-y5;
　　　　f2 by y6-y12;
　　　　f3 by y13-y17;
```

〔1〕　使用 WLSMV 估计时 Mplus 不报告 AIC 和 BIC 值,因此在分析类别数据时不能使用信息指数比较非嵌套模型,有研究者使用 MLM 或 ML 下的 AIC 或 BIC 值进行比较。

续表

OUTPUT:STANDARDIZED；   MODINDICES；！要求 Mplus 报告修正指数；

输出结果：

与 ML 结果重复部分略去

MODEL FIT INFORMATION

Number of Free Parameters   54

Loglikelihood

        H0 Value -13820.017

        H1 Value -13626.583

Information Criteria！信息指数。

        Akaike（AIC）   27748.035

        Bayesian（BIC）   27981.743

        Sample-Size Adjusted BIC   27810.321

        （n∗=（n+2）/24）

Chi-Square Test of Model Fit

        Value   283.280∗！S-Bχ^2

        Degrees of Freedom   116

        P-Value   0.0000！**卡方显著性检验的 p 值；**

        Scaling Correction Factor   1.366！**校正因子**

          for MLM

  ∗ The chi-square value for MLM, MLMV, MLR, ULSMV, WLSM and WLSMV cannot be used for chi-square difference testing in the regular way. MLM, MLR and WLSMchi-square difference testing is described on the Mplus website. MLMV, WLSMV, and ULSMV difference testing is done using the DIFFTEST option.

  ！注意,这里使用的参数估计为 MLM 估计,卡方差异检验不能使用传统的似然比检验,而要采用 Satorra-Bentler 校正卡方检验。目前 Mplus 不能直接给出 S-B 校正卡方检验结果,需要研究者自行计算,但是这里报告的"Scaling Correction Factor"是 S-B 校正卡方检验必须的,所以在研究中如果要进行嵌套模型的比较则需要此数值。

  RMSEA（Root Mean Square Error Of Approximation）

        Estimate   0.051

        90 Percent C.I.   0.043   0.058

        Probability RMSEA <=.05   0.423

  CFI/TLI

        CFI   0.920

        TLI   0.907

Chi-Square Test of Model Fit for the Baseline Model

        Value   2239.097

续表

Degrees of Freedom	136		
P-Value	0.000 0		
SRMR（Standardized Root Mean Square Residual）			
Value	0.045		
WRMR（Weighted Root Mean Square Residual）			
Value	1.306		

STANDARDIZED MODEL RESULTS

STDYX Standardization! 标准化的结果与 ML 估计相同（cf. 表5-8）

		Two-Tailed			
		Estimate	S. E.	Est. /S. E.	P-Value
F1	BY				
	Y1	0.560	0.034	16.401	0.000
	Y2	0.496	0.037	13.527	0.000
	Y3	0.717	0.027	26.532	0.000
	Y4	0.599	0.032	18.597	0.000

后面的结果略去

ML 和 MLM(MLR)估计的卡方值间存在如下关系: $ML\chi^2$ = 校正因子 × $SB\chi^2$。本例中，MLM 估计时得到的校正因子为 1.366，因此对应 ML 估计时的卡方 = 283.280 × 1.366 = 387.02 ≈ 386.87。当数据满足多元正态分布时，采用 ML 和 S-B 法所得检验统计量和拟合指数无异，因为此时校正因子为 1。

（5）结果报告

这里通过实例给出了详细的一阶 CFA 建模和结果分析过程。这一过程提供了表5-4列出的清单内要求的，大部分信息，由于篇幅限制在此就不专门罗列，有兴趣的读者可根据上述内容按照表5-4 总结。

5.4.4 指标作为类别变量

尽管有研究表明，当选项数目在 5 个以上时将其作为连续变量可以获得可靠的估计结果(Johnson & Creech, 1983)，但这种数据实质上还是类别数据。所以下面给出了将指标作为类别变量来估计的 Mplus 输入语句，估计结果呈现在表5-12 中。

将数据当作类别变量需要在 VARIABLE 语句下指定数据类型为 CATEGORICAL，此时 Mplus 默认的估计方法为稳健加权最小二乘法（robust weighted least squares estimator）WLSMV。而在结果输出方面，Mplus 会给出每个变量各类别的频数和百分比。

将数据当作类别变量估计的拟合结果整理在表 5-10 中。由于估计方法不同所以卡方值不能直接比较,但从表面上看,WLSMV 估计法的卡方值比 S-Bχ² 高出不少,但是 TLI 和 CFI 值在 WLSMV 估计下优于 MLM 时的估计值,而 RMSEA 值则相反,WLSMV 估计法不提供信息指数。总的来说,在本例中将变量当作类别变量较连续变量是合适的。

表 5-12 指标作为类别变量时的语句和部分结果

TITLE: The structure of PTSD of DSM-4

DATA: FILE IS ptsd. dat;

VARIABLE:NAMES ARE x1 x2 y1-y17;

　　　　　USEVARIABLES are y1-y17;

CATEGORICAL = y1-y17;! 指定各测量指标为类别变量;

ANALYSIS:ESTIMATOR = WLSMV;

! 当指定测量指标为类别变量时,Mplus 默认采用 WLSMV 估计法;

MODEL:f1 BY y1-y5;

　　　f2 by y6-y12;

　　　f3 by y13-y17;

OUTPUT:STANDARDIZED;! 告诉 Mplus 报告标准化结果;

　　　　MODINDICES;! 告诉 Mplus 报告修正指数;

OUTPUT 输出结果节选:

与作为连续变量时不同的是在报告拟合指标之前会分别报告指标每个类别的作答比率和人数。

UNIVARIATE PROPORTIONS AND COUNTS FOR CATEGORICAL VARIABLES

Y1

Category 1	0.252	141.000
Category 2	0.377	211.000
Category 3	0.218	122.000
Category 4	0.086	48.000
Category 5	0.068	38.000

Y2

Category 1	0.473	265.000
Category 2	0.264	148.000
Category 3	0.129	72.000
Category 4	0.086	48.000
Category 5	0.048	27.000

! 为了节省空间,略去下面的模型估计参数,非标准化因子负荷和标准化因子负荷。

5.5 二阶/高阶验证性因素分析

5.5.1 二阶/高阶模型概述

在 CFA 模型中,一般将与指标直接相连的因子称作一阶或低阶因子(如图 5-8 中的因子 R,N,A 和 H),在一阶因子之上,对低阶因子产生影响的因子称作二阶或高阶因子(如图 5-8 中的 PTSD 因子)。当一阶或低阶 CFA 模型拟合数据较好时,出于模型简化或理论考虑,有时使用一个高阶因子去解释低阶因子间的相关,即用高阶模型替代低阶模型。例如用一个高阶因子去解释 4 个低阶因子,此时可以简化模型,释放 2 个自由度。再如,一般智力(G)由多个不同方面的成分智力组成,此时从理论的角度出发,使用一个高阶因子去解释不同低阶成分智力。当然,这样做的前提是一阶模型拟合较好(Brown,2006;侯杰泰等,2004),因为高阶模型比低阶模型更节俭,如果一阶模型本身拟合不佳,采用更加节俭的二阶模型只能进一步恶化模型拟合。

与一阶模型相比,二阶或高阶 CFA 模型具有如下优点(Chen,2005):

(1)二阶模型可以检验一阶因子间的相关是否可由一个高阶(二阶)因子去解释。

(2)二阶模型比一阶模型更简约(侯杰泰等,2004)。

(3)二阶模型可以将一阶因子的独特性方差从测量误差中分离出来。在二阶模型中,一阶因子的测量残差即为独特性方差,即二阶因子所不能解释的一阶因子方差部分。

(4)二阶模型可以简化其他复杂的测量模型,如 MTMM(Eid, Lischetzke, Nussbeck & Trierweiler, 2003)和潜在状态-特质模型(Latent State-Trait Models; Steyer, Ferring & Schmitt, 1992)。

另外,Reise 等(2010)认为一阶模型本身并非严格的测量模型,因为一阶因子之上并不存在高阶因子去影响条目。在实践中,往往研究者假设的理论模型是高阶单因子模型,而最终却保留低阶相关因子模型,这种做法显然是数据驱动的。如果从理论角度出发,选择高阶模型在多数情况下是适合的。

5.5.2 高阶模型表达与识别

二阶模型的方程表达式:

$$Y = \Lambda_y \eta + \varepsilon$$

$$\eta = \Gamma \xi + \zeta$$

Y 向量代表指标,Λ_y 为一阶负荷,η 向量为一阶因子,Γ 向量为二阶因子在一阶因子上的负荷,ξ 向量为高阶因子,ζ 向量为一阶因子残差,ε 向量为测量误差。

二阶 CFA 的识别规则同一阶模型。一般情况下,存在多个(3 个以上)一阶因子时才考虑采用高阶模型。根据 CFA 识别规则,至少存在 3 个一阶因子时,模型才能识别,此时一阶模型与二阶模型等价,拟合指数相同,无法比较优劣。当仅存在 2 个一阶因子时,必须将 2 条二阶因子负荷固定相同,否则模型无法识别;当一阶因子多于 3 个时模型超识别,可以采用似然比检验比较拟合优劣。

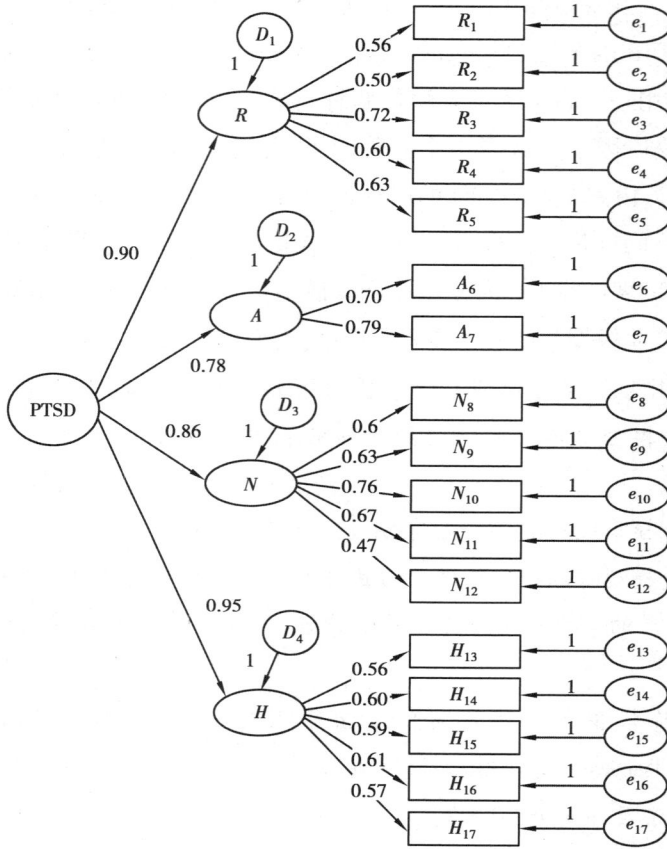

图 5-8 King's 四因子对应的二阶模型示意图

5.5.3 高阶模型示例

下面以 King 等(1998)定义的 4 因子 PTSD 模型为例说明二阶模型建模过程,该模型路径图见 5-8。该模型使用一个二阶 PTSD 因子去解释 4 个一阶因子间的相关。在理论上也存在差异,低阶模型表示 4 个彼此相关的因子,每个因子虽然相关但仍然相互独立;高阶模型表示 PTSD 有四个核心成分,每个成分表现出一组相关的症状或行为,这些症状虽有差异,但仍为同一潜变量的外显表现。

二阶模型的 Mplus 语句呈现在表 5-13 中。模型主要拟合指标见表 5-14,因子负荷见图 5-8。前面提到,可以从理论和模型简约的角度考虑使用高阶模型,但究竟高阶模型是否合理,仍需要回到理论。例如,大五人格的五个维度就不能用一个高阶因子"性格"去解释,因为人格的五个方面在理论上是独立的,理论上,五个维度之间的相关为0。当然,也可以从低阶因子加总分是否有意义来评定(侯杰泰等,2004),因为人格的五个维度加总分并没有实质性意义。推而广之,凡是加总分没有意义的一阶因子均不能使用二阶模型。

具体来说,如果二阶因子负荷不大(一阶因子间相关系数不高)说明二阶因子对一阶因子的影响有限,即使此时模型拟合较好,二阶模型的意义也不大。另一方面,即使二阶负荷量较大,但若二阶模型显著恶化了拟合,使用二阶模型也是不合适的。只有当两个条件同时满足时,才能得到二阶模型优于一阶模型的结论。即同时满足:(1)二阶负荷较高;(2)二阶模型与一阶模型相比,拟合并未显著恶化。第二个条件可以通过似然比检验来确定(侯杰泰等,2004)。

本例中二阶 King 模型的 S-Bχ^2 为 205.868,而一阶模型对应的卡方值 = 191.607,由于 S-Bχ^2 不能采用传统的似然比检验,需要做校正,校正后的卡方差异值为 19.19,此时的自由度差异为 Δdf = 115-113 = 2。查卡方分布表,2 个自由度对应的 χ^2 临界值为 9.21(α = 0.01),19.19 > 9.21,差异显著,即二阶模型显著恶化了模型拟合。从近似拟合指数差异来看,二阶模型的 CFI、TLI 比一阶模型略低,信息指数 AIC 和 BIC 略大。从理论上来看,2 阶模型更好地解释了 PTSD 症状,但在 PTSD 潜结构领域目前仍然是一阶因子模型占主导地位(Elhai & Palmieri, 2011;Yufik & Simms, 2010)。

表 5-13 二阶测量模型的 Mplus 语句

```
TITLE: The structure of PTSD of DSM-4 in table 5-14
VARIABLE: NAMES ARE x1 x2 y1-y17;
         USEVARIABLES are y1-y17;
ANALYSIS: ESTIMATOR = MLM;
MODEL: F1 BY y1-y5;
      F2 by y6-y7;
      F3 by y8-y12;
      F4 by y13-y17;
      PTSD by F1-F4 ;! 定义二阶测量模型。
OUTPUT: STANDARDIZED;
```

表 5-14 高阶因子模型拟合指数

Model	χ^2	df	TLI	CFI	AIC	BIC	RMSEA(90% CI)
King	191.607*	113	.955	.963	27 627.787	27 874.479	.035(.026,.044)
二阶 King	205.868*	115	.949	.957	27 643.019	27 881.056	.038(.029,.046)

注: * $p < 0.01$。

5.6 本章小结

本章从非技术的角度简要介绍了 CFA 的基本原理,详细论述了 CFA 的分析步骤,特别是模型识别规则。虽然这些规则建模软件会自动处理,但这些知识对加深理解 CFA 的原理是很有帮助的。本章仅对 CFA 的基本形式一阶模型和二阶/高阶模型做了介绍,其他形式(例如,MTMM、双因子模型)将放在第 6 章进行详细介绍。

※推荐读物※

Timothy A. Brown 2006 年的专著 *Confirmatory factor analysis for applied research* 是目前对 CFA 论述最全面的教科书之一。该书从非技术的角度详细论述了 CFA 的方方面面,同时使用实例演示分析过程,所用的例子分别给出了常用软件(Amos,CALIS,EQS,LISREL 和 Mplus)的程序。类似的内容还有免费教程(Albright & Park,2009)可通过互联网下载。关于 CFA 的统计原理可参考 Stanley A. Mulaik(2009)的专著。

Brown, T. A. (2006). *Confirmatory factor analysis for applied research*. New York: Guilford Press.

Mulaik, S. A. (2009). *Linear causal modeling with structural equations*. New York: CRC Press

Albright, J. J., & Park, H. M. (2009). Confirmatory Factor Analysis Using Amos, LISREL, Mplus, and SAS/STAT CALIS.

http://www.indiana.edu/~statmath/stat/all/cfa/index.html

※附录※

示例 为了更深入了理解表 5-3 中的识别规则,下面列举了多个常见的 CFA 模型,请根据 3 种类型的 CFA 模型识别规则检验路径图所表达的模型是否能够识别,如果不能识别违反了哪些规则?

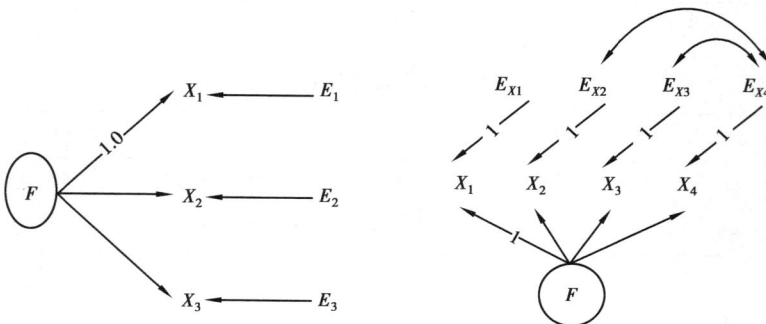

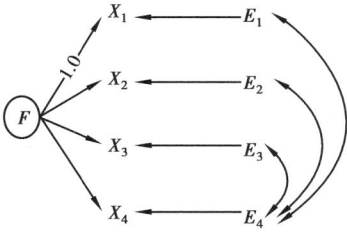

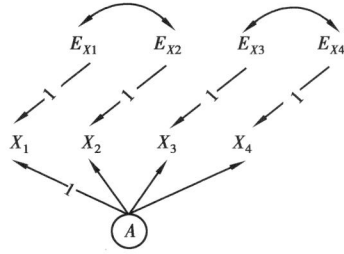

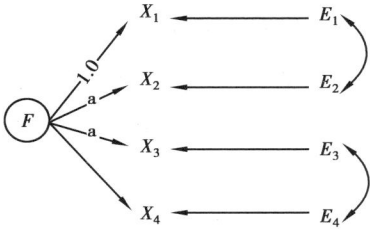

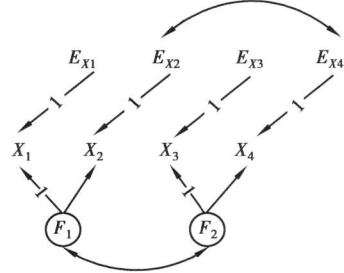

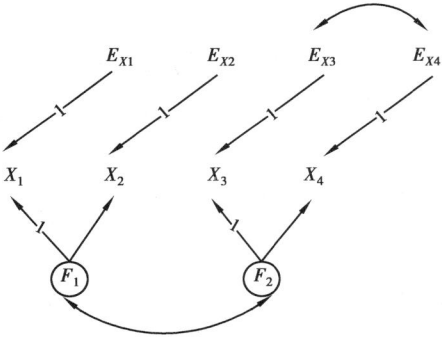

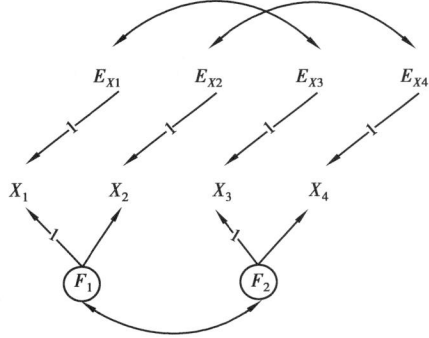

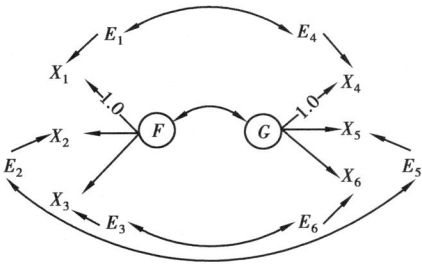

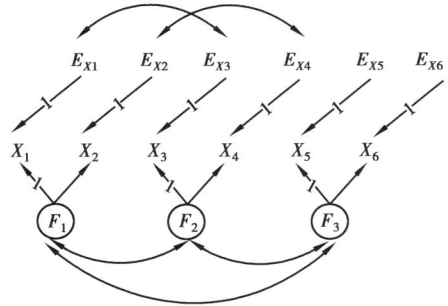

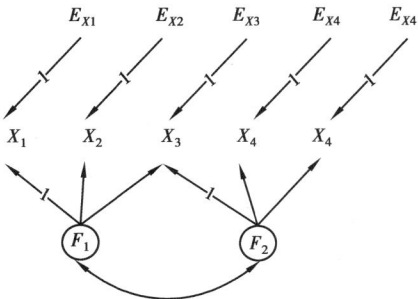

说明：

1. 满足三指标法则，模型可识别。

2. 符合规则 2-1 的第 1 条，有三个指标误差间不相关即 E1 分别和 E2-E4 不相关，所以模型可以识别。

3. 违反规则 2-1 的第 1 条，模型识别不了。

4. 违反了规则 2-1 的第 2 条，所以模型识别不了。

5. 模型与上一个模型一样，但满足规则 2-1 的第 2 条，所以模型可以识别。

6. 模型有两个因子，每个因子两个指标，该模型符合规则 2 的所有条件，所以模型可以识别。

7. 与上面类似的模型，但误差相关形式不同，该模型违反了规则 2-1 的第 2 条：至少有两个指标的误差彼此不相关，并且这两个指标的误差不与其他因子指标的误差相关或这两个指标的负荷限制相等。

8. 同样的模型，但误差相关形式不同，该模型也违反了规则 2 的第 2 条。

9. 与 3 类似，不过每个因子指标由 2 个增加到 3 个，此时模型符合规则 2 的条件，可以识别。

10. 该模型有 3 个因子，每个因子 2 个指标，该模型符合规则 2 的所有条件，所以该模型可以识别。

11. 模型存在一个跨负荷的指标，然而符合规则 3 的要求，所以模型可以识别。

6　验证性因素分析(二)

前一章主要介绍了 CFA 的基本原理和分析步骤,并通过实例演示了一阶 CFA 和二阶/高阶模型的分析过程。本章将主要探讨 CFA 形式的其他模型(MTMM、双因子模型和潜状态-特质模型)以及 Mplus 分析过程和结果解释。另外,本章后半部分会简要介绍信度系数(例如,Alpha 系数,组合信度,单个指标信度)的估计过程。

6.1　MTMM 模型

6.1.1　MTMM 概述

多质多法(MultiTrait-Multimethod,MT-MM)最早由 Campbell 和 Fiske (1959)提出,用于评价测量工具的区分和聚合效度(Convergent and Discriminant validity)。当同一特质由不同方法测量时,高度相关支持聚合效度;当不同特质间存在低度相关时支持区分效度。当然,MTMM 不限于检验测量工具的区分与聚合效度,还可以用于检验方法效应(Pohl & Steyer, 2010;Eid et al., 2006;2008)。

在 MTMM 分析时,数据一般通过如下方式获得:用两种以上方法(自评,朋友评定和熟人评定)去测量两个以上特质(五种人格维度)。数据通常以矩阵的形式呈现,表 6-1 中呈现了采用自评、朋友评定和父母评定的大五人格问卷的相关矩阵。其中下划线加粗的为不同方法测量同种特质的聚合效度系数,加粗的为同种方法测量不同特质间的相关矩阵;其他数据为不同方法测量不同特质间的相关系数。

表 6-1　MTMM 数据陈列方式

	自评 A	C	E	N	O	朋友 A	C	E	N	O	父母 A	C	E	N	O
自评															
A															
C	.47														
E	.29	.19													
N	-.36	-.18	-.24												
O	.42	.44	.43	-.16											
朋友															
A	**.20**	.08	.02	-.07	.11										
C	.01	**.39**	-.11	-.06	-.00	.40									
E	.03	.04	**.43**	.03	.07	.23	.08								
N	.03	.09	.04	**.33**	-.02	-.39	-.19	-.16							
O	.03	.07	.13	-.08	**.23**	.54	.42	.42	-.27						
父母															
A	**.22**	.07	.03	-.03	.04	**.18**	.08	.05	-.05	.16					
C	.04	**.35**	-.06	.00	-.04	-.05	**.27**	-.12	.07	-.02	.48				
E	.02	.04	**.41**	.13	.13	.02	-.03	**.43**	.01	.11	.20	.07			
N	.02	.06	.06	**.26**	.03	-.05	-.08	.03	**.31**	-.11	-.52	-.36	-.05		
O	-.02	-.01	.02	-.03	**.28**	-.03	-.01	.03	.09	**.21**	.38	.29	.26	-.22	

注：表中数据来源 Biesanz & West(2004)。

MTMM 的表达形式有多种,其中在 CFA 框架内的关联特质-相关独特性模型(Correlated Trait-Correlated Method, CT-CM; Widaman, 1985)最能体现聚合和区分效度的思想(Schmitt & Stults, 1986),但由于 CTCM 存在参数估计问题,所以研究者提出了不同的变式,其中最常用的是关联特质-相关独特性模型(Correlated Trait-Correlated Uniqueness, CT-CU; Kenny, 1976; Marsh, 1989),以及最近提出的"相关特质-相关方法减 1"模型(Correlated Trait-Correlated Method minus one model, CT-C(M-1); Eid, 2000; Eid et al., 2003; 2008)。

6.1.2 常用的 MTMM 分析模型

(1) CT-CM 模型

在 CT-CM 模型[见图 6-1(a)]中,观测指标的方差可以分解成三个部分:特质方差、方法方差和残差,其方程表达式如下:

$$Y_{ij} = \lambda_{Tijh}T_i + \lambda_{Mij}M_j + \delta_{ij}$$

λ_{Tijh} 和 λ_{Mij} 分别表示指标在特质 T_i 和方法 M_j 因子上的负荷,δ_{ij} 为残差。

该模型很好地保留了 MTMM 思想的原旨(Schmitt & Stults, 1986),但是存在不识别的可能性,特别是在方法和特质因子较少时,或是模型复杂而样本量较少时(Marsh, 1989),为了克服识别问题研究者提出了其他的变式。

(2) CT-CU 模型

CT-CU 模型[见图 6-1(b)]与 CT-CM 模型最大的区别是,CT-CU 模型中没有独立的方法因子,而是以相同方法条目间误差彼此相关来定义的,其方程表达式为:

$$Y_{jk} = \lambda_{Tjk}T_j + E_{jk}$$
$$Y_{ij} = \lambda_{Tijh}T_j + \delta_{ij}$$

该模型将方法效应归入残差,所以不能考查方法因子与外部变量间的关系。该模型解决了 CT-CM 模型低识别的问题,同时在特质较少($T \leqslant 3$)的情况下比 CT-CM 模型更节俭。该模型假设方法因子间以及方法因子与特质间不相关。研究发现这一假设会产生偏差的参数估计结果,即高估特质方差和特质协方差,以及高估聚合效度和低估区分效度(Lance et al., 2002; Conway, Lievens, Scullen & Lance, 2004)。

(3) CT-C(M-1) 模型

CT-C(M-1)是 CT-CM 的一个变式[见图 6-1(c)]。两者之间的区别仅在于 CT-C(M-1)模型中少了一个方法因子,而在其他方面与 CT-CM 相同(Eid, 2000; Eid et al., 2003)。省去的这个方法因子被选作"比较标准"(Comparison Standard),其方程表达式包含两部分:"比较标准"因子下的指标方程式同一般 CFA 模型,将项目方差分解成特质方

差和残差;其他因子下的指标同 CT-CM 模型,将项目方差分解成特质方差、方法方差和残差:

$$Y_{ij} = \lambda_{Tijh} T_i + \delta_{ij}$$

$$Y_{ij} = \lambda_{Tijh} T_i + \lambda_{Mij} M_j + \delta_{ij}$$

该模型将方法因子定义为:提取特质方差后,仍然存在对采用相同方法指标产生影响的残余因子。也就是说,方法因子代表使用标准方法(比较标准)测量的特质因子不能预测的那部分方差。由此可见,选择一种方法作为比较标准的目的就在于,通过比较将方法效应表现出来。例如,分别采用自评、观察和他评三种方法测量三个特质,选择自评法作为"比较标准",观察和他评法因子的意义是通过与"比较标准"自评法比较获得的。观察和他评因子的解释是特质方差以外使用自评法无法预测的残余效应。通常将方法因子间的正相关解释为相同的偏差方向,即观察法和他评法在相同的方向上高估或低估了指标真实方差。方法因子和特质因子之间不容许相关,但方法因子之间可以存在相关。

该模型除了具有 CT-CM 模型的优点之外,还解决了模型不识别的问题,然而此模型同样存在不足。首先,"比较标准"的选取带有很大的主观随意性,而且不同的选择会产生不同的参数估计结果(Eid, 2000; Eid et al. , 2003)。其次,比较标准的特质因子的指标并没有考虑方法因子,这并不符合实际。

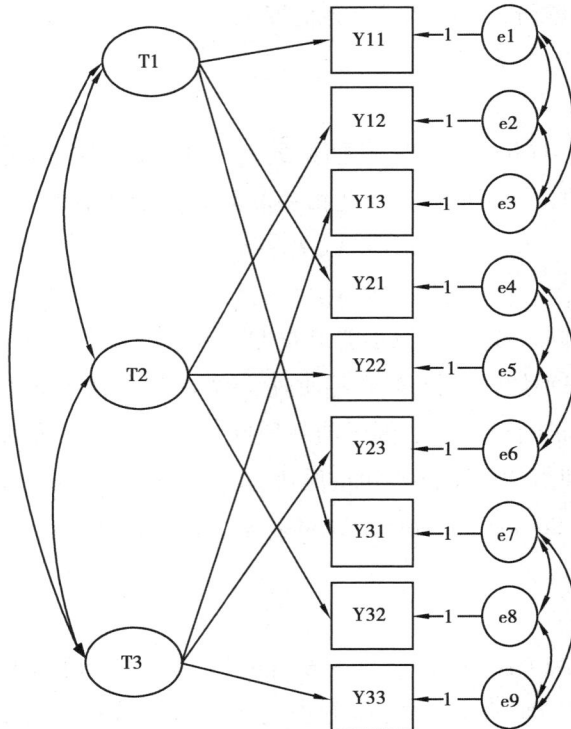

(a) CT—CU模型

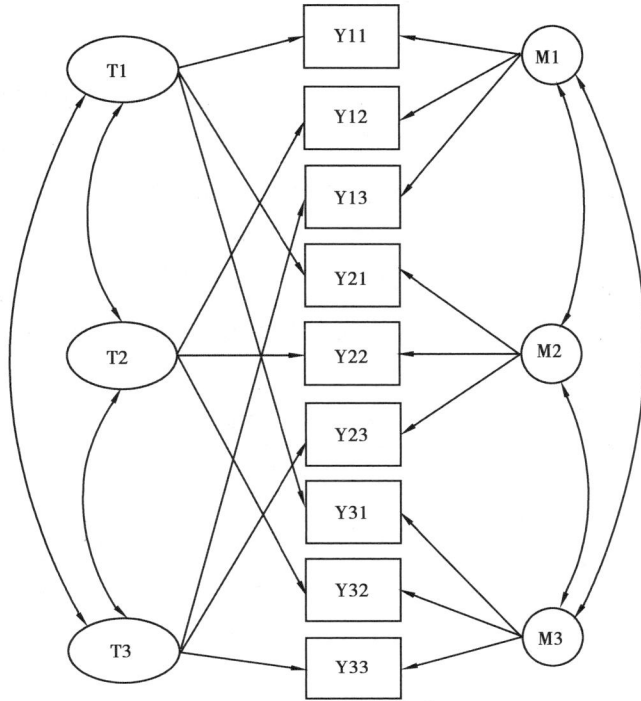

（b）CT—CM模型

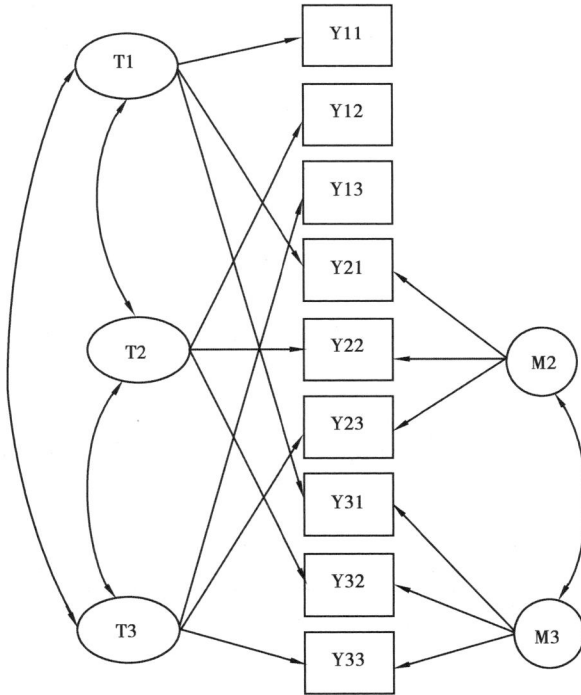

（c）CT—C（M−1）

图 6-1 MTMM 的三种常见形式（图中的测量误差未显示）

（4）三种方法比较

三种模型各自的优缺点比较汇总在表 6-2 中。通过比较不难发现，CT-CM 和 CT-C（M-1）模型在多个方面存在优势。在实践应用中选择哪种方法可以从如下方面考虑：（1）在实际应用中除非 CT-CM 不收敛，否则使用 CT-CU 模型是不可取的（Lance et al，2002）。（2）CT-CU 模型的提出是为了解决 CT-CM 模型不收敛的问题，然而 CT-C（M-1）模型亦解决了 CT-CM 模型不收敛的问题，所以在 CT-CM 不收敛时应优先选择 CT-C（M-1）模型。（3）CT-C（M-1）模型可以对方法效应进行比较，如果研究目的是评价方法效应，则优先使用该模型。

表 6-2 三种 MTMM 模型比较

	CT-CM	**CTCU**	**CT-C（M-1）**
理论基础	源于 MTMM 的核心思想，较好地体现了该理论	不能很好的反映 MTMM 的理论思想	基本上同 CT-CM
方法效应估计	可直接估计方法效应	不能直接估计方法效应	估计方法效应的同时还可以比较不同方法间的差异
方法间关系	可以正交也可以斜交	只能正交	可以正交也可以斜交
特质成分估计	可直接估计	可直接估计但倾向于高估（负荷，因子相关系数）	可直接估计
模型节俭	对于 $T \geqslant 4$ 的 MTMM 矩阵更节俭	对于 $T \leqslant 3$ 的 MT-MM 矩阵更节俭	在对应条件下比 CM 和 CU 模型都节俭
与外部变量间的关系	可估计方法和特质分别与外部变量间的关系	只能估计特质而不能估计方法因子与外部变量间的关系	可估计方法和特质分别与外部变量间的关系
模型收敛和识别	与 CTCU 相比经常不收敛或得不到合适的解	与 CTCM 相比，容易收敛或获得合适的解	比 CT-CM 更容易收敛
可检验模型的范围	可检验多个方法、特质模型	仅可检验多个特质模型	可检验多个方法、特质模型

资料来源：（Lance, Noble, & Scullen, 2002）；T = Trait；M = Method。

6.1.3 其他问题

请注意，图 6-1 中呈现的模型均为单指标模型，而这些模型可以顺利地扩展到多指标情景中去（图 6-2 和表 6-5 的 Mplus 程序），进一步的信息请参见（Eid et al. , 2008），当然这些模型也可用于分析类别数据(Nussbeck, Eid & Lischetzke, 2006)。

在多指标条件下,CT-CM 和 CT-C(M-1)模型可以产生特质特定的方法因子[1] (Trait-specific Method Effects),进而允许比较不同方法测量不同特质的差异[2](见图 6-2)。由于可以将特质特定的方法效应从总效应中分离出来,所以估计指标的信度也更精确(Eid et al,2008)。Eid 等(2008)根据采用的方法不同,将方法分成三类:可互换的方法(Interchangeable Methods),结构差异的方法(Structurally Different Methods)和两种方法的混合。三种方法分别对应不同的分析模型:多水平验证性因素分析、CT-C(M-1)和多水平 CT-C(M-1)。

另外,在上述介绍的三种 MTMM 分析模型中,所有的方法因子间均允许相关(CT-CU 模型中是通过误差相关来定义方法因子的),但是在实际研究中不同方法间并不一定存在必然的相关。所以上述模型均包含更严格限制的方法不相关模型(Widaman, 1985)。

当采用可互换的方法时,也就是说方法间无差异时,采用哪种方法评价哪种特质是相互独立的。例如,选择 A、B、C 三组学生评价某位老师的教学情况,三组学生为三种方法,此时三种方法间是可以互换的,即不存在关联,因此不允许三组评价间存在相关是合理的。而当采用结构差异的方法时,即方法间存在可能的关联、不可互换时。例如,父亲和母亲各自评价自己的孩子,此时父亲和母亲的评价不能互换,父亲方法效应不与父母方法效应相对应,而且父母对孩子的评价存在相互影响,所以这种评价间存在相关是合理的。因此,确定方法间是否存在相关应考虑各自方法间的逻辑关系。

再者,尽管 CT-C(M-1)模型可以将不同方法与"标准方法"比较,但是,该模型仍同其他模型一样将方法效应定义为残差。最近,Pohl 等(2008;2010)在 CT-C(M-1)模型的基础上将方法因子明确地定义为效应,即特质而非残差因子,这解决了方法效应意义含糊的问题,同时可以允许方法效应与特质因子相关。

---

[1] 单指标时不同特质共享一个方法因子,而在多指标时,每个特质有多个采用相同方法的指标,因此存在一个特质特定的方法因子。

[2] 单指标时每种方法只存在一个单独的方法因子,所以不能比较相同方法测量不同特质的差异。而在多指标时,每个特质采用相同方法的条目均可构建对应的方法因子即特质特定(trait-specific)的方法因子,如果有 3 个特质同时采用 3 种不同的方法,此时就有 9 个特质特定的方法因子。

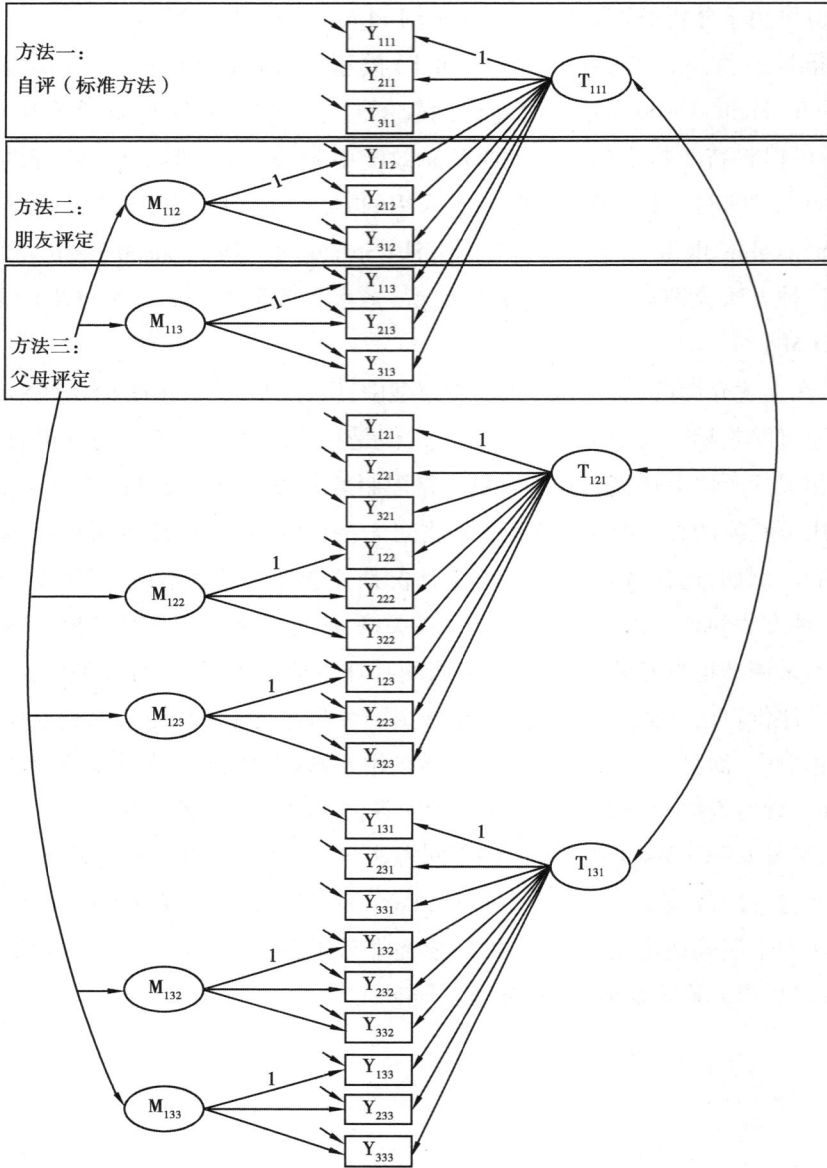

图 6-2　多指标 CTC(M-1) 模型示意图

6.1.4　Mplus 语句示例

（1）单指标模型示例

以图 6-1 中呈现的三个模型为例，表 6-3 和表 6-4 分别给出了对应的 Mplus 语句。

表 6-3　CTCU 模型的 Mplus 语句

```
TITLE：Input for the CTCU Model Depicted in Figure 6-2a
VARIABLE：NAMES = y11 y21 y31 y12 y22 y32 y13 y23 y33；
ESTIMATOR = ML；
MODEL：
    T1 BY y11 y12 y13；
    T2 BY y21 y22 y23；
    T3 BY y31 y32 y33；
    Y11 WITH y21；
    Y11 WITH y31；
    Y21 WITH y31；
    Y12 WITH y22；
    Y12 WITH y32；
    Y22 WITH y32；
    Y13 WITH y23；
    Y13 WITH y33；
    Y23 WITH y33；
OUTPUT：standardized；
```

表 6-4　CTCM 和 CTC(M-1)模型的 Mplus 语句

```
TITLE：Input for the CTCMModel Depicted in Figure 6-2b
VARIABLE：NAMES = y11 y21 y31 y12 y22 y32 y13 y23 y33；
ESTIMATOR = ML；
MODEL：
    T1 BY y11 y12 y13；
    T2 BY y21 y22 y23；
    T3 BY y31 y32 y33；
    M1 BY y11 y21 y31；
    M2 BY y12 y22 y32；
    M3 BY y13 y23 y33；
    M1 WITH T1-T3@0；
    M2 WITH T1-T3@0；
    M3 WITH T1-T3@0；
OUTPUT：standardized；
```

注：包含方框内程序的为 CTCM 模型；不包含的为 CTC(M-1)模型。

（2）多指标模型示例

图 6-2 的路径图共有 3 个特质：T_{111}，T_{121} 和 T_{131}；三种方法：自评 M_1，朋友评定 M_2 和熟人评定 M_3。每种方法使用 3 个指标（亦称特质方法单位，Trait-Method Unit，TMU）去测量每种特质。表 6-5 呈现了图 6-2 的 Mplus 语句。

表 6-5　CTCM 和 CTC（M-1）模型的 Mplus 语句

```
TITLE：Input for the CTCM and CTC(M-1) Model Depicted in Figure6-3
VARIABLE：
    NAMES = y111 y211 y311 y121 y221 y321 y131 y231 y331
            y112 y212 y312 y122 y222 y322 y132 y232 y332
            y113 y213 y313 y123 y223 y323 y133 y233 y333；
ESTIMATOR = ML；
MODEL：
    T111 BY y111 y211 y311 y112 y212 y312 y113 y213 y313；
    T121 BY y121 y221 y321 y122 y222 y322 y123 y223 y323；
    T131 BY y131 y231 y331 y132 y232 y332 y133 y233 y333；
    M111 BY y111 y211 y311 ；
    M112 BY y112 y212 y312；
    M113 BY y113 y213 y313；
    M121 BY y121 y221 y321 ；
    M122 BY y122 y222 y322；
    M123 BY y123 y223 y323；
    M131 BY y131 y231 y331 ；
    M132 BY y132 y232 y332；
    M133 BY y133 y233 y333；
    T111 WITH M112@0 M113@0；
    T121 WITH M122@0 M123@0；
    T131 WITH M132@0 M133@0；
OUTPUT：standardized；
```

注：包含方框内程序的为 CTCM 模型。

6.2 Bifactor 模型

6.2.1 Bifactor 模型概述

双因子模型(Bifactor Model)有很长的历史(Holzinger & Swineford, 1937),最近几年又重新恢复了生机(Chen, West & Sousa, 2006; Reise et al. 2007)。

双因子模型的独特之处在于,不同内容领域的条目负荷于一个组因子(或称群因子,Group Factor),同时允许所有条目负荷于一个一般因子(General Factor, GF)。此时,一般因子和组因子之间以及组因子之间彼此不相关(见后文图 6-4)。其实,可以将双因子模型视为相关特质-不相关方法(Correlated Trait-Uncorrelated Method, CTUM)的一个特例(Widaman, 1985),即只有一个特质(一般因子)和多个不相关方法因子(组因子/群因子)的特殊模型。而 CTCM(M-1)模型又是 Bifactor 模型的特例,即少一个组因子/群因子的模型。

双因子模型与高阶因子模型(Higher-order Factor Models)具有嵌套关系,高阶因子模型嵌套于双因子模型(Yung et al., 1999)。与高阶因子模型相比,双因子模型在探讨组因子的作用时具有优势,可以通过组因子的负荷直接判断其作用大小,所有因子之间正交(不相关),也有利于探讨组因子对效标的独立预测作用(Chen, West & Sousa, 2006; Reise, Moore & Haviland, 2010)。另外,Reise 等(2007)指出双因子模型作为传统维度模型的补充,可以帮助解决维度选择问题:(a)用于检验单维度模型拟合多维度数据时的失真;(b)允许研究者实证检验形成分量表的可行性;(c)作为个体差异非层级多维表达形式的替换形式。

近来,双因子模型被广泛用于解决行为科学相关领域维度选择问题(e. g., Chen, West & Sousa, 2006; Reise et al. 2007)。在健康评价研究中,Reise 等(2007)以 16 个条目的"医疗机构消费者评估问卷"(Consumer Assessment of Healthcare Providers and Systems, CAHPS)为例,比较了探索性和验证性因素分析模型以及双因子模型,结果发现双因子模型拟合数据明显优于传统结构模型。在异常行为领域,研究也发现双因子模型拟合数据要显著优于传统结构模型(Martel et al., 2010)。例如,Martel 等(2010)的研究发现,在拟合注意缺陷多动障碍(Attention-deficit/hyperactivity disorder, ADHD)和对立违抗性障碍(Oppositional Defiant Disorder, ODD)共病数据时发现双因子模型比高阶和一阶模型拟合更优。在能力测验领域,双因子模型也经常使用。例如,国内学者曹亦薇和顾秋艳(2010)在检验 PISA 式汉语阅读测验的潜结构时,比较了单因子、二因子和双因子模型,似然比检验结果发现双因子模型显著优于其他两个竞争模型,而且能更好地说明测验编制所依据的理论。

6.2.2　Bifactor 模型表达式

$$
Y = \begin{vmatrix} R_1 \\ R_2 \\ R_3 \\ R_4 \\ R_5 \\ A_6 \\ A_7 \\ N_8 \\ N_9 \\ N_{10} \\ N_{11} \\ N_{12} \\ H_{13} \\ H_{14} \\ H_{15} \\ H_{16} \\ H_{17} \end{vmatrix} \quad \Lambda_y = \begin{vmatrix} \lambda_{g1,1} & \lambda_{R,1} & 0 & 0 & 0 \\ \lambda_{g2,1} & \lambda_{R,2} & 0 & 0 & 0 \\ \lambda_{g3,1} & \lambda_{R,3} & 0 & 0 & 0 \\ \lambda_{g4,1} & \lambda_{R,4} & 0 & 0 & 0 \\ \lambda_{g5,1} & \lambda_{R,5} & 0 & 0 & 0 \\ \lambda_{g6,1} & 0 & \lambda_{A,6} & 0 & 0 \\ \lambda_{g7,1} & 0 & \lambda_{A,7} & 0 & 0 \\ \lambda_{g8,1} & 0 & 0 & \lambda_{N,8} & 0 \\ \lambda_{g9,1} & 0 & 0 & \lambda_{N,9} & 0 \\ \lambda_{g10,1} & 0 & 0 & \lambda_{N,10} & 0 \\ \lambda_{g11,1} & 0 & 0 & \lambda_{N,11} & 0 \\ \lambda_{g12,1} & 0 & 0 & \lambda_{N,12} & 0 \\ \lambda_{g13,1} & 0 & 0 & 0 & \lambda_{H,13} \\ \lambda_{g14,1} & 0 & 0 & 0 & \lambda_{H,14} \\ \lambda_{g15,1} & 0 & 0 & 0 & \lambda_{H,15} \\ \lambda_{g16,1} & 0 & 0 & 0 & \lambda_{H,16} \\ \lambda_{g17,1} & 0 & 0 & 0 & \lambda_{H,17} \end{vmatrix} \quad \eta = \begin{vmatrix} \eta_g \\ \eta_1 \\ \eta_2 \\ \eta_3 \\ \eta_4 \end{vmatrix} \quad \varepsilon = \begin{vmatrix} \varepsilon_1 \\ \varepsilon_2 \\ \varepsilon_3 \\ \varepsilon_4 \\ \varepsilon_5 \\ \varepsilon_6 \\ \varepsilon_7 \\ \varepsilon_8 \\ \varepsilon_9 \\ \varepsilon_{10} \\ \varepsilon_{11} \\ \varepsilon_{12} \\ \varepsilon_{13} \\ \varepsilon_{14} \\ \varepsilon_{15} \\ \varepsilon_{16} \\ \varepsilon_{17} \end{vmatrix}
$$

图 6-3　King 等 4 因子模型对应的 Bifactor 模型向量表达式

Y 向量代表指标，Λ_y 为一般因子和领域因子负荷，η 向量为领域或一般因子，ε 向量为残差。

矩阵表达式：

$$Y = \Lambda_y \eta + \varepsilon$$

6.2.3　Bifactor 模型示例

此处我们以 DSM-IV 定义的 PTSD 三因子结构为基础构建双因子模型，路径图见图 6-4，Mplus 语句呈现在表 6-6 中。

与原 DSM-IV 三因子一阶模型相比，对应的双因子模型拟合数据显著改善，双因子模型用了 14 个自由度，减少了近 100 个卡方单位，近似拟合指数也增加不少。仅从拟合指数的角度，可以得出双因子模型更拟合数据的结论。由于此处使用的是 MLM 估计法，似然比检验不能直接进行，需要乘上校正因子。校正后的似然比检验结果提示，bifactor 模型显著优于三因子模型，$\Delta\chi^2 = 134.41$，$\Delta df = 14$，$p < .01$。

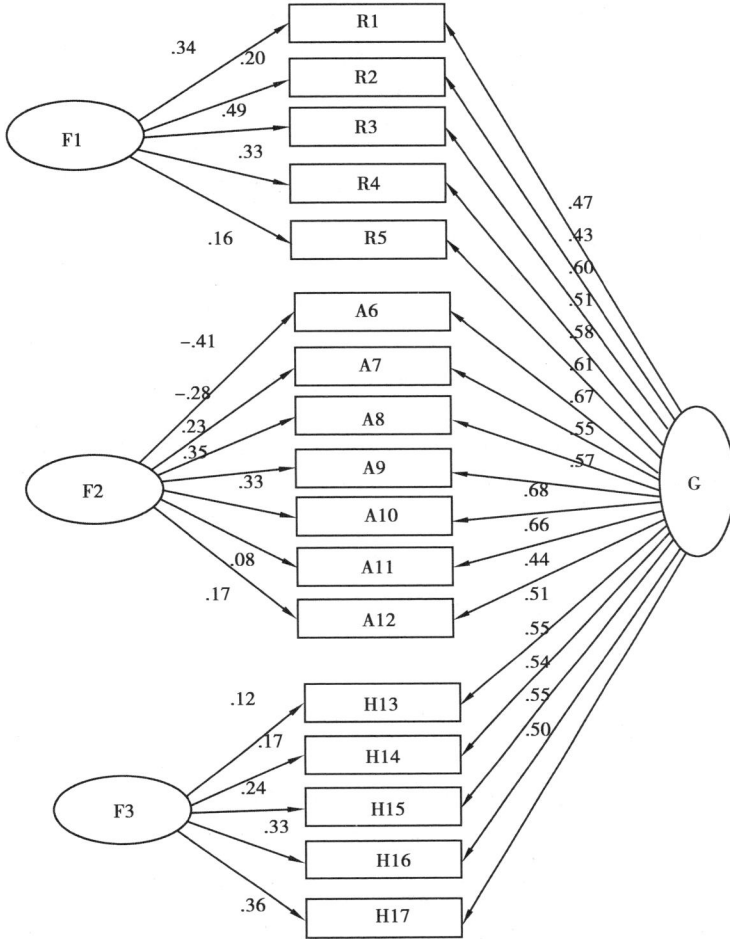

图 6-4　与 DSM-IV 模型对应的 Bifactor 模型(未显示测量误差)

表 6-6　DSM 三因子 PTSD Bifactor 模型语句

TITLE：This is an example of a Bifactor Model
DATA： FILE IS ptsd. dat；
VARIABLE： NAMES ARE x1 x2 y1 − y17；
　　　　　USEVARIABLES are y1 − y17；
ANALYSIS：ESTIMATOR = MLM；
MODEL： f1 BY y1 ∗ y2 − y5；
　　　　f2 by y6 ∗ y7 − y12；
　　　　f3 by y13 ∗ y14 − y17；
　　　　G by y1 ∗ y2 − y17；
　　　　f1 with f2 − f3@0；！组因子之间正交即相关为 0。
　　　　f2 with f3@0；
　　　　G with f1 − f3@0；！组因子与一般因子间正交即相关为 0。
　　　　f1 − f3@1；
　　　　G@1；
OUTPUT： STANDARDIZED MODINDICES；

各指标在一般因子和特殊因子上的负荷值呈现在路径图中。17 个条目在一般因子上的负荷为.43 ~.68,在特殊因子上的负荷(绝对值)为.08 ~.49,多数为.2 −.3。简单通过负荷值的大小可以推测 17 个条目主要测量同一个潜在因子。为了进一步验证这种推测,可以通过计算一般因子在公共方差(一般因子方差与组因子方差之和)中所占比例来考察双因子模型的单维性程度(Bentler, 2009),即解释公共方差比例(ECV,见信度估计小结)来考查双因子模型单维度情况。

表 6-7　Bifactor 模型拟合结果

Model	S-Bχ^2	df	TLI	CFI	AIC	BIC	SRMR	RMSEA(90% CI)
Bifactor	185.286	102	.947	.960	27 641.66	27 935.96	.037	.038(.029, .047)
DSM-IV	283.280	116	.907	.920	27 748.04	27 981.74	.045	.051(.043, .058)

*p < .01。Bifactor 模型的校正因子 = 1.363;DSM-IV 的校正因子 = 1.366。

6.3　潜状态-特质模型(LST)

6.3.1　潜状态-特质模型概述

许多心理属性很难严格地区分是稳定的特质还是瞬变的状态,更可能是两种状态的混合(Hertzog & Nesselroade, 1987)。传统的特质理论假设特质是一种"宽泛的、聚焦的神经生理系统,它使许多刺激在机能上等值,能够激发和引导形式一致的适应行为和表现性行为"(Allport,1937)。因此特质具有跨时间的稳定性和跨情景的一致性,并且是行为的决定因素,即特质决定行为,行为是特质的外在表现。传统的因子模型代表特质论的观点,稳定的特质作为公因子被提取。换句话说,条目方差被分解为稳定的特质方差和测量误差。

然而一些研究发现行为并不像特质理论预测的那样稳定。例如有研究发现,道德行为在不同情境中的一致性只有.23(Steyer et al., 1999)。Mischel(1968)批评说:"特质不是人格的有效描述,人的行为主要取决于情境,使用特质测量并不能有效地预测行为",这显然给特质理论学派当头一棒。为了反击这些批评或解决特质论自身的危机,特质学者们提出了一些解决途径,潜状态-特质理论模型(latent state-trait theory/model, LST)就是其中之一。

6.3.2　LST 的基本形式

潜状态-特质理论认为人类的认知、情绪和行为是个体特质、情境特征以及特质与情境交互共同作用的结果。与传统的因子模型不同,潜状态-特质模型中存在三个潜变量:状态潜变量(S, latent state variable),特质潜变量(T, latent trait variable)和情境因子

(O, occasion factor)。状态潜变量是指,在特定的场合影响个体行为的潜在因素,这个因素包括个体稳定的心理特质、当时的情境状态,以及特质与情境交互作用。观测指标由状态潜变量和测量误差组成,$Y_{ik} = S_{ik} + e_{ik}$;状态潜变量由特质潜变量和情境潜变量组成 $S_{ik} = T_{ik} + O_{ik}$,因此指标 $Y_{ik} = T_{ik} + O_{ik} + e_{ik}$。

LST 的基本形式将观测指标方差分解成 3 个成分:稳定的特质 T、测量场合特定因子或情境因子 O、测量误差 E。

$$Y_{ik} = \lambda_{ik} T_{ik} + \delta_{ik} O_k + e_{ik}$$

K 表示测量场合;i 表示个体在测量场合 k 时的第 i 个测量指标。λ_{ik} 指标在特质上的因子负荷,δ_{ik} 指标在情境因子上的因子负荷。

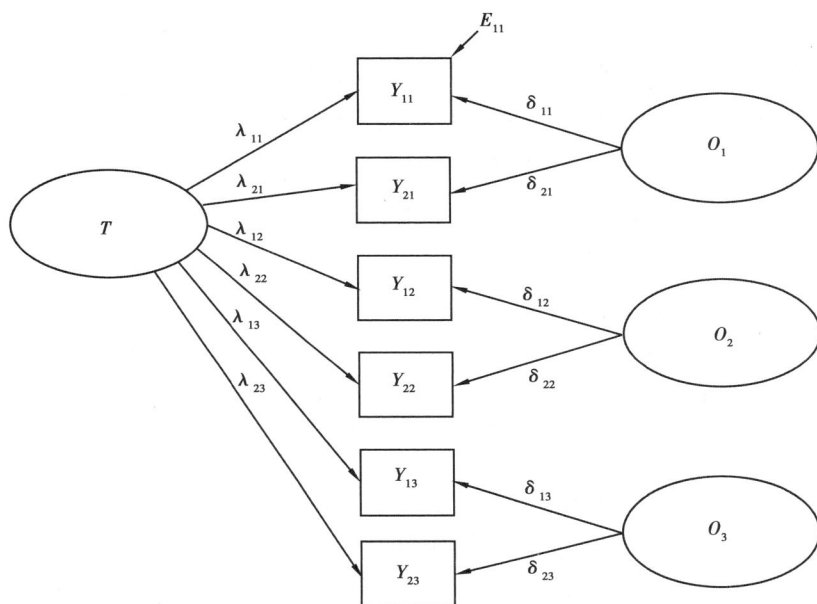

图 6-5　LST 的基本模型示意图(误差只显示第一个条目)

表 6-8　LST 模型中的参数关系

S_{ik} 状态潜变量

T_{ik} 特质潜变量

$O_{ik} = S_{ik} - T_{ik}$ 状态潜变量残差即情境/场合潜变量

$E_{ik} = Y_{ik} - S_{ik}$ 测量误差

$Y_{ik} = S_{ik} + E_{ik}$

$S_{ik} = T_{ik} + O_{ik}$

$VarY_{ik} = VarS_{ik} + VarE_{ik}$

$VarS_{ik} = VarT_{ik} + VarOE_k$

$EE_{ik} = EO_{ik} = 0$　均值为 0

续表

$$\mathrm{Cov}(E_{ik},S_{ik}) = \mathrm{Cov}(E_{ik},T_{ik}) = \mathrm{Cov}(E_{ik},O_{ik}) = \mathrm{Cov}(O_{ik},T_{ik}) = 0$$

测量不变性设置

$$\delta_{1k} = \delta_{2k} = \delta_{ik}(i = 1,2,3\cdots,l,k = 1,2,3,\cdots,t)$$

$$\lambda_{il} = \lambda_{i(k-1)} = \lambda_{ik}$$

$$V_{ar}(e_{ik}) = V_{ar}(e_{i(k|1)})$$

$$\tau_{1k} = \tau_{2k} = \tau_{ik}$$

注:资料来源 Steyer et al. (1999).

其中 T 是稳定的个体差异,通常是研究测量的目标内容。场合特定的因子 O 指个体在回答问卷时不稳定的个体差异,包括情境因素以及个体自身的临时因素。由于情境状态对测试时的所有题目具有同样的影响,所以设定指标在情境因子上的负荷等值,即 $\delta_{1k} = \delta_{2k} = \delta_{3k} = \delta_{ik}, k = 1,2,3,\cdots,l$。例如,在第一次问卷回答时,个体心情非常愉快,此时愉快的心情会影响所有问题的回答;而在第二次回答同样问卷时心情很焦虑,这种焦虑的心态则会影响第二次的所有问题。由于每次测量时个体的情境状态是随机变化的(相对应特质 T 来说),并无必然联系,所以 O 的均值为零,O 之间假设不相关[1],O 与特质 T 以及测量误差 E 亦不相关(Steyer et al.,1999)。O 的方差用以表示个体间差异,显著的方差说明个体受情境的影响存在个体差异。相对于特质因子 T 来说,场合特定的因子 O 常做测量误差看待。为了保证测量不变性,模型中的项目截距和负荷设定跨时间等同(e.g.,Courvoisier,Eid & Nussbeck,2007;Steyer et al.,1999)。

LST 的基本模型与前面介绍的 Bifactor 模型存在很多相似之处。双因子模型中,不同内容领域的条目负荷于一个组因子/群因子,同时允许所有条目负荷于一个一般因子。而 LST 的特质因子 T 等同于一般因子,情境因子等同于组因子/群因子。两者的区别在于 LST 处理的是重复测量数据,而 Bifactor 模型处理的是多方法/维度数据,另外 Bifactor 模型中并没有测量不变性的限定。Bifactor 模型可以用来分离方法学效应,同样地,LST 模型也可以作为方法学效应分析的模型[2]。LST 模型中的情境因子 O 可以看作是方法学因子,因为测验条目在同一次测量时受到相同的情境影响;而多次测量的内容均为特质因子,即 Bifactor 中的一般因子。

观测指标 Y_{ik} 的方差可以分解如下:

$$Var(Y_{ik}) = \lambda_{ik}^2 Var(T) + \delta_{ik}^2 Var(O_{ik}) + Var(e_{ik})$$

根据上式可以计算如下系数:一致性系数,情境特异性指数和信度系数。

一致性系数(consistency,CO)指由稳定的特质所决定的观测方差比例,即个体特质方差

---

[1] 这里的假设非常严格,随后介绍的 LST 模型将释放此假设,如允许自回归关系。

[2] 这里将同样的测量场合作为共同方法的来源,当然 LST 模型可以包含独立的方法因子以及与常用方法效应分析模型结合(Eid,Schneider & Schwenkmezger,1999;Geiser & Ginger,2012)。

在总方差中的比例,系数越高说明特质影响越大。这里的 CO 等同于 6.5 部分的 w_1 信度。

$$Co(Y_{ik}) = \frac{\lambda_{ik}^2 Var(T)}{Var(Y_{ik})}$$

情境特异性系数(occasion-specificity,OSpe)指观测方差变异里由情境和情境与特质交互作用所决定的差异比例:

$$OSpe(Y_{ik}) = \frac{\sigma_{ik}^2 Var(O_k)}{Var(Y_{ik})}$$

信度系数(reliability coefficient,RC)指由可靠的潜变量产生的方差变异,等于情境特异性系数加上一致性性系数,或 1 - 测量误差。

$$Rel(Y_{ik}) = \frac{\lambda_{ik}^2 Var(T) + \sigma_{ik}^2 Var(O_k)}{Var(Y_{ik})}$$

上述三个系数之和等于 1,另外,通过比较情境特异性系数和一致性性系数可以判断变量是稳定的特质还是受情境影响的状态。这些系数是多数 LST 模型研究的重要内容(Geiser & Ginger,2012;Steyer et al. , 1999)。

6.3.3 带方法学效应的 LST 模型

(1)直角因子模型

LST 提出时已考虑到方法效应的影响,即从方法学意义出发,为所有重复的指标设置单独的因子,解释为稳定的指标独特性(Steyer et al. , 1992),如图 6-6 所示。

$$Y_{ik} = \alpha_{ik} + \lambda_{ik}T + \gamma_{ik}M + \sigma_{ik}O_k + E_{ik}$$

该模型在 LST 的基础上增加了指标特定的因子(亦可称为方法因子)M_i,用于分离条目特定的共同方法效应,因为在重复测量时,同一个条目反复使用必然存在共同之处。此时模型中包含两个特质因子:稳定的特质和方法因子,所以模型也称多状态-多特质模型(Multistate-multitrait model)。包含方法效应的 LST 模型将指标 Y 的方差分解成四个部分:稳定的特质方差、方法因子方差、情境因子方差和测量误差方差。模型假设 M 之间不相关(因此模型也称作直角方法因子 LST 模型,Orthogonal Method,LST-OM;当然也可以假设方法因子之间存在相关,见 CT-CM 模型部分),同时与模型中的其他因子不相关。

严格意义上来说,此模型并不符合 LST 的理论框架,方法因子会与模型中的其他因子产生意义混淆,另外方法因子间不允许相关也缺少理论依据(Geiser & Ginger,2012)。尽管带有这么多缺陷,该模型仍在实际研究中使用较多。

(2)M-1 模型

为了解决 LST-OM 潜在的问题,Eid 等(1999)在 LST 框架内提出了 M-1 模型,如图 6-7所示。

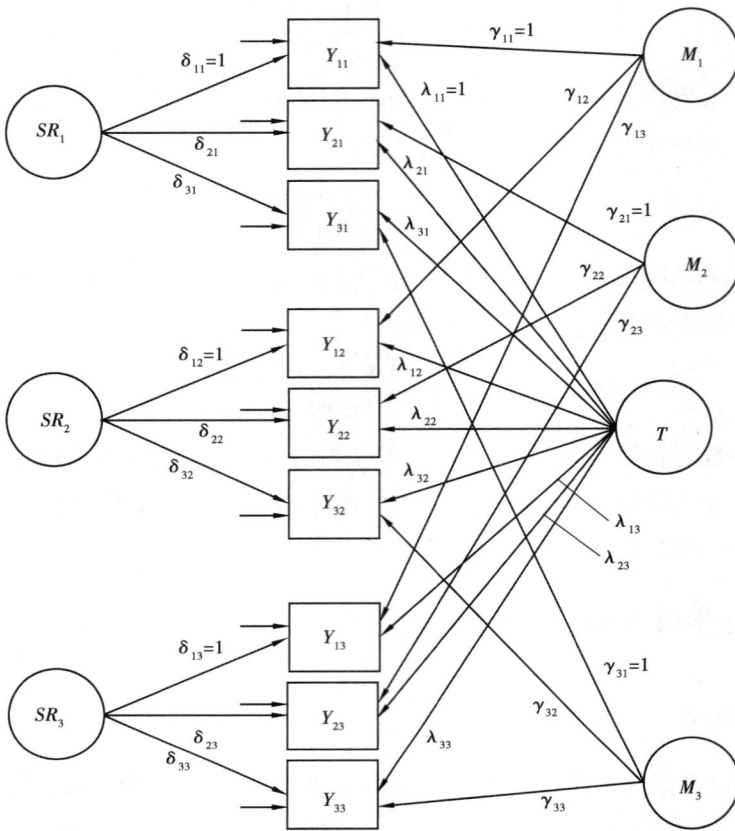

图 6-6 方法学因子与模型中的其他因子不相关

此处的 M-1 模型的特征同 MTMM 里的 M-1 模型,省去的方法因子被选作"比较标准",因此方法因子具有明确的理论意义,同时允许方法因子间相关。模拟研究发现该模型优于其他模型(直角因子模型,CT-CM 和 CU 模型)(Geiser & Ginger,2012)。

除了上述两种方法学效应分离的模型外,LST 模型还可以和 CU 模型结合。如前,CU 模型带有很多缺点,模拟研究也发现 LST-CU 存在低估指标信度的情况,在方法学效应较强时存在估计问题(Geiser & Ginger,2012)。

6.3.4 带自回归效应的 LST 模型

(1)经典模型

在路径分析部分,本收已介绍了自回归模型,前一次的测量只影响随后一次测量的单纯形模型,以及两个变量时的交叉滞后模型。考虑到前一次的测量可能会影响随后的测量,所以在 LST 中加入了自回归效应用于说明这种可能的关系,如图 6-8。

图 6-8 的路径图与典型的 LST 示意图有所不同,T 因子不再指向指标,但两者是等同

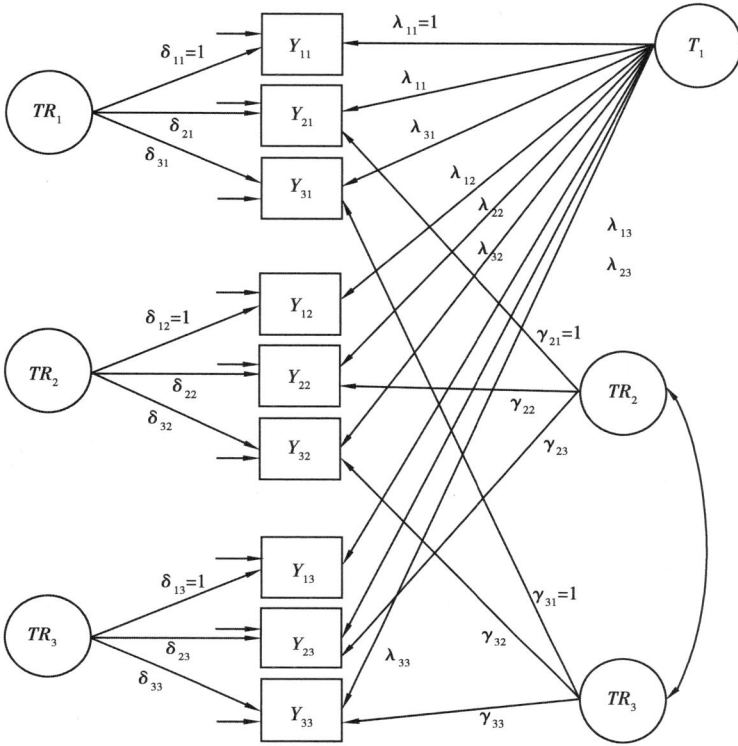

图 6-7　带有方法学效应的 LST 模型示意图

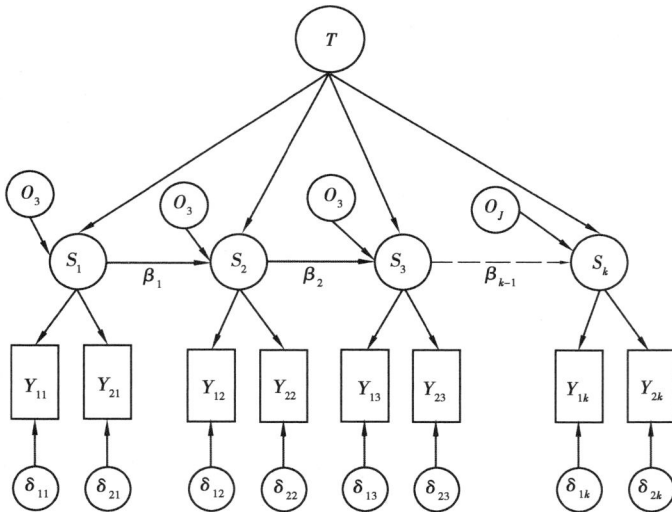

图 6-8　带自回归效应的多变量 LST 模型示意图

的。如前所述,观测变量分解为状态潜变量和测量误差,即 $Y = S + E$。状态潜变量 S 进一步分解为稳定的特质和情境因子两部分,即 $S = T + O$。因此图中用 S 指向指标 Y 表示 $Y = S + E$,同时 T 和 O 分别指向 S 表示 $S = T + O$。用 $S_k = \beta_{k-1}S_{k-1} + O_k$ 表示状态潜变量的自回归效应,$k = 2, 3, 4, \cdots, k$。带自回归效应的 LST 模型(LST model with autoregression，LST-AR）每次测量需要 2 个指标，达到模型识别的最少测量次数 k 为 3 次。此外，模型除了一般 LST 的参数限定外，还加设了自回归系数等值，即 $\beta_{1=}\beta_{2=}\beta_{k-1}$。

（2）特质-状态-情境模型

然而状态潜变量的自回归效应混淆了与稳定特质 T 的区别，以图 6-8 第二次测量为例，指向 S_2 的箭头有 3 条，分别来自 S_1 的 β_1，T 和 O_2。来自 O_2 的箭头可以理解为 S_1 和 T 未解释的残差，但 β_1 和 T 的箭头彼此很难区分。为了解决这一混淆，Cole 等（2005）提出了特质-状态-情境模型（Trait-State-Occasion Model，TSO）。

TSO 模型与 LST-AR 模型的区别很简单，即将自回归效应从 S 转移到 O 上，解释为前一次的测量情境可能会影响随后测量情境的结果，而不是整个状态潜变量（见图 6-9）。TSO 模型解决了 LST-AR 的混淆问题，同时只考察特定的情境的持续性，而不像在 LST-AR 中那样考察整个潜状态的时间持续性。

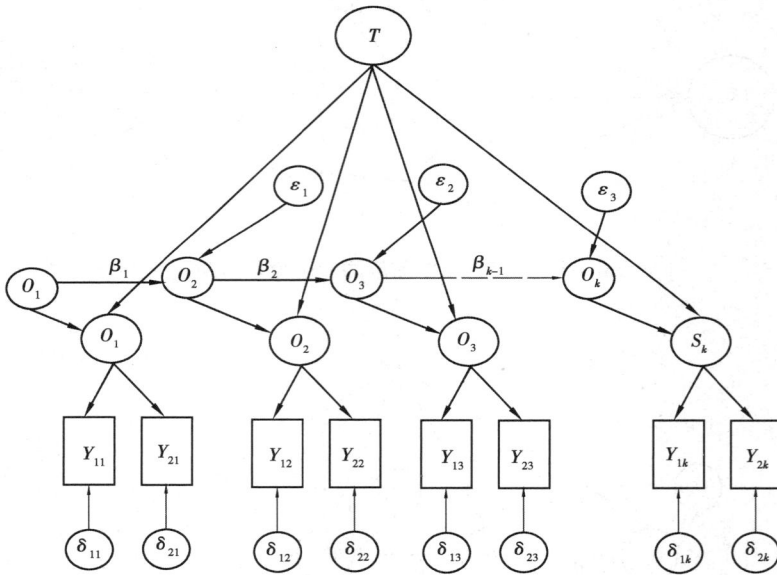

图 6-9　特质-状态-情境模型示意图

（3）特质-状态-误差模型

上述模型均要求重复测量使用多个测量指标，当研究只使用单个指标时，可以尝试使用特质-状态-误差模型（Trait-state-error model，TSE），如图 6-10 所示。图中共四次测量，每次采用一个指标，为了模型识别，O 的方差、残差、测量误差和回归系数跨时间等值。

TSE 也符合 LST 理论假设即个体行为受到特质和情境的影响，所以外显指标 Y 分解成特质 T，情境 O 和测量误差 E。由于只有一个测量指标，所以模型需要 4 次测量才能达到识别的要求。TSE 模型在实际应用中常遇到估计问题，如不合适的解（Cole, Martin &

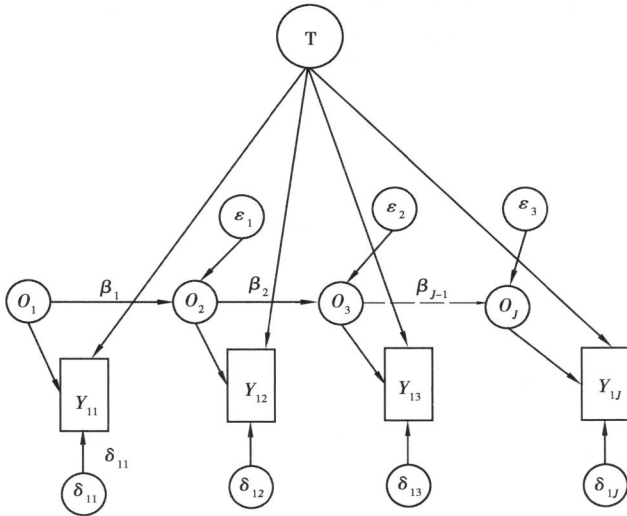

图 6-10 特质-状态-误差模型示意图

Steiger,2005)。Cole 等(2005)的模拟研究发现,模型不合适解主要受如下几个条件影响:(a)自回归系数非常大或非常小,而在.5 左右时最理想;(b)小样本,样本数至少要500;(c)测量次数,至少8 次。在实际研究中,500 人的样本,追踪 8 次还是有很大难度的,另外单指标测量也存在一些问题。

6.3.5 Mplus 示例

(1)示例说明

下面以 PTSD 其中的两个指标的三次时间点的测量数据为例演示上述模型的分析过程。PCL 量表的 6 和 7 条目在多个 PTSD 模型中独立成为单个因子,如 King 模型中独立为回避因子,所以这里使用这两个条目三次的测量数据检验此因子的特质及状态成分比例。数据来源同前,三次测量时间分别大约为地震后的 150 天,210 天和 300 天。三次均完整的样本共 233 人,其中男生 92 人。

(2)基本的 LST 模型

根据基本 LST 模型假设的示例分析的 Mplus 语句呈现在表6-9 中。具体的模型设置如下:为了计算单个条目的一致性系数,此处采用固定方差为潜变量指定单位;出于测量等值的考虑,每个潜变量下的因子负荷设定相等。模型中的潜变量彼此不相关;情境因子的均值为 0,方差相等。经典 LST 模型并未假设指标误差方差和截距等值,但出于测量等值的考虑(具体见第 7 章),模型增加了上述两个限定。模型结果汇总在表 6-10 中。

表 6-9　LST 模型基本形式的 Mplus 语句和部分结果

TITLE：This is an example of a basic LST Model（LST-A）

DATA：FILE IS LST-ptsd.dat；

VARIABLE：NAMES ARE sex a6 a7 b6 b7 c6 c7；

USEVARIABLES a6 a7 b6 b7 c6 c7；

ANALYSIS：ESTIMATOR IS MLM；

MODEL：T1 by a6 * b6 c6 a7 b7 c7（1）；！为了测量不变性的目的，
　　　　　　　　　　　　！设定其他指标负荷等值

　O1 by a6 * a7（2）；！为了测量不变性的目的，
　　　　　　　　　！每个测量点的指标因子负荷都设定为1；

　O2 by b6 * b7（3）；

　O3 by c6 * c7（4）；

　T1 with O1@0 O2@0 O3@0；！模型假设因子不相关；

　O1 with O2@0 O3@0；

　O2 with O3@0；

　T1@1；

　O1@1；

　O2@1；

　O3@1；

　［O1@0 O2@0 O3@0］；！情境因子均值为0；

　a6（4）；！指标误差方差等值；

　a7（4）；

　b6（5）；

　b7（5）；

　c6（6）；

　c7（6）；

　［a6@0］；！为了估计潜变量均值，需设定第一个指标截距为0；

　［a7］（7）；！其他指标截距设定等值；

　［b6］（7）；

　［b7］（7）；

　［c6］（7）；

　［c7］（7）；

　［t1］；！估计潜变量均值

　OUTPUT：sampstat STANDARDIZED MODINDICES；

MODEL RESULTS				
				Two-Tailed
		Estimate	S. E.	Est. / S. E.	P-Value
T1	BY				
	A6	0.573	0.050	11.416	0.000
	B6	0.573	0.050	11.416	0.000
	C6	0.573	0.050	11.416	0.000
	A7	0.573	0.050	11.416	0.000
	B7	0.573	0.050	11.416	0.000
	C7	0.573	0.050	11.416	0.000
O1	BY				
	A6	0.706	0.065	10.879	0.000
	A7	0.706	0.065	10.879	0.000
O2	BY				
	B6	0.400	0.079	5.056	0.000
	B7	0.400	0.079	5.056	0.000
O3	BY				
	C6	0.467	0.043	10.728	0.000
	C7	0.467	0.043	10.728	0.000
T1	WITH				
	O1	0.000	0.000	999.000	999.000
	O2	0.000	0.000	999.000	999.000
	O3	0.000	0.000	999.000	999.000
O1	WITH				
	O2	0.000	0.000	999.000	999.000
	O3	0.000	0.000	999.000	999.000
O2	WITH				
	O3	0.000	0.000	999.000	999.000
Means					
	T1	3.970	0.333	11.6875	0.000
	O1	0.000	0.000	999.000	999.000
	O2	0.000	0.000	999.000	999.000
	O3	0.000	0.000	999.000	999.000

续表

Intercepts				
A6	0.000	0.000	999.000	999.000
A7	−0.016	0.041	−0.383	0.702
B6	0.000	0.000	999.000	999.000
B7	−0.016	0.041	−0.383	0.702
C6	0.000	0.000	999.000	999.000
C7	−0.016	0.041	−0.383	0.702
Variances				
T1	1.000	0.000	999.000	999.000
O1	1.000	0.000	999.000	999.000
O2	1.000	0.000	999.000	999.000
O3	1.000	0.000	999.000	999.000
Residual Variances				
A6	0.467	0.043	10.728	0.000
A7	0.467	0.043	10.728	0.000
B6	0.539	0.047	11.437	0.000
B7	0.539	0.047	11.437	0.000
C6	0.634	0.065	9.755	0.000
C7	0.634	0.065	9.755	0.000

表 6-10 模型拟合汇总表

Model	S-Bχ^2	df	p	TLI	CFI	BIC	SRMR	RMSEA(90% CI)
LST	25.69	19	.143	.981	.976	3 892.443	.048	.039(.000,.073)
LST-OM	22.86	17	.154	.982	.979	3 900.930	.047	.038(.000,.075)
LST-M-1	23.53	18	.171	.984	.980	3 895.864	.047	.036(.000,.073)
LST-AR	25.08	18	.123	.979	.975	3 897.274	.047	.041(.000,.076)

注:LST:基本 LST 模型;LST-OM:LST 不相关方法效应模型;LST−C:M-1 的 LST 模型;LST-AR:在基本 LST 模型上增加自回归设定。

  LST 模型的卡方检验结果不显著,各项拟合指数均理想,因此可以得到 LST 拟合数据良好的结论。表 6-9 给出了模型非标准化结果,据此结合 CO,RC 和 OSpe 的计算公式,也可以根据随后介绍的信度系数公式分别计算。

  如前所述,重复测量可能存在方法学效应,所以下面分别检验 CM 和 M-1 模型。

（3）带方法学效应的 LST 模型示例

　　假设相同的条目重复测量存在方法学效应，由于只有 2 个指标，所以只能提取 2 个因子，根据模型假设指标在方法学因子上的负荷等值。对应的 Mplus 语句呈现在表 6-11 中，拟合结果呈现在表 6-10 中。

表 6-11　方法不相关的 LST 模型语句（LSTA/B）

```
MODEL：T1 by a6 ∗ b6 c6 a7 b7 c7（1）；！为了测量不变性的目的，
    ！设定其他指标负荷等值
        O1 by a6 ∗ a7（2）；！为了测量不变性的目的，
        ！每个测量点的指标因子负荷都设定为 1；
        O2 by b6 ∗ b7（3）；
        O3 by c6 ∗ c7（4）；
        ME by a7 ∗ b7 c7（9）；！加设方法因子 ME；
    MC by a6 ∗ b6 c6（8）；！加设方法因子 MC；
        T1 with O1@0 O2@0 O3@0；！模型假设因子不相关；
        O1 with O2@0 O3@0；
        O2 with O3@0；
     ME with O1-O3@0；！方法因子与其他因子不相关；
        ME with T1@0；
    MC with O1-O3@0；
        MC with ME@0；
        MC with T1@0；
    ［O1@0 O2@0 O3@0］；！情境因子均值为 0；
        ［ME@0 MC@0］；
        T1@1；！固定方差；
        O1@1；
        O2@1；
        O3@1；
    ME@1；
    MC@1；
        a6（4）；！指标误差方差等值；
        a7（4）；
        b6（5）；
        b7（5）；
```

续表

```
        c6（6）；

        c7（6）；

        ［a6@0］；! 为了估计潜变量均值,需设定第一个指标截距为0；

        ［a7］（7）；! 其他指标截距设定等值；

        ［b6］（7）；

        ［b7］（7）；

        ［c6］（7）；

        ［c7］（7）；

        ［T1］；! 估计特质因子潜均值
OUTPUT：STANDARDIZED MODINDICES；
```

如果选择 MC 作为参照方法即比较标准(M-1 模型),那么只需将表 6-11 中与 MC 相关的语句去掉即可。两个模型的结果均比较满意,卡方值差异不显著,BIC 结果显示 M-1 模型稍好于 OM 模型。

(4)LST-AR 模型示例

限于篇幅,这里只给出了经典的 LST-AR 模型的 Mplus 语句(表6-12),其他模型可根据经典模型修改。结果发现 LST-AR 拟合数据良好,标准化自回归系数 β_1 和 β_2 分别为 .150和.151。

表 6-12 有自回归的 LST 模型语句

```
TITLE：This is an example of a basic LST Model（LST-A）
DATA：FILE IS LST-ptsd. dat；
VARIABLE：NAMES ARE sex a6 a7 b6 b7 c6 c7；
        USEVARIABLES a6 a7 b6 b7 c6 c7；
ANALYSIS：ESTIMATOR IS MLM；
MODEL：T1 by a6 * b6 c6 a7 b7 c7（1）；! 为了测量不变性的目的,
        ! 设定其他指标负荷等值
        O1 by a6 * a7(2)；! 为了测量不变性的目的,
        ! 每个测量点的指标因子负荷都设定为1；
        O2 by b6 * b7（3）；
        O3 by c6 * c7（4）；
        T1 with O1@0 O2@0 O3@0；! 模型假设因子不相关；
        O1 with O2@0 O3@0；
```

```
    O2 with O3@0;

     O2 on O1(8);！增加自回归语句,并限定回归系数相等

    O3 on O2(8);

    T1@1；  O1@1；

    O2@1；  O3@1；

    ［O1@0 O2@0 O3@0］；！情境因子均值为0;

    a6(4)；！指标误差方差等值;

    a7 (4)；

    b6 (5)；

    b7 (5)；

    c6 (6)；

    c7(6)；

    ［a6@0］；！为了估计潜变量均值,需设定第一个指标截距为0;

    ［a7］(7)；！其他指标截距设定等值;

    ［b6］(7)；

    ［b7］(7)；

    ［c6］(7)；

    ［c7］(7)；

    ［T1］；！估计特质因子潜均值
OUTPUT：STANDARDIZED MODINDICES；
```

6.3.6　小　结

本节简要介绍了 LST 模型在分析重复测量数据时的应用,通过 PTSD 示例给出了几种常用模型的分析语句,限于篇幅未能给出每种变式的 Mplus 语句。除了本节介绍的内容外,LST 可以加入协变量,亦可通过与潜类别分析结果分析样本的异质性(Courvoisier, Eid & Nussbeck, 2007)。

6.4　随机截距因子模型

6.4.1　随机截距因子模型概述

在经典的公因子模型中(Spearman, 1904),假设所有个体具有相同的项目截距和因

子负荷。根据此假设,具有相同潜因子水平的所有个体在回答同一个项目时会有相同的选择。然而,实际上个体的反映并非如此,例如下列现象(Maydeu-Olivares & Coffman,2006):

第一,差别阈限(Differential Thresholds)。实验心理学中,差别阈限指刚能引起个体差异感觉的最小值。显然,个体在感觉差别阈限上存在差异。在针对问卷项目的反映上也存在类似的情况。例如,存在这样一个项目:"我对自己的生活感到"1 = 满意,2 = 很满意。不同个体在判断满意与很满意时存在不同的理解,换句话说,即使个体选择同样的选项并非意味着个体具有相同的主观体验。

第二,默许反映(Acquiescence)。默许反映指个体不根据项目内容而采用一致的反映回答所有项目,当然并非所有个体都存在默许反映,因此个体在项目截距和负荷上存在差异。默许反映是影响问卷数据有效性的重要因素之一,为了平衡此种效应,研究者常使用反向计分。

第三,社会赞许性(social desirability)。部分个体在回答问卷项目时会根据社会的期望而非自己的实际情况回答。尽管关于社会赞许性是人格特质还是反映风格存在争议,但社会赞许性确实会影响部分个体的反映,因此并非所有个体具有相同的项目参数。

为了更好地处理这样的情况,研究者提出了随机截距因子分析模型(Random Intercept Item Factor Analysis, Maydeu-Olivares & Coffman, 2006)。该模型在经典公因子模型的基础上,允许项目截距参数随个体变化,具体表达式如下:

$$y_{ij} = \gamma_{ij} + \lambda_i \eta_j + e_{ij}$$
$$\gamma_{ij} = \mu_i + \zeta_j$$
$$y_{ij} = \gamma_{ij} + \lambda_i \eta_j + e_{ij} = \mu_i \lambda_i \eta_j + (\zeta_j + e_{ij})$$

i 代表条目,j 表示个体,μ_i 表示项目截距的固定部分,所有个体相同但随项目变化而变化;ζ_j 表示截距的随机部分,随个体变化而变化但所有项目相同。因此,ζ_j 反映的是个体稳定的反映倾向,而 μ_i 反映的是项目稳定的特征。由于 ζ_j 会随个体不同而不同,因此可以很好地解释相同潜因子水平的个体不同的项目得分的情况。

随机截距因子模型除了一般公因子模型的假设外还有如下几个额外的假设:(a)截距的随机成分的均值为 0,即 $M_{\zeta j} = 0$;(b)截距的随机成分 ζ_j 与误差项不相关,即 $\mathrm{cov}(\zeta_j, (\varepsilon_j)) = 0$;(c)截距的随机成分 ζ_j 与公因子不相关,即 $\mathrm{cov}(\zeta_j, \eta_j) = 0$。

6.4.2　随机截距因子模型的优点

与公因子模型相比,随机截距因子模型增加了估计的参数,因此比公因子模型拟合更好,仅当随机截距方差为零时两者拟合同样好(Maydeu-Olivares & Coffman, 2006)。

在实际操作中,通过在共因子模型的基础上加设一个随机截距因子来设定随机截距模型(图6-11),由于 ζ_j 随个体变化而变化且所有项目保持相同,所以在设定模型时,将所有项目的因子负荷设定为1,通过估计随机截距的方差来评定个体截距是否存在个体差异。需要说明的是,设定所有截距因子负荷为 1 是比较严格的设置,除非在理论上假设个体在所有项目上有同样的反映风格,否则模型并不能很好地拟合数据(Geiser, Eid & Nussbeck,2008)。另外,由于该模型并非尺度不变的模型(Scale Invariant),所以需要拟合协方差矩阵而非相关矩阵(Cudeck, 1989)。

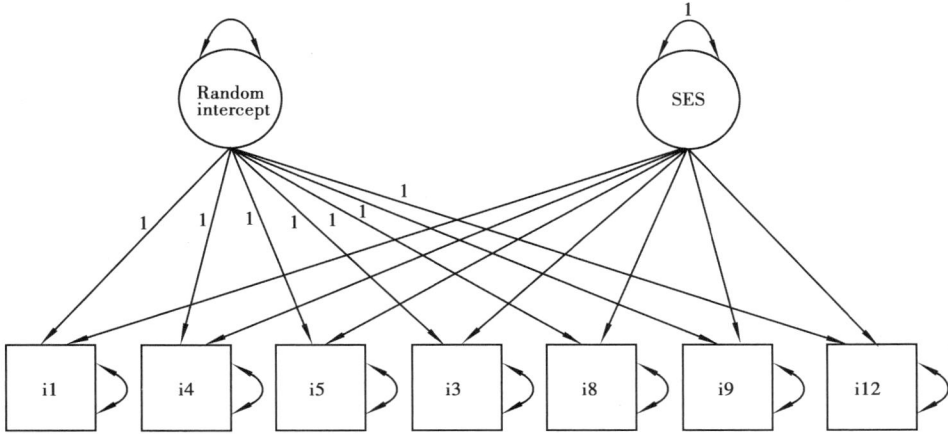

图 6-11　随机截距因子模型示意图

6.4.3　示　例

下面我们以中文版 Rosenberg 自尊量表(Rosenberg Self-Esteem Scale, RSES)为例演示随机截距模型检验方法效应的过程,同时与其他模型进行比较。

(1)研究背景

RSES 设计之初是想用于评估个体的整体自尊水平(Rosenberg, 1965),为单维度的结构,但也有研究发现其包含正性自尊和负性自尊两个因子。RSES 虚假的双因子结构主要是由于反向记分项目(Reverse-Coded Items)或负性词语表述(Negatively Worded Items)造成的(Greenberger et al. , 2003;王孟成,等,2010)。采用反向记分项目或负性词语表述主要是为了避免被试反映定势。但实证研究则发现采用反向记分项目也会产生方法效应,当反向记分项目被正向表述后此效应便随之消失(Greenberger et al. , 2003)。

(2)对象和工具

来自广东某中学的 545 名初中生,其中男生 227 人,占 41.7%;女生 318 人;初一 186 人,初二 181 人,初三 178 人。年龄为 11—18 岁,平均年龄 15.4,标准差 1.2 岁。

中文 RSES (王孟成,戴晓阳, 2010)由 10 个条目组成,按原量表的设计,其中有 5 个正向评价(1,2,4,6,7 题)和 5 个负向评价(3,5,8,9,10 题),采用 1—4 级评分,从很不同意到很同意,分值越高表明自尊水平越高。条目内容及描述统计量见表 6-13。

表 6-13　各条目内容及描述统计量

条　目	$\bar{x}$	s	SK	KU
1. 我感到我是一个有价值的人,至少与其他人在同一水平上。	2.92	0.70	−0.54	0.64
2. 我感到我有许多好的品质。	2.76	0.71	−0.11	−0.24
3. 归根到底,我倾向于觉得自己是一个失败者。	2.28	0.84	0.50	−0.31
4. 我能像大多数人一样把事情做好。	3.07	0.71	−0.41	−0.01
5. 我感到自己值得自豪的地方不多。	2.28	0.73	−0.15	−0.24
6. 我对自己持肯定的态度。	2.90	0.72	−0.08	−0.51
7. 总的来说,我对自己是满意的。	2.87	0.78	−0.16	−0.58
8. 我要是能看的起自己就好了。	2.82	0.89	0.32	−0.65
9. 我确实时常感到毫无用处。	3.08	0.85	0.55	−0.42
10. 我时常认为自己一无是处。	3.20	0.78	0.70	−0.07

注:SK 为偏态系数,KU 为峰态系数。

(3) 模型设置

如前所述,检验方法效应的模型有很多,如 CT-C(M-1),Bifactor,CTCU 等。为了比较随机截距因子分析模型与这些模型之间的差异,下面分别用上述模型拟合 RSES 数据。随机截距因子模型的 Mplus 语句呈现在表 6-14 中,其他模型的 Mplus 语句可根据上文或其他章节内容自行撰写。

表 6-14　随机截距因子模型的 Mplus 语句

```
TITLE：This is an example of a RandomIntercept Model
DATA：FILE IS ses. dat；
VARIABLE：NAMES = y1 − y10；
        USEVARIABLES = y1 − y10；ANALYSIS：ESTIMATOR
= MLM；
MODEL：SES by y1 − y10 ∗；
    INTER by y1 − y10@1；
    SES @1；
    INTER ∗；
    SES with INTER @0；
OUTPUT：  STANDARDIZED MODINDICES；
```

①单因子模型:所有条目负荷于一个 SES 因子,固定因子负荷为 1;

②两因子模型:肯定语气条目负荷一个因子,否定描述条目负荷一个因子,两个因子允许相关,固定两个因子方差为1;

③随机截距因子模型:所有条目负荷截距因子,所有负荷量固定为1,同时所有条目负荷 SES 因子,所有负荷自由估计,固定 SES 因子方差为1;

④Bifactor 模型:所有条目负荷一个一般因子,同时肯定语气条目负荷一个因子,否定描述条目负荷一个因子,三个因子不允许相关,固定三个因子方差为1;

⑤CT-C(M-1)模型:在 Bifactor 模型的基础上,去掉肯定语气条目负荷的因子,即选择肯定描述为"参照方法"。

各模型拟合指数列在表6-15 中,因子负荷列在表6-16 中。

(4)模型结果

与公因子模型相比,随机截距因子模型增加了估计的参数,因此比公因子模型拟合更好,表6-15 中拟合指数支持这一论断。另外,截距因子方差为.149(SE = .012,$p <$ .01),说明个体在随机截距上存在显著的个体差异。然而令人意外的是,随机截距因子模型中,条目在自尊因子上的负荷较低,多数不显著。而在随机截距因子上的负荷较高,为.418 ~ .566,$p <$ .01。

表6-15　各因子模型拟合结果

Model	S-Bχ^2	df	CSF	TLI	CFI	AIC	BIC	RMSEA(90% CI)
单因子	171.1**	35	1.229	.806	.849	11719.7	11 848.7	.084(.072, .097)
两因子	61.44**	34	1.227	.960	.970	11 586.8	11 720.3	.038(.022, .054)
RI	73.66**	34	1.196	.942	.956	11 599.5	11 732.8	.046(.032, .061)
Bifactor	41.78*	25	1.231	.966	.981	11 580.8	11 752.9	.035(.014, .053)
CT-C(M-1)	47.19*	30	1.229	**.971**	**.981**	**11 577.4**	**11 727.9**	**.032(.012, .049)**

注:$^* p < .05$;$^{**} p < .01$;CSF = Scaling Correction Factor;RI = Random Intercept Model

根据表6-15 中拟合指数提示,除了单因子模型外,其他4个模型的拟合指数均比较满意。单从拟合指数来看,拟合最好的为 CT-C(M-1)模型,其次为 Bifactor 模型,而截距因子模型拟合最差。结合表6-16 的因子负荷结果不难发现,在截距因子模型中,10 个条目在 SES 因子上的负荷只有4个是显著的,而且负荷量也不大。

CT-C(M-1)模型中的6个条目的因子负荷均大于其在 Bifactor 模型中的负荷,4个条目的因子负荷则相反。结合拟合指数和负荷量来说,CT-C(M-1)模型拟合较理想,但似然比检验并不显著,$\Delta\chi^2 = 6.56,\Delta df = 5,p = .225$。另外,选择负向表述为参考标准时的拟合指数为:S-B$\chi^2 = 58.81,df = 30,$TLI $= .952,$CFI $= .968,$RMSEA $= .042$,结果稍差,但也在接受范围。只是由于个体在反向计分项目上表现出与正向题目不同的反映模式,所以选择正向条目作为参照标准更合理些。

表 6-16　各模型因子负荷

	单因子	两因子		截距模型		Bifactor		CT-C（M-1）	
	SES	正向	负向	SES	G	正向	负向	SES	负向
Y1	.515	.623		**−.062**	.427	.464		.621	
Y2	.540	.653		**−.059**	.466	.480		.663	
Y4	.463	.519		**−.011**	.611	.316		.511	
Y6	.423	.480		**−.033**	.389	.300		.471	
Y7	.436	.529		**−.100**	.515	.404		.531	
Y3	.580		.583	.315	.354		**.081**	.441	.364
Y5	.450		.433	**.139**	.354		**−.056**	.379	.220
Y8	.418		.448	.286	.393		**.205**	.262	.361
Y9	.679		.768	.633	.637		.502	.441	.667
Y10	.643		.715	.533	.584		.419	.418	.587

注：两因子相关 = .624；不显著的负荷被加粗。

6.4.4　小　结

随机截距因子分析模型是为解释个体在回答特定问卷项目时表现出的特定反应风格而提出的。然而作为评价个体反应倾向或方法效应的模型有其特定的适应条件，特别适用于假设个体在所有条目中反应风格保持不变的时候。在本例中，与其他模型相比并未表现出特有的优势，说明个体在回答正负向条目时使用不同的反应尺度（Response Scale）。尽管如此，在处理个体反应倾向时，随机截距模型仍是可以选择的方法之一。

6.5　信度估计

通过 Mplus 可以计算测验/量表的信度系数，包括：传统的 Alpha 系数、组合信度（Composite Reliability）和单个指标信度等。在 Mplus 中需要通过使用 MODEL CONSTRAINT 命令来实现。此处仍然以 DSM 定义的三因子模型为例，演示计算 Alpha 系数、组合信度和指标信度的过程。

6.5.1　传统的 Alpha 系数

传统上，计算量表或测验信度最常用的指标是 Cronbach's alpha 系数（Cronbach，1951）。该系数在评价信度时存在诸多弊端，例如，在误差不相关的同属（Congeneric）测验中，除非条目满足 τ 等价，否则 α 系数会低估信度（Green & Yang, 2009；Raykov，1997）；当误差存在正相关时，α 系数则会高估信度（Zimmerman et al. , 1993）。尽管如此,Alpha 系数仍然是目前使用最广泛的指标(Sijtsma，2009)，计算公式如下：

$$\alpha = \frac{k}{k-1}\left[1 - \frac{\sum \sigma_i^2}{\sum \sigma_i^2 + 2(\sum \sigma_{ij}^2)}\right]$$

K 为条目个数，$\sum \sigma_i^2$ 为条目方差之和，$(\sum \sigma_{ij}^2)$ 为条目间协方差之和。

以 DSM 的 PTSD 三因子模型为例，表 6-17 中给出了计算三个因子 Alpha 系数的 Mplus 语句。通过执行表中语句，得到三个因子的 Alpha 系数分别为.735,.789 和.722。

表 6-17　Alpha **系数估计程序**

TITLE：this is an example of compute alpha reliability；

DATA：　FILE IS ptsd. dat；

VARIABLE：NAMES ARE x1 x2 y1 – y17；

　　　　　USEVARIABLES are y1 – y17；

MODEL：y1 – y17（ve1 – ve17）；！计算方差；括号内的符号为参数标签，

　　　　　　　　！将在 MODEL CONSTRAINT 中进一步使用；

　　　y1 with y2 – y5（cov1 – cov4）；！计算协方差；括号内的符号为参数标签

　　　y2 with y3 – y5（cov5 – cov7）；

　　　y3 with y4 – y5（cov8 – cov9）；

　　　y4 with y5（cov10）；

　　　y6 with y7 – y12（cov11 – cov16）；

　　　y7 with y8 – y12（cov17 – cov21）；

　　　y8 with y9 – y12（cov22 – cov25）；

　　　y9 with y10 – y12（cov26 – cov28）；

　　　y10 with y11 – y12（cov29 – cov30）；

　　　y11 with y12（cov31）；

　　　y13 with y14 – y17（cov32 – cov35）；

　　　y14 with y15 – y17（cov36 – cov38）；

　　　y15 with y16 – y17（cov39 – cov40）；

　　　y16 with y17（cov41）；

MODEL CONSTRAINT：

　　　NEW（F1ve F2ve F3ve F1cov F2cov F3cov alpha1 alpha2 alpha3）；

　　　F1ve =（ve1 + ve2 + ve3 + ve4 + ve5）；！计算方差之和；

　　　F1cov =（cov1 + cov2 + cov3 + cov4 + cov5 + cov6 + cov7 + cov8 + cov9 + cov10）；

　　　！计算协方差之和；

　　　F2ve =（ve6 + ve7 + ve8 + ve9 + ve10 + ve11 + ve12）；

续表

> F2cov =（cov11 + cov12 + cov13 + cov14 + cov15 + cov16 + cov17 + cov18 + cov19 +
>
>   cov20 + cov21 + cov22 + cov23 + cov24 + cov25 + cov26 + cov27 + cov28 +
>
>   cov29 + cov30 + cov31）;
>
> F3ve =（ve13 + ve14 + ve15 + ve16 + ve17）;
>
> F3cov =（cov32 + cov33 + cov34 + cov35 + cov36 + cov37 + cov38 +
>
>   cov39 + cov40 + cov41）;
>
> Alpha1 = 5/（5 − 1）* （1 − (F1ve/(F1ve + 2 * F1cov)))；! 计算 Alpha 系数;
>
> Alpha2 = 7/（7 − 1）* （1 − (F2ve/(F2ve + 2 * F2cov)))；
>
> Alpha3 = 5/（5 − 1）* （1 − (F3ve/(F3ve + 2 * F3cov)))；
>
> OUTPUT：CINTERVAL；STANDARDIZED；

6.5.2　组合信度

如果是分类变量,采用 Cronbach's alpha 计算量表信度将会出现低估的现象（Zumbo, Gadermann & Zeisser, 2007）;同样,如果量表包含多个分量表或子维度（组合量表）,α 系数计算信度并不合适（Sijtsma, 2009）,在 CFA 框架下可以采用更合适的组合信度（Composite Reliability）来计算内部一致性信度（Bentler, 2009；Raykov, 2004）,公式如下:

$$\rho = \frac{(\sum \lambda_i)^2}{(\sum \lambda_i)^2 + \sum \theta_{ii}}$$

$(\sum \lambda_i)^2$ 指非标准化负荷求和后平方,$\sum \theta_{ii}$ 非标准化测量误差方差之和。

如果测量模型中存在误差相关,需要将误差相关纳入,否则会影响信度估计,修正后的公式如下:

$$\rho = \frac{(\sum \lambda_i)^2}{(\sum \lambda_i)^2 + \sum \theta_{ii} + 2 \sum \theta_{ij}}$$

$2 \sum \theta_{ij}$ 为误差方差之和乘以 2。

以 DSM 的 PTSD 三因子模型为例,表 6-18 中给出了计算三个因子组合信度的 Mplus 语句。

6.5.3　单个指标信度

在 CFA 框架下不仅可以计算分量表的组合信度,还可以计算每个条目的信度,根据信度的经典定义:真实变异占总变异的比例,公式如下:

$$SMC_i = \frac{\lambda_i^2 \varphi_{ii}}{\lambda_i^2 \varphi_{ii} + \Theta_{ii}}$$

式中 λ_i^2 为条目 i 的标准化因素负荷的平方,φ_{ii} 为条目 i 的标准化方差,Θ_{ii} 为条目 i 的误差方差。由于标准化的方差为 1,所以上式可以简化为:

$$SMC_i = \frac{\lambda_i^2}{\lambda_i^2 + \Theta_{ii}}$$

通过上述公式,以 DSM 的 PTSD 三因子模型为例的 Mplus 语句见表 6-18。该例中,17 个条目的信度为.208 ~ .514;三个分量表的组合信度为.742,.795 和.722。信度的区间估计呈现在表 6-19 中,中间一列为信度估计值,最外侧两列数据为 99% 的信度区间估计值,最内两列为 90% 的信度区间估计值,中间两列为 95% 的区间估计值。

由于估计指标信度采用的是非标准化系数,所以在模型设置时需要采用固定方差法,如果采用固定负荷法,就不能估计被固定指标的条目信度。

表 6-18　用于计算条目信度和量表信度(点和区间估计)的 Mplus 语句

```
TITLE:This is an example of compute reliability of single and composite item;
DATA:    FILE IS ptsd. dat;
VARIABLE:NAMES ARE x1 x2 y1 - y17;
          USEVARIABLES are y1 - y17;
ANALYSIS:ESTIMATOR = ML;
MODEL:    F1 BY y1 - y5 * (lam1 - lam5);
          F2 by y6 - y12 * (lam6 - lam12);
          F3 by y13 - y17 * (lam13 - lam17);
          F1 - F3@1;
          y1 - y17 (ve1 - ve17);
MODEL CONSTRAINT:
    NEW(rel1 rel2 rel3 rel4 rel5 rel6 rel7 rel8 rel9
       rel10 rel11 rel12 rel13 rel14 rel15 rel16 rel17 cr1 cr2 cr3);
    ! rel1 - rel17 为 17 个指标的信度 cr1 cr2 cr3 为三个分量表的组合信度。
    rel1 = lam1 * * 2/(lam1 * * 2 + ve1); ! 由于方差固定为 1,所以这里可以省去方差项 vf1。
    rel2 = lam2 * * 2/(lam2 * * 2 + ve2); ! 计算指标信度;
    rel3 = lam3 * * 2/(lam3 * * 2 + ve3);
    rel4 = lam4 * * 2/(lam4 * * 2 + ve4);
    rel5 = lam5 * * 2/(lam5 * * 2 + ve5);
    rel6 = lam6 * * 2/(lam6 * * 2 + ve6);
    rel7 = lam7 * * 2/(lam7 * * 2 + ve7);
    rel8 = lam8 * * 2/(lam8 * * 2 + ve8);
    rel9 = lam9 * * 2/(lam9 * * 2 + ve9);
```

续表

$$\text{rel10} = \text{lam10} * *2/(\text{lam10} * *2 + \text{ve10})\,;$$

$$\text{rel11} = \text{lam11} * *2/(\text{lam11} * *2 + \text{ve11})\,;$$

$$\text{rel12} = \text{lam12} * *2/(\text{lam12} * *2 + \text{ve12})\,;$$

$$\text{rel13} = \text{lam13} * *2/(\text{lam13} * *2 + \text{ve13})\,;$$

$$\text{rel14} = \text{lam14} * *2/(\text{lam14} * *2 + \text{ve14})\,;$$

$$\text{rel15} = \text{lam15} * *2/(\text{lam15} * *2 + \text{ve15})\,;$$

$$\text{rel16} = \text{lam16} * *2/(\text{lam16} * *2 + \text{ve16})\,;$$

$$\text{rel17} = \text{lam17} * *2/(\text{lam17} * *2 + \text{ve17})\,;$$

cr1 = (lam1 + lam2 + lam3 + lam4 + lam5) ** 2/((lam1 + lam2 + lam3 + lam4 + lam5) ** 2 + (ve1 + ve2 + ve3 + ve4 + ve5)); ! 计算组合信度;

cr2 = (lam6 + lam7 + lam8 + lam9 + lam10 + lam11 + lam12) * *2/((lam6 + lam7 + lam8 + lam9 + lam10 + lam11 + lam12) * *2 + (ve6 + ve7 + ve8 + ve9 + ve10 + ve11 + ve12));

cr3 = (lam13 + lam14 + lam15 + lam16 + lam17) * *2/((lam13 + lam14 + lam15 + lam16 + lam17) * *2 + (ve13 + ve14 + ve15 + ve16 + ve17));

OUTPUT: CINTERVAL; ! 估计区间;

注:根据研究需要,可以通过对表中语句进行修改以适应不同的情况。

表 6-19 信度的区间估计值

	Lower. 5%	Lower 2. 5%	Lower 5%	Estimate	Upper 5%	Upper 2. 5%	Upper. 5%
REL1	0. 207	0. 232	0. 245	0. 313	0. 382	0. 395	0. 420
REL2	0. 146	0. 170	0. 182	0. 246	0. 309	0. 321	0. 345
REL3	0. 419	0. 442	0. 454	0. 514	0. 575	0. 586	0. 609
REL4	0. 258	0. 282	0. 294	0. 359	0. 424	0. 436	0. 461
REL5	0. 299	0. 323	0. 335	0. 399	0. 462	0. 474	0. 498
REL6	0. 209	0. 232	0. 244	0. 307	0. 369	0. 381	0. 404
REL7	0. 299	0. 320	0. 331	0. 389	0. 447	0. 458	0. 479
REL8	0. 220	0. 246	0. 259	0. 328	0. 397	0. 410	0. 436
REL9	0. 243	0. 268	0. 281	0. 348	0. 415	0. 428	0. 454
REL10	0. 392	0. 416	0. 428	0. 491	0. 554	0. 566	0. 590
REL11	0. 343	0. 369	0. 382	0. 452	0. 522	0. 536	0. 562
REL12	0. 109	0. 132	0. 144	0. 208	0. 271	0. 283	0. 307
REL13	0. 198	0. 225	0. 239	0. 310	0. 381	0. 395	0. 421
REL14	0. 253	0. 278	0. 291	0. 358	0. 425	0. 438	0. 463
REL15	0. 254	0. 279	0. 291	0. 357	0. 423	0. 436	0. 461
REL16	0. 270	0. 294	0. 306	0. 371	0. 435	0. 447	0. 471
REL17	0. 220	0. 244	0. 256	0. 321	0. 385	0. 397	0. 421
CR1	0. 696	0. 707	0. 713	0. 742	0. 771	0. 777	0. 788
CR2	0. 757	0. 766	0. 771	0. 795	0. 819	0. 824	0. 833
CR3	0. 673	0. 685	0. 691	0. 722	0. 754	0. 760	0. 772

6.5.4 二分变量的信度估计

在实际研究中,常常遇到二分型数据。由于二分型数据与潜变量的关系呈非线性(见第 2 章),所以计算信度的公式亦有不同。在 CFA 框架内,Raykov 等(2010)提出了计算二分数据信度的方法。该方法对应 IRT 模型中的二参数模型(Two-Parameter Logistic Model, 2PL),即只涉及难度和区分度参数,对应 CFA 中的项目截距和因子负荷。由于项目与因子间是非线性关系,所以需要对数据进行 logistic 转换,关于 2PL 更多的知识请参考 Embretson & Reise(2000)。

表 6-20 给出了 Mplus 语句,公式推导见 Raykov 等(2010)的文章。例子采用 Mplus 6.0 使用手册第 57-58 页的例 5.3。通过执行表 6-20 中的程序,得到 3 个指标和总测验信度分别为.593,.686,.594 和.833。

表 6-20　用于计算二分条目信度和量表信度(点和区间估计)的 Mplus 语句

```
TITLE：Evaluation of Scale Reliability with Binary Measures in CFA

DATA：    FILE = ex5.3.dat；

VARIABLE：NAMES = u1 – u3 y4 – y6；

CATEGORICAL = u1 – u3；

USEVARIABLE = u1 – u3；

ANALYSIS：ESTIMATOR = ML；

MODEL：F BY u1 *（lam1）！为因子负荷指定标签 lam1-lam3

            u2（lam2）

            u3（lam3）；

            F@1；

        ［u1 $ 1 – u3 $ 1］（lam4-lam6）；！为项目阈限指定标签 lam4-lam6

MODEL CONSTRAINT：

    NEW（A1 A2 A3   B1 B2 B3   X1 X2 X3   PI_1 PI_2 PI_3

    TV1 TV2 TV3   EV1 EV2 EV3   R1 R2 R3   TRUVAR ERRVAR REL）；

    A1 = lam1/1.702；！项目区分度指数；

    A2 = lam2/1.702；

    A3 = lam3/1.702；

    B1 = lam4/lam1；！项目难度指数；

    B2 = lam5/lam2；

    B3 = lam6/lam3；

    X1 = A1 * B1/SQRT（2 + 2 * A1 * * 2）；！X1 – X3 为了下面计算而设置的辅助变量；

    X2 = A2 * B2/SQRT（2 + 2 * A2 * * 2）；
```

续表

$X3 = -A3 * B3/SQRT(2 + 2 * A3 * *2);!$

$PI\_1 = .5 - .5 * (1 - 1/(1 + .278393 * X1 + .230389 * X1 * *2 + .000972 * X1 * *3 + .078108 * X1 * *4) * *4);!$ 第 1 个项目的真分数均值;

$PI\_2 = .5 - .5 * (1 - 1/(1 + .278393 * X2 + .230389 * X2 * *2 + .000972 * X2 * *3 + .078108 * X2 * *4) * *4);!$ 第 1 个项目的真分数均值;

$PI\_3 = .5 + .5 * (1 - 1/(1 + .278393 * X3 + .230389 * X3 * *2 + .000972 * X3 * *3 + .078108 * X3 * *4) * *4);!$ 第三个指标真分数均值;

$EV1 = (.2646 - .118 * A1 + .0187 * A1 * *2) * EXP(-.5 * (B1/(.7427 + .7081/A1 + .0074/A1 * *2)) * *2);!$ 项目 1 的误差方差;

$EV2 = (.2646 - .118 * A2 + .0187 * A2 * *2) * EXP(-.5 * (B2/(.7427 + .7081/A2 + .0074/A2 * *2)) * *2);!$ 项目 2 的误差方差;

$EV3 = (.2646 - .118 * A3 + .0187 * A3 * *2) * EXP(-.5 * (B3/(.7427 + .7081/A3 + .0074/A3 * *2)) * *2);!$ 项目 3 的误差方差;

$TV1 = PI\_1 * (1 - PI\_1) - EV1;!$ 项目 1 的真实方差;

$TV2 = PI\_2 * (1 - PI\_2) - EV2;$! 项目 2 的真实方差;

$TV3 = PI\_3 * (1 - PI\_3) - EV3;$! 项目 3 的真实方差;

$R1 = TV1/(TV1 + EV1);$! 项目 1 的信度;

$R2 = TV2/(TV2 + EV2);!$ 项目 2 的信度;

$R3 = TV3/(TV3 + EV3);$! 项目 3 的信度;

$ERRVAR = EV1 + EV2 + EV3;!$ 总分的误差方差;

$TRUVAR = TV1 + TV2 + TV3 + 2 * (SQRT(TV1 * TV2) + SQRT(TV1 * TV3) + SQRT(TV2 * TV3));!$ 项目总分的真实方差;

$REL = TRUVAR/(TRUVAR + ERRVAR);!$ 量表信度系数 ρY;

$OUTPUT:CINTERVAL;!$ 要求输出区间估计参数;

注:如果指标的阈限 κ < 0,在设置辅助变量时前面加" - "号,计算项目真分数均值时.5 + 误差函数

6.5.5 双因子模型中信度估计

在双因子模型中,每个条目均在两个潜变量上有负荷,所以计算因子信度时有所不同。如果按照公因子方差占总方差的比例来定义信度,那么双因子模型中一般因子(G)的信度可通过如下公式获得(Zinbarg, Revelle,Yovel & Li, 2005):

$$\omega_n = \frac{(\sum \lambda_G)^2}{VAR(X)}$$

式中$(\sum\lambda_G)^2$为一般因子条目非标准化负荷和的平方,$VAR(X)$为量表原始条目加总分的方差。该公式也可用于其他因子结构模型计算同质性信度(温忠麟,叶宝娟,2011)。

通过上述公式,以 DSM 的 PTSD 三因子模型为例的 Mplus 语句见表6-21。本例中的ω_h为 0.853(124.313/145.756),即将 17 个条目加起来作为一个组合分,超过 85%的方差是由一般因子产生的,其他三个组因子分别产生 2.3%,.2% 和 1.5% 的方差(残差方差为 10.7%)。

然而ω_h本身并非单维性的指标(Reise,Moore & Haviland,2010),所以通过计算一般因子在公因子方差(一般因子方差与组因子方差之和)中所占比例来考察双因子模型的单维性(Bentler,2009),如果一般因子在公因子方差中所占的比例较大则为单维度的依据。此指标亦称作公共方差解释比例(explained common variance,ECV),公式如下:

$$ECV = \frac{\sum\lambda_G^2}{(\sum\lambda_G^2)+(\sum\lambda_{F1}^2)+(\sum\lambda_{F2}^2)+\cdots+(\sum\lambda_{Fk}^2)}$$

$\sum\lambda_G^2$为一般因子条目非标准化负荷平方和,$\sum\lambda_{Fk}^2$为第 k 个组因子条目非标准化因子负荷平方和。

本研究中,一般因子在公因子方差中的比例为 78.6%,另外三个因子的方差分别为 8.2%,7.77% 和 5.5%(合计 100%)。

表 6-21 双因子模型信度 ω_h 和 ECV 的 Mplus 语句

```
TITLE：This is an example of a Bifactot Model
DATA：    FILE IS ptsd. dat;
VARIABLE：NAMES ARE x1 x2 y1 - y17;
          USEVARIABLES are y1 - y17 var;
Define：VAR = SUM(y1 - y17);! 通过 Define 命令定义 17 个项目加总分,
                            ! 用于随后估计加总分的方差;
ANALYSIS：  ESTIMATOR = ML;
MODEL：     F1 BY y1 - y5 * (lam1 - lam5);
            F2 by y6 - y12 * (lam6 - lam12);
            F3 by y13 - y17 * (lam13 - lam17);
            G by y1 - y17 * (lam18 - lam34);
            F1 with F2 - F3@0;! 组因子之间正交即相关为 0。
            F2 with F3@0;
            G with F1 - F3@0;! 组因子与一般因子间正交即相关为 0。
            F1 - F3@1;
            G@1;
            VAR(VARX);! 估计加总分的方差;
```

续表

```
MODEL CONSTRAINT：

    NEW（V1 U1 Uf1 Uf2 Uf3 U2 U3 U4 U5 Wg Wf1 Wf2 Wf3 ECVg ECV1 ECV2 ECV3）；

    ！定义新变量；

    V1 = VARX * 1；

    U1 =（lam18 + lam19 + lam20 + lam21 + lam22 + lam23 + lam24 + lam25 + lam26 + lam27 +

        lam28 + lam29 + lam30 + lam31 + lam32 + lam33 + lam34）** 2；！负荷和的平方；

    Uf1 =（lam1 + lam2 + lam3 + lam4 + lam5）** 2；

    Uf2 =（lam6 + lam7 + lam8 + lam9 + lam10 + lam11 + lam12）** 2；

    Uf3 =（lam13 + lam14 + lam15 + lam16 + lam17）** 2；

    U2 =（lam18 ** 2 + lam19 ** 2 + lam20 ** 2 + lam21 ** 2 + lam22 ** 2 + lam23 ** 2 + lam24 ** 2 +

        lam25 ** 2 + lam26 ** 2 + lam27 ** 2 + lam28 ** 2 + lam29 ** 2 + lam30 ** 2 + lam31 ** 2 +

        lam32 ** 2 + lam33 ** 2 + lam34 ** 2）；！计算 G 因子负荷平方之和；

    U3 =（lam1 ** 2 + lam2 ** 2 + lam3 ** 2 + lam4 ** 2 + lam5 ** 2）；！计算三个组因子负荷平方

之和；

    U4 =（lam6 ** 2 + lam7 ** 2 + lam8 ** 2 + lam9 ** 2 + lam10 ** 2 + lam11 ** 2 + lam12 ** 2）；

    U5 =（lam13 ** 2 + lam14 ** 2 + lam15 ** 2 + lam16 ** 2 + lam17 ** 2）；

    Wg = u1/v1；！计算 G 因子的 ωh。

    Wf1 = Uf1/v1；！计算三个组因子的 ωh。

    Wf2 = Uf2/v1；

    Wf3 = Uf3/v1；

    ECVg = U2/（U2 + U3 + U4 + U5）；！计算因子 G 的 ECV；

    ECV1 = U3/（U2 + U3 + U4 + U5）；！计算因子 F1 的 ECV；

    ECV2 = U4/（U2 + U3 + U4 + U5）；！计算因子 F2 的 ECV；

    ECV3 = U5/（U2 + U3 + U4 + U5）；！计算因子 F3 的 ECV；

OUTPUT：CINTERVAL；
```

6.5.6 小 结

Alpha 系数是信度的下限（Sijtsma，2009），虽然与测验单维性关系不大，但通常也称作内部一致性系数（特别是在应用领域）。ω_h 被认为是同质性信度的最佳估计，而组合信度被认为是内部一致性信度的最佳估计（温忠麟，叶宝娟，2011）。如果研究者需要评价单个指标信度则可以使用项目 SMC 指标，如果需要评价因子单维性，ECV 是最佳选择。

6.6　CFA 的其他用途

6.6.1　用于检验相关系数

在实际研究中,有时需要对同一组(相关样本)或不同组(独立样本)的特定相关或路径系数进行差异检验。例如,在 CFA 模型中,需要检验因子 A 和因子 B 之间的相关系数是否与因子 A 和因子 C 之间的相关系数存在显著差异。传统上,处理这一问题常用的方法可通过张厚璨和徐建平介绍的方法进行(2004,p255-256),该方法的缺点是计算过程繁琐且容易出错。在 SEM 框架内,可通过特定参数设置完成各种相关系数的检验。此处简要介绍相关样本即同一样本不同相关系数的差异显著性检验,其他情况请参见(Cheung & Chan,2004;Preacher,2006)。

下面以第 4 章 4.5.2 的数据为例演示 Mplus 过程。CES-D 有三个因子,F1-F3,SES 由 5 个条目测量,现在需要检验 SES 与三个 CES-D 的相关是否存在显著差异,Mplus 语句见表 6-22。

表 6-22　相关样本相关系数差异检验的 Mplus 语句

```
TITLE：This is an example of Testing Correlation Coefficients
DATA：FILE IS CFA for CES-D. dat;
VARIABLE：NAMES = age gender y1 − y20 i1 − i10;
           USEVARIABLES = y1 − y20 i1 − i5;
ANALYSIS：ESTIMATOR = MLR;
MODEL：F1 BY y1 ∗ y2 y3 y5 y6 y7 y9 y10 y11;
        F2 BY y4 ∗ y8 y12 y16;
        F3 BY y13 ∗ y14 y15 y17 y18 y19 y20;
        F4 BY i1 ∗ i2 − i5;
        F1 − F4@1;
        F4 with F1(c1);
        F4 with F2(c2);
        F4 with F3(c3);
    Model test:c1 = c2;
OUTPUT：STANDARDIZED MOD;
```

需要说明的是,在使用 Mplus 的 Model test 命令时,每次只能检验一个假设,多个假设需要分步进行。另外,相关系数的差异检验需要对标准化的系数进行检验,所以在为潜变量指定单位时须使用固定方差法。Mplus 报告的 Wald 检验的结果见表 6-23。

表 6-23　参数检验结果

Wald Test[1] of Parameter Constraints	
Value	14.924
Degrees of Freedom	1
P-Value	0.0001

6.6.2　用于经典的项目分析

最近,Raykov 和 Marcoulides(2011)在前期工作的基础上,提出了传统项目难度和区分度(题总相关)在 CFA 框架内实现点估计和区间估计的途径。此处给出 Mplus 的例句(表 6-24),具体的公式推导请参见 Raykov 和 Marcoulides(2011)。

表 6-24　项目难度参数的点估计和区间估计

TILE：条目间和题总相关的点估计和区间估计(第 1 步)

DATA：FILE = < name of raw data file > ;

Variable：NAMES = X1 − X6;

Categorical = X1 − X6;

Analysis：TYPE = BASIC;

注:项目难度的点估计见"FIRST ORDER SAMPLE PROPORTIONS"部分,在第二步用 D 或者其他字母表示。

ITLE:条目间和题总相关的点估计和区间估计(第 2 步)

　(通过第一步获得的难度值.576)

DATA：FILE = < name of raw data file > ;

Variable：NAMES = X1 − X6;

Categorical = X1 − X6;

MODEL：F1 BY X1 − X6;

Model Constraint：

　NEW(D, SE, L, SEL, CI_L_LO, CI_L_UP, CI_D_LO, CI_D_UP);

　D = .576;！第一步获得。

　SE = (D ∗ (1 − D)/498) ∗ ∗ .5;！计算标准误,样本量 = 498;

　L = LOG(D/(1 − D));！D 值的 LOGIT 转换;

　SEL = SE/(D ∗ (1 − D));！标准误的 LOGIT 转换;

　CI_L_LO = L − 1.96 ∗ SEL;！难度值的 95% 区间下限(LOGIT);

---

[1]　使用 ML 估计标准误进行的显著性检验统称 Wald 检验,包括 Z 检验、卡方检验等。

CI_L_UP = L + 1.96 * SEL；！难度值的95%区间上限(LOGIT)；

CI_D_LO = 1/(1 + EXP(− CI_L_LO)；！难度值的95%区间下限；

CI_D_UP = 1/(1 + EXP(− CI_L_UP))；！难度值的95%区间上限；

TITLE：条目间题总相关的点估计和区间估计(第3步)

DATA：FILE = < name of raw data file >；

Variable：NAMES = X1 − X6；

Categorical = X1 − X6；

Usevariable = X1 − X6 X；

Define：X = X2 + X3 + X4 + X5 + X6；

Analysis：TYPE = BASIC；

注：X 为总分,此时检验条目 X1 的校正题总相关,如果检验条目 X2 的校正题总相关,则,X = X1 + X3 + X4 + X5 + X6；条目间相关和题总相关的点估计见结果输出"CORRELATION MATRIX"和"S. E FOR CORRELATION MATRIX"。在第4步中分别用 C 和 SE 表示。

TITLE：目间和题总相关的点估计和区间估计(第4步)

DATA：FILE = < name of raw data file >；

Model：F1 BY X1 − X6；

Model Constraint：

　　NEW(C, SE, Z, SEZ, CI_Z_LO, CI_Z_UP, CI_C_LO, CI_C_UP)；

　　！这些变量为模型新定义的变量；

　　C = .334；！第一步得到的题总相关；

　　SE = .066；！对应的标准误；

　　Z = .5 * LOG((1 + C)/(1 − C))；！题总相关系数的 FISHER Z 转换；

　　SEZ = SE/(1 − C ∗ ∗ 2)；！对应的标准误；

　　CI_Z_LO = Z − 1.96 * SEZ；！95%区间下限(FISHER Z 转换)；

　　CI_Z_UP = Z + 1.96 * SEZ；！95%区间上限(FISHER Z 转换)；

　　CI_C_LO = (EXP(2 * CI_Z_LO) − 1)/(EXP(2 * CI_Z_LO) + 1)；！95%区间下限；

　　CI_C_UP = (EXP(2 * CI_Z_UP) − 1)/(EXP(2 * CI_Z_UP) + 1)；！95%区间上限；

6.7　本章小结

　　本章作为第5章 CFA 的拓展对 CFA 的几种重要形式:MTMM、双因子模型、LST 系列模型进行详细介绍,并分别给出了实例和对应的 Mplus 程序,以便读者理解和参考。本章的最后部分给出了 CFA 估计信度和进行测验编制过程中项目分析的例子和程序,虽然这些功能在目前还不常用,但随着研究的深入和软件的普及,它们将会逐渐流行起来。

※推荐读物※

Reise 等(2007)的文章以 16 个条目的"医疗机构消费者评估问卷"为例,详细比较了双因子模型和传统因子模型在解决量表维度问题时的优势。Chen, West 和 Sousa(2006)的文章比较了 Bifactor 模型和二阶模型的关系。Lance 等(2002)深入比较了 CTCU 和 CTCM 之间的差异、优劣。

而 Eid 等(2006)等的文章则总结了分析 MTMM 数据的常用方法。Maydeu-Olivares 和 Coffman (2006)介绍随机截距因子分析模型的文章,同时给了具体分析的例子。Geiser, Eid& Nussbeck(2008)对 CT-C(M-1)模型中方法因子的意义和解释进行了阐述,并与随机截距因子分析模型进行了比较。

Steyer 等(1999)对 LST 模型进行了介绍,Cole 等(2005)在 LST 的基础上提出了 TSO 模型,Geiser 和 Ginger(2012)比较了四种方法学效应处理方法与 LST 结合的表现。

温忠麟和叶宝娟(2011)的文章详细分析了同质性信度和内部一致性信度的区分。Preacher(2006)的文章介绍了各种相关系数在 SEM 框架内的检验过程。

Chen, F. F., West, S. G., & Sousa, K. H. (2006). A comparison ofgeneral-specific and second-order models of quality of life. *StructuralEquation Modeling*, 41, 189-225.

Cole, D. A., Martin, N. C., & Steiger, J. H. (2005). Empirical and conceptual problems with longitudinal Trait-state models: Introducing a trait-state-occasion model. Psychological Methods, 10, 3-20.

Eid, M, Lischetzke, T., & Nussbeck, F. W. (2006). Structural equation models for multitrait – multimethod data. In M. Eid & E. Diener (Eds.), *Handbook of multimethod measurement in psychology*. Washington, DC: American Psychological Association.

Geiser, C., Eid, M.,& Nussbeck, F. W. (2008). On the Meaning of the Latent Variables in the CT-C(M-1) Model: A Comment on Maydeu-Olivares and Coffman (2006). *Psychological Methods*, 13, 49-57.

Geiser, C., & Ginger, L. (2012). A comparison of four approaches to account for method effects in latent state-trait analyses. Psychological Methods, 17(2), 255-283.

Lance, C. E., Noble, C. L., & Scullen, S. E. (2002). A critique of the correlated trait-Correlated method (CTCM) and correlated uniqueness (CU) models for multiTrait-multimethod (MTMM) data. *Psychological Methods*, 7, 228-244.

Maydeu – Olivares, A. & Coffman, D. L. (2006). Random Intercept Item Factor Analysis. *Psychological Methods*, 11, 344-362.

Preacher, K. J. (2006). Testing Complex Correlational Hypotheses with Structural Equation

Models. Structural Equation Modeling, 13(4), 520-543.

Reise, S. P., Morizot, J., & Hays, R. D. (2007). The role of the bifactor model in resolving dimensionality issues in health outcomes measures. *Quality Life Research*, 16, 19-31.

Steyer, R., Schmitt, M., & Eid, M. (1999). Latent state-trait theory and research in personality and individual differences. European Journal of Personality, 13, 389-408.

温忠麟, 叶宝娟. (2011). 测验信度估计:从 α 系数到内部一致性信度. 心理学报, 43, 821-829.

7 测量等值与多组验证性因素分析

7.1 测量等值概述

7.1.1 测量等值的意义

测量等值(Measurement Equivalence, ME)或测量不变性(Measurement Invariance, MI)有着重要的理论意义和应用价值。在心理测量领域,编制和修订量表过程中,时常要考虑量表条目是否在不同群体(如,性别和民族)间有着相同的意义和功能(测量系数即截距、负荷和残差方差)。在跨文化研究方面也存在同样的考虑,如在某种文化背景下提出的概念能否推广到其他文化背景中去。不同文化群体对同一概念是否存在相同的理解。再者,概念之间的关系强度(结构系数即因子方差和协方差)在不同群体、不同时间点是否等价。诸如此类都是研究者经常遇到的实际问题,更为重要的是,这些问题需要研究者在研究之初就考虑。例如,一项研究要比较中美大学生抑郁体验程度的差异,分别收集了 500 名大学生在某种抑郁量表(如 CES-D)上的得分,结果发现两组得分存在统计学显著差异。如果按照传统的做法,这时便得到如下结论:"中国大学生抑郁情绪总分高于/低于美国大学生,同时差异具有统计学意义。"

这个显著差异的结果是否真实的揭示了两组大学生的情况呢?回答这个问题是本章的主要任务之一。

由于事先研究者没有考虑测量工具本身的等值性,所以我们不知道这个差异是实际存在的差异还是工具本身不等值造成的虚假差异。假如研究者在差异比较之前就考虑了测量等值,那么造成显著差异结果的原因就明确了。

目前,检验测量不变性的方法可以分为两大类(Stark,Chernyshenko & Drasgow,2006):结构方程模型框架内的多组验证性因素分析(Muti-group Confirmatory Factor Analysis,MCFA)和项目反应理论框架内的项目功能差异分析(Differential Item Functioning,DIF)。其中结构方程模型框架下的多组验证性因素分析是目前应用领域使用最多、最流行的方法(Meade & Lautenschlager,2004;Raju et al.,2002)。除了 MCFA,结构方程模型框架内的 MIMIC 模型也可以用于检验测量等值。因此,本章的前半部分主要探讨 MCFA,后半部分简要介绍 MIMIC,最后简要比较 MCFA 与 IRT 之间的异同。演示的例子仍然采用前面使用的 PTSD 数据。

7.1.2 测量等值的概念

很多学者对测量不变性的定义进行过论述,尽管具体措辞不尽相同,但各种定义都包含一个共同的特征即"在不同情景下对同一属性进行测量所得结果是一致的"(Drasgow,1984;Byrne,Shavelson & Muthen,1989;Horn & McArdle,1992;Meredith,1993)。这些情景包括不同群体、不同场合和不同测量时间点。不同群体和不同场合的等值也称作多组等值/不变性,不同时间点的等值也称作纵向等值/不变性(Longitudinal Invariance)。例如,自尊量表的条目在男性群体中测量的是自尊,按理说,在女性群体中也同样是测量自尊,否则便出现跨群体不一致的情况即不满足测量不变性(non-invariant)。纵向不变性与之类似,用同样的测量项目对同一群体间隔一段时间进行两次(多次)测量,如果两次(多次)测量的建构同为自尊便满足了纵向等值/不变性,否则不满足测量不变性。

进行传统的多组差异比较时,最常用的方法是独立样本 t 检验和单因素方差分析或 F 检验。通过第 2 章的介绍,我们发现传统的差异检验方法是在外显变量水平上进行的,均未考虑到测量误差。在潜变量模型框架内即测量误差被考虑进来之后,再在外显变量上做差异比较就不合适了,这时我们就需要测量不变性这个前提,只有满足了这个前提,外显变量上的比较才有意义(Meade,Lautenschlager & Hecht,2005)。同理,在做纵向分析时,只有满足不同时间点测量等值即纵向等值后才能进行变量跨时间效应的分析,如潜变量增长曲线模型分析(Vandenberg & Lance,2000)。在不满足测量不变性的情况下进行外显均值比较可能导致错误结论的情况(Sharma,Durvasula & Ployhart,2012)。

7.2　多组分析原理

多组验证性因素分析的测量方程表达式与单组测量类似(见表 5-2),只是将其推广到多组情景,其表达式如下:

$$\chi^g = \Lambda^g_\chi \xi^g + \delta^g$$

ξ^g 是由 r 个潜变量组成的 $r \times 1$ 因子向量; Λ^g_χ 是 $p \times r$ 因子负荷矩阵; δ^g 是由 p 个误差组成的 $p \times 1$ 误差向量。

涉及均值结构(Mean and covariance structures, MACS)的多组分析原理与本书第 2 章介绍的普通最小二乘回归模型类似。普通最小二乘回归模型表达式如下:

$$Y = \beta_0 + \beta_1 X + e$$

式中 Y 是因变量, β_0 为截距或常数项即 $X = 0$ 时回归线与 Y 轴的交点; β_1 回归系数决定回归线的斜率。当 Y 和 X 为标准分时, Y 和 X 的均值为 0,此时回归线过原点,即 $\beta_0 = 0$。因此采用标准分的回归方程可改写为:

$$Y = \beta_1 X + e$$

通常建立回归方程的目的在于确定斜率,此时包含截距项与否与研究无碍。

MACS 的逻辑与之类似,在传统的协方差分析中是不包含均值结构的,因为建模的关注点在于协方差结构。然而在多组分析中,研究关注的问题涉及潜均值比较,所以此时的协方差分析需要包含均值结构(截距和均值),方程如下:

$$\chi^g = \tau^g_x + \Lambda^g_x \xi^g + \delta^g$$

τ^g_x 是由 p 个指标组成的 $p \times 1$ 截距向量。

一般测量模型的均值结构表达如下:

$$E(\chi^g) = \tau^g_x + \Lambda^g_x \xi^g + \delta^g$$

κ^g 是由 r 个潜均值组成的 $r \times 1$ 潜均值向量。假设 $E(\xi^g, \delta^g) = 0$,上面的协方差方程矩阵表达如下:

$$\sum{}^g = \Lambda^g_x \Phi_g \Lambda^{g'}_x + \Theta^g_\delta$$

Φ_g 是由 r 个潜变量组成的 $r \times r$ 协方差矩阵; Θ^g_δ 是由 p 个指标误差方差组成的 $p \times p$ 对角矩阵。

根据上述公式,多组测量模型等值比较的参数有如下几组(Horn & McArdle, 1992; Vandenberg & Lance, 2000):

1. $\xi^g_x = \xi^{g'}_x$　　　项目 x 在各组中测量相同的潜结构 ξ;

2. $\Lambda^g_x = \Lambda^{g'}_x$　　　因子跨组负荷等同;

3. $\tau^g_x = \tau^{g'}_x$　　　指标截距等同;

4. $\Theta^g_x = \Theta^{g'}_x$　　　误差方差等同;

5. $\Phi^g_x = \Phi^{g'}_x$　　　潜变量方差-协方差等同;

6. $\kappa^g = \kappa^{g'}$　　　潜均值

上述 6 组参数等值设定可以有不同的组合形式,Marsh 等(2009;2010)提出了 13 个可能的组合形式,更多说明在 7.3.2 部分。

7.3 测量等值性的步骤

7.3.1 测量等值性的步骤

文献中推荐了多种测量不变性检验的流程(Byrne,1989;Gregorich,2006;Cheung & Rensvold,1999;Meredith,1993;Vandenberg & Lance,2000)。尽管这些流程存在差异,但其中包含的共同之处远大于差异。目前,在文献中最常用的分析步骤包含六或七步,可以称为六步法或七步法(流程见图7-1):

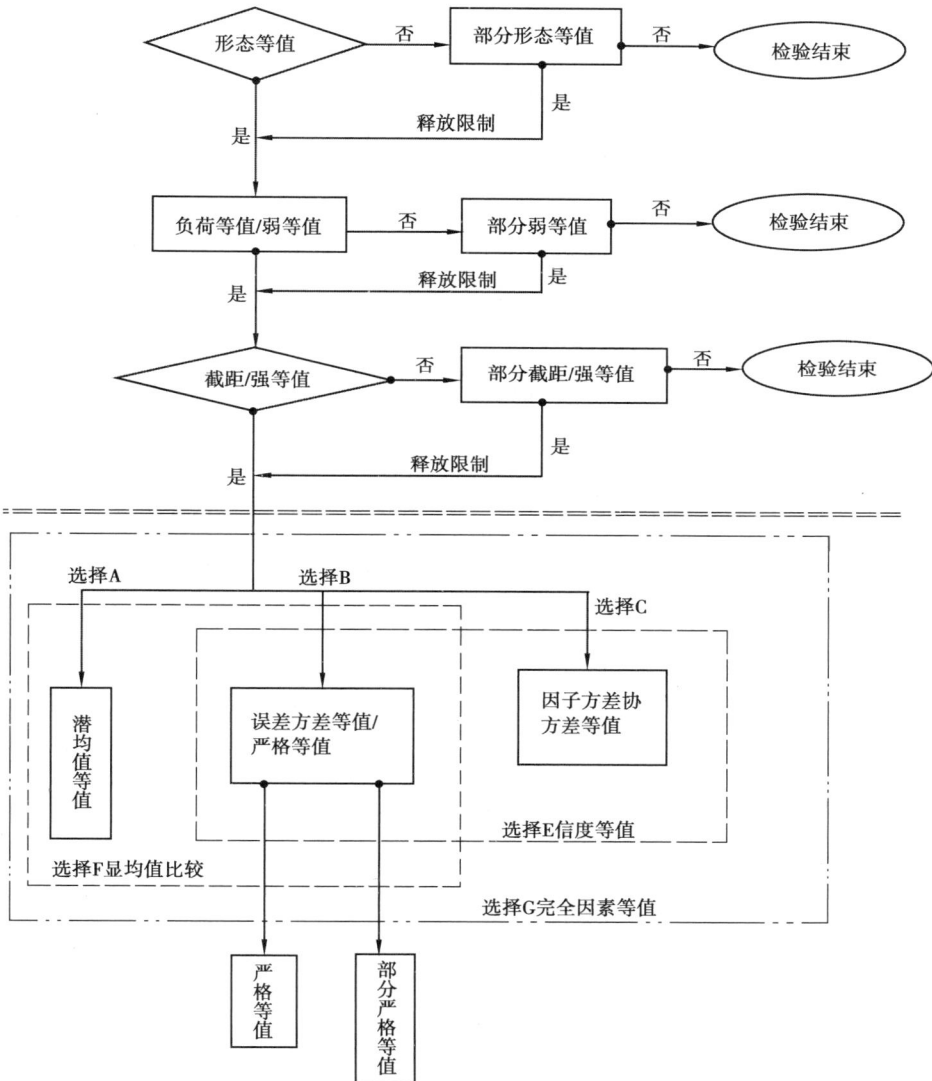

图 7-1 等值检验流程及组合图

(1)形态等值(Configural Invariance):检验潜变量的构成形态或模式是否相同,也称为因素模式等同（Horn & McArdle，1992）。由于只要求潜变量、显变量之间的基本结构关系对等，并没有设定任何参数跨组相等，所以严格意义来说形态等值不能算作等值检验。通俗地说，形态等值即因子模型路径图在不同组"看起来"是否一样。在参数设定时，并不限定任何参数跨组等值（见表 7-2 Configural Invariance 语句）。

（2）单位等值（Metric Invariance）或弱等值（Weak Invariance）：检验测量指标与因子之间的关系即因子负荷在各组间是否等值，即 $\Lambda_x^g = \Lambda_x^{g'}$。如果每一个观测项目在对应潜变量上的因子负荷跨组等同，就可以说明观测指标和潜在特质之间在不同组间有着相同的意义。或者可以说，每一个观测变量在不同组之间具有相同的单位，即潜变量每变化一个单位，观测变量在不同组中都会产生同样程度的变化，这样潜变量和观测项目的含义便在不同组间等同。因此，弱等值性有时也称为单位等值（Metric Equivalence，Horn & McArdle，1992）。

（3）尺度等值（Scalar invariance）或强等值（Strong Invariance）：检验观测变量的截距是否具有不变性，即是否满足 $\tau_x^g = \tau_x^{g'}$。强等值性的确立表明测量在不同组之间具有相同的参照点。只有单位和参照点都相同，用观测变量估计的潜变量分数才是无偏的，组间比较也才有意义。因此，同时满足弱等值和强等值是进行潜均值比较的前提（e. g.，Little，1997；Meredith，1993）。如果强等值不成立则说明各组原始分上的差异主要是由截距不等值造成的，而不能归为潜均值上的差异。

强等值检验也被研究者用于系统反映偏差的检验（Bollen，1989，见第 6 章随机截距模型），也就是说截距上的差异被解释为某组群体在测量内容上存在系统的倾向性。在其他情况下，截距差异也被解释为群体间确实存在程度上差异，在临床上则存在症状严重程度差异。例如，在临床干预的前后往往期待存在截距差异，否则说明干预效果不佳。因此是否执行强等值检验在很大程度上依赖于研究的背景（Vandenberg & Lance，2000）。

（4）误差方差等值（Error Variance invariance）或严格等值（Strict Invariance）：检验误差方差是否跨组等值，即是否满足 $\Theta_x^g = \Theta_x^{g'}$。严格等值性在强等值性的基础上进行，它的确立意味着观测分数变异的跨组差异完全反映了潜变量变异的跨组差异。误差方差通常不允许相关，但在多组分析时考虑到不同的情况，会选择设定误差方差等值（多组等值）或误差协方差等值（纵向等值，见本章）。实践中，满足误差等值的要求显得过于苛刻，而且多数实质性研究并不关心误差等值（Widaman & Reise，1997）。据统计大约 50% 的应用研究报告了此检验（Schmitt & Kuljanin，2008；Vandenberg & Lance，2000）。

根据经典测量理论，信度为衡量测验随机误差大小的指标，因此在 CFA 框架内误差等值也被用于评价条目的信度跨组不变性（e. g.，Schmitt et al.，1984），然而整个量表的信度不变性则需要满足因子方差不变性的前提（Vandenberg & Lance，2000）。

（5）因子方差等值（Factor Variance Invariance）：检验潜变量 ξ 的方差是否跨组等值，即是否满足 $\Phi_x^g = \Phi_x^{g'}$。潜变量的方差反映了潜变量的离散程度，潜变量的方差跨组等同意味着真分数有相同宽度的量纲（e. g.，Vandenberg & Self，1993）。

（6）因子协方差等值（Factor Covariance Invariance）：检验因子协方差是否跨组等值，即是否满足 $\Phi_x^g = \Phi_x^{g'}$。协方差反映了潜变量之间的关系程度，满足此前提说明潜在结构之间的关系在不同群组中可以重现。通常将因子方差等值和因子协方差等值合并检验，称作因子方差-协方差等值。

（7）潜均值等值（Latent Mean Invariance）：检验潜变量的均值是否跨组等值，即是否满足 $\kappa_{g1} = \kappa_{g2}$。潜在均值是考虑误差后的真值，均值上的差异可看作理论建构本身的真实差异。

上述 7 个参数水平的等值性检验彼此嵌套，前一步的模型嵌套于随后的模型，模型之间的差异比较采用卡方差异检验（似然比检验）。形态等值性是检验其他等值性的前提条件，通常作为检验的基线模型，进一步等值性的检验都是在形态等值性的基础上通过限制相应参数而生成的嵌套模型，只有前一水平的等值性得到确立，才能继续更高一级的等值性检验。一般将弱等值、严格等值和强等值合称作测量等值（Measure Invariance），而因子方差-协方差等值和潜均值等值为结构等值（Structure Invariance；Little，1997），通常两部分合起来也称作完全因素等值（Factorial Invariance；Byrne et al.，1989）。

7.3.2　多组比较的选择

理论上，不同水平不变性之间存在递进的嵌套关系，然而目前学术界并没有对不变性检验程序应该选择检验哪些水平有统一的认识（Stark，Chernyshenko & Drasgow，2006），在实际应用中，研究者选择检验的各水平等值的统计结果可以参见 Schmitt 和 Kuljanin（2008）和 Vandenberg 和 Lance（2000）的综述。根据研究目的的不同，可以选择使用不同水平不变性检验组合（Marsh et al.，2009；2010；侯杰泰，等，2004），表 7-1 中列举了最近由 Marsh 等提出的 13 种组合。

表 7-1　不同水平不变性检验组合

Model	参数限制等同的水平	类　　型
M1	None	形态等值
M2	FL [1]	弱等值
M3	FL, Uniq [1, 2]	
M4	FL, FVCV [1, 2]	
M5	FL, Inter [1, 2]	强等值/DIF
M6	FL, Uniq, FVCV [1-4]	
M7	FL, Uniq, Inter [1-3, 5]	严格等值
M8	FL, FVCV, Inter [1, 2, 4, 5]	
M9	FL, Uniq, FVCV, Inter [1-8]	信度等值

续表

Model	参数限制等同的水平	类　型
M10	FL, Inter, LFMn [1, 2, 5]	潜在均值等值
M11	FL, Uniq, Inter, LFMn [1-3, 5, 7, 10]	显均值等值
M12	FL, FVCV, Inter, LFMn [1, 2, 4-6, 8, 10]	
M13	FL, Uniq, FVCV, Inter, LFMn [1-12]	完全因素等值

注:FL = 因子负荷;Uniq = 指标独特性;FVCV = 因子方差-协方差;Inter = 指标截距;LFMn = 潜均值。[数字]表示该模型嵌套于数字所代表的模型。所有模型嵌套于 M1,M13 嵌套于所有模型;DIF = 项目功能差异。

表中列举的 13 种组合中有 8 种常用的,分别标记了不同的名称。例如,M11"显均值等值"需要满足负荷等值、截距等值、误差等值和潜均值等值的前提,比较观测分才有意义。本章开始的例子中,要想使中美大学生在抑郁量表上得到有比较意义的结果,必须先满足这 4 个等值条件,否则直接比较观测分是不成立的。

7.3.3　潜均值比较

不同研究者对潜均值比较是否需要满足截距等值存在不同的看法(Ployhart & Oswald,2004),一些研究者认为除非满足截距等值,否则潜均值检验没有意义(Little,1997;Meredith,1993);另外一些研究者则认为只要满足弱等值即可进行潜均值检验(Byrne,1998;Reise,Widaman & Pugh,1993)。Ployhart 和 Oswald 对何时应该限定指标截距等值给出了具体的建议(2004):

限定项目均值(截距)跨组等值的前提条件:
- 均值(观测和潜在均值)差异符合理论预期;
- 实验设计采用随机化处理。

允许项目均值(截距)跨组不等值的前提条件:
- 理论上不存在潜均值差异;
- 观测指标差异是由于测量过程导致的(如宽容偏差 leniency bias);
- 实验设计没有采用随机化处理。

部分指标测量等值的前提条件:
- 理论上不存在潜均值差异,但在部分条目中存在;
- 部分条目中存在群体差异,同时这些差异不是理论关注的焦点。

7.3.4　部分等值

在实践中,有些水平(如,弱等值和截距等值)的等值很难满足,这时可以考虑使用部分等值(Partial Invariance)的策略(Byrne,Shavelson & Muthen,1989;Cheung & Rensvold,

1999），即将不满足等值的指标参数允许自由估计，仅使用满足等值要求的指标进行后续更严格的等值检验。

在实践中，还有一类部分等值的做法经常使用。例如在 PTSD 的例子中，我们发现在 King 四因子模型中不满足弱等值的条件，即 17 个指标的因子负荷不等值。此时，可以设定 3 个因子的条目等值，而允许其中一个因子的条目跨组自由估计。如果拟合指数仍不理想，接着允许 2 个因子的条目自由估计。此种做法的依据是，由于同属因子的条目相关性较高，在某个条目上存在差异，则可能在一组条目上都存在差异。

需要说明的是，这里设置的参数等值是在非标准化参数上的。在结果输出部分，我们会看到，各组有着相同的非标准化参数，但标准化解则不同（见表 7-3）。

7.4 实例与 Mplus 过程

7.4.1 Mplus 设置

下面我们继续使用 King 的 4 因子相关 PTSD 模型来演示跨组和纵向不变性的例子。各水平多组等值检验的 Mplus 语句呈现在表 7-2 中。

在 Mplus 中进行多组模型比较时系统默认设定因子负荷和截距等值，所以在检验形态不变性时需要把因子负荷和截距等值的默认设定释放掉，否则将会得到强不变性的结果。具体的做法是在 MODEL 语句后单独设定特定组（group-specific），如"MODEL G2"表示适用于 G2 的 MODEL。也就是说凡是在"MODEL G2"中出现的语句均表示为组"G2"不同于其他各组而特有的模型设定。由于 Mplus 默认第一组为参照组，所以并不需要设立"MODEL G1"。如果存在多组，则在"MODEL G2"后设"MODEL G3"，以此类推。

形态等值设定：

允许负荷、条目截距和误差方差各组自由估计，各组因子均值固定为 0。在满足形态等值或部分形态等值的基础上设定弱等值，限定负荷跨组等值，允许条目截距和误差方差各组自由估计，各组因子均值固定为 0，即将"MODEL G2"中负荷自由估计的语句去除。而强等值的设定则是在弱等值的基础上去除截距自由估计的设定，即还原为 Mplus 默认设定。此时限定负荷和条目截距各组等同，允许误差方差各组自由估计，参照组因子均值固定为 0，其他组自由估计。严格等值的设定与上述思路一致，即在 MODEL 中加设误差方差等同限制，具体做法是在误差方差后用圆括号设定数字，如"（1）"。因子方差和协方差等值的设定可以分成两步，即先设定方差等值再设定协方差等值，在实际应用中多同时设定。需要说明的是，在 Mplus 中参照组的因子方差默认设定为 1，所以在设定方差等值时只需在 MODEL 中注明"方差@1"，但这与确定测量尺度的设定（固定方差法 vs. 固定负荷法）冲突，所以需要将每个因子第一个条目负荷设定为自由估计，即采用固定方差法。

在多组分析中,由于涉及太多参数(观测和潜均值参数)时模型不能识别(Ployhart & Oswald,2004),所以出于模型识别的目的,需要将其中的一组设为参照组,其均值(截距或潜均值)设定为0,其他组均值与参照组比较。具体是设定其他组均值也为0,如果模型拟合存在显著差异,则说明参照组与比较组之间存在潜均值差异(类似方差分析,参照组的设定类似哑变量的设定)。在 Mplus 中参照组的因子均值默设为0(为了模型识别的目的),所以设定其他各组的因子均值为0即可[1]。具体操作就是在 MODEL 中加设"[因子名@0]"。

细心的读者会留意到这样一个细节,表 7-2 中前4步采用的都是固定负荷法,如果采用固定方差法该如何设定呢?具体操作读者可以自己尝试一下。另外一个细节就是在第二个模型之后(从 Mplus 默认设定开始)"MODEL G2"便消失了。当然,在随后的各模型设定中继续保留"MODEL G2"也是可以的,具体操作上,只要将"MODEL G2"中的各参数设定为同参照组一致即可,表 7-2 给出了例子。

参照组的设定

参照组(第一组)的设定有不同的规则。当多组数据保存在单个数据文件中时,分组变量数值最小的默认为第一组。例如,用1代表男性,用2代表女性,男性组就被默认为第一组。多组数据采用不同文件保存时,需要在"DATA"下使用"FILE"语句指定文件保存位置,例如:

DATA:

FILE(male)IS male. dat;

FILE(female)IS female. dat;

此时,放在前面的文件默认为第一组,上例中的第一组即为 male 组。对于汇总数据第一组则为标记 G1 的组,即排在前面的那一组。

表 7-2　多组不变性的 Mplus 语句

形态不变性:
TITLE:This is an example of a Configural invariance test for continuous factor indicators
DATA：　FILE IS PTSD gender. dat;
VARIABLE:Names are group y1—y17;
Grouping is Group(1 = G1 2 = G2);! 通过 grouping 命令定义两个或多个比较组,数据文件中 group 变量中的1代表第一组,2代表第二组;更多组(3组以上)的设置方法类似。注意这里使用的是单一数据文件即不同组的数据通过 Grouping 语句区分。
ANALYSIS:ESTIMATOR = MLM;
MODEL：　F1 BY y1 y2 y3 y4 y5;
F2 BY y6 y7;
F3 BY y8 y9 y10 y11 y12;

---

[1]　当然,潜均值比较也可以采用另外一种做法,即自由估计其他组潜均值,通过显著性检验来比较潜均值差异。这种做法是基于其他组潜均值与参照组潜均值0相比较的特点。

F4 BY y13 y14 y15 y16 y17；

　MODEL G2：！因为在 Mplus 多组分析时，默认因子负荷和指标截距等值，

　　　　　　！所以通过设置"MODEL G2"来改变默认设置，凡是在其之下的语句均表示与其他组不同，这里是与 G1 组不同；

　　　　　　F1 BY y2 y3 y4 y5；！G2 组中 f1-f4 指标因子负荷自由估计，释放弱等值限制；

　　　　　　F2 BY y7；

　　　　　　F3 BY y9 y10 y11 y12；

　　　　　　F4 BY y14 y15 y16 y17；

　　　　　　［y2 − y5 y7 y9 − y12 y14 − y17］；！G2 组中指标截距自由估计，释放强等值限制；

加设单位不变性或弱不变性：

　　　　　　！G2 组中的因子负荷自由估计的设定被移除即还原因子负荷默认两组相等；

　　　　　　MODEL g2：

　　　　　　［y2 − y5 y7 y9 − y15 y17］；

加设强不变性：

　MODEL：　F1 BY y1 y2 y3 y4 y5；

　　　　　　F2 BY y6 y7；

　　　　　　F3 BY y8 y9 y10 y11 y12；

　　　　　　F4 BY y13 y14 y15 y16 y17；

　MODEL　G2：

　！"MODEL G2"中的所有设定被移除即恢复 Mplus 默认为设置即因子负荷和指标截距限定两组相等；

加设误差方差不变性或严格不变性：

　MODEL：　F1 BY y1 y2 y3 y4 y5；

　　　　　　F2 BY y6 y7；

　　　　　　F3 BY y8 y9 y10 y11 y12；

　　　　　　F4 BY y13 y14 y15 y16 y17；

　　　　　　y1 − y17(1 − 17)；！增加了误差方差两组相等的限制，

　　　　　　　　　　　即通过括号内的标签设定两者相等；

加设因子方差-协方差不变性：

　MODEL：　F1 BY y1 ∗ y2 y3 y4 y5；

　　　　　　F2 BY y6 ∗ y7；

　　　　　　F3 BY y8 ∗ y9 y10 y11 y12；

续表

> F4 BY y13 * y14 y15 y16 y17;
>
> F1 – F4@1;！通过固定因子方差为 1 来设定两组等值,这时每个因子第一个条目负荷设置为 1 的默认设定需要解除,即在 y1 y6 y8 y13 后加 *;
>
> F1 with F2 – F4(2 – 4);！因子协方差设定相等;
>
> F2 with F3 – F4(5 – 6);
>
> F3 with F4(7);
>
> ! y1 – y17(8 – 25);

加设因子潜均值不变性:

> MODEL: F1 BY y1 * y2 y3 y4 y5;
>
> F2 BY y6 * y7;
>
> F3 BY y8 * y9 y10 y11 y12;
>
> F4 BY y13 * y14 y15 y16 y17;
>
> [F1@0]; [F2@0]; [F3@0]; [F4@0];！因为参照组(第 1 组)的因子均值默认设定为 0,所以只要设定所有组因子均值为 0 即设定各组因子均值相等;
>
> F1 – F4@1;
>
> F1 with F2 – F4(2 – 4);
>
> F2 with F3 – F4(5 – 6);
>
> F3 with F4(7);
>
> ! y1 – y17(8 – 25);

潜均值差异不变性的另外一种设置:

> MODEL: F1 BY y1 * y2 y3 y4 y5;
>
> F2 BY y6 * y7;
>
> F3 BY y8 * y9 y10 y11 y12;
>
> F4 BY y13 * y14 y15 y16 y17;
>
> [F1@0]; [F2@0]; [F3@0]; [F4@0];
>
> F1 – F4@1;
>
> F1 with F2 – F4(2 – 4);
>
> F2 with F3 – F4(5 – 6);
>
> F3 with F4(7);
>
> ! y1 – y17(8 – 25);

MODEL G2:

> [F1 – F4@0];！因为参照组(第 1 组)的因子均值默认设定为 0,所以在这里设定特定组因子均值为 0 即设定各组因子均值相等。如果存在第三组,则在 MODEL g3 中加设[F1 – F4@0]。

潜均值差异不变性的第三种设置：

MODEL： F1 BY y1 * y2 y3 y4 y5；

F2 BY y6 * y7；

F3 BY y8 * y9 y10 y11 y12；

F4 BY y13 * y14 y15 y16 y17；

［F1@0］；［F2@0］；［F3@0］；［F4@0］；！ Mplus 默认参照组潜均值为 0。

F1 - F4@1；

F1 with F2 - F4(2 - 4)；

F2 with F3 - F4(5 - 6)；

F3 with F4(7)；

！ y1 - y17(8 - 25)；

MODEL G2：

［F1 - F4 *］；！ 为了模型识别的目的，参照组的潜均值固定为 0，其他组的潜均值通过与参照组比较而获得，所以可以通过设定第 2 组潜均值自由估计，并通过显著性检验比较潜均值差异是否显著。

注:方框的是误差方差,由于不同学科对误差方差等值的要求是不一样的(Muthén & Muthén, 1998—2010),所以可以设定等同也可以不做要求,具体依研究背景而定。

7.4.2 多组测量不变性/等值检验结果

通过运行表 7-2 中的 Mplus 语句得到不同水平限定等值模型的拟合指数,这些指数整理后呈现在表 7-3 中。

根据表中拟合结果不难发现,形态等值模型(模型 A)的各项拟合指数均比较理想,满足进行随后等值检验的条件。在男女两组限定因子负荷等同设定弱等值模型(模型 B)中,各拟合指数与未限定等同的形态模型相比变化不大,卡方差异检验结果呈现在表 7-4 中。此时的 $\Delta\text{S-B}\chi^2 = 13.696, \Delta df = 13, p > .05$,证实了弱等值成立假设。进一步限定条目截距跨组等同即尺度等值或强等值(模型 C),卡方差异检验结果为 $\Delta\text{S-B}\chi^2 = 26.025, \Delta df = 13, p < .05$,说明强等值假设不成立,项目截距在男女生中存在差异。

表 7-3 PTSD-4 因子模型两组等值性拟合指数汇总表

Model	S-Bχ^2	df	TLI	CFI	AIC	RMSEA(90% CI)
(A)形态等值	310.640	226	.954	.961	28183.160	.036[.026, .046]
(B)负荷等值/弱等值	324.943	239	.955	.961	28172.416	.036[.025, .045]
(C)尺度等值/强等值	348.961	252	.952	.956	28172.379	.037[.027, .046]
(D)误差等值/严格等值	369.339	269	.954	.954	28161.995	.036[.027, .045]
(E)因子方差协方差等值	361.924	262	.953	.954	28168.848	.037[.027, .045]
(F)因子潜均值等值	375.433	266	.949	.950	28176.632	.038[.029, .047]

注:模型 E 和 F 未设定误差等值,所以模型 E 与模型 C 进行嵌套模型比较。

前面我们提到卡方检验易受样本量的影响,随着样本量增加即使很小的差异也会得到差异显著的结果,所以研究者提出使用拟合指数差异的方法(Cheung & Rensvold, 2002;Meade, Johnson & Braddy, 2008)检验测量等值,当差异 < .01 表明不存在显著差异,差异值在.01 到.02 之间时表明存在中等差异;当差异 > .02 说明存在确定的差异(Definite Differences)。本例中,模型 B 和 C 的拟合指数差异 ΔTLI = .003 和 ΔCFI = .005,均小于.01,说明强等值成立。误差方差等值限定是比较严格的假设(Muthén & Muthén, 1998—2010),由于不同学科对误差方差等值的要求不同,所以 Mplus 并未设定为默认检验项目。本例中,设定误差方差等值的模型并没有严重恶化拟合指数,所以支持误差等值的假设。随后的参数限定并未设置误差等值,所以模型 E 嵌套于模型 C。因子方差等值的结果提示满足多组不变性假设,因子协方差等值的限定也未显著恶化拟合指数。综上所述,情感麻木模型在男女生中具有相同的意义和潜在结构。

表 7-4　嵌套模型比较结果

模型比较	卡方差异检验	ΔTLI	ΔCFI
A vs. B	$SB_{Diff} = 13.659(13)$	+ .001	0
B vs. C	$SB_{Diff} = 25.914(13)^*$	− .003	.005
C vs. D	$SB_{Diff} = 20.059(17)$	+ .002	− .002
C vs. E	$SB_{Diff} = 12.529(10)$	+ .001	− .002
E vs. F	$SB_{Diff} = 16.065(4)^{**}$	− .004	− .004

注:$SB_{Diff} = S - B\chi^2$ 差异。

潜均值等值检验有两种思路,第一种是按照一般的等值检验程序限定潜均值等值,根据似然比和拟合指数差异判断限定等值是否恶化了模型拟合。第二种思路则依据均值结构方程潜均值估计的特点。在均值结构方程模型中,为了模型识别的目的,参照组的潜均值固定为0,其他组的潜均值(实际上是与参照组潜均值的差异)通过与参照组比较而获得,所以可以通过设定第2组潜均值自由估计,并通过显著性检验来比较潜均值差异是否显著。本例中,第二种思路的分析结果见表 7-5,G1 组的潜均值全部为 0,G2 组的潜均值(与参照组潜均值的差异)在 − .220 至.119 之间,显著性检验除 F4($p < .05$)外其他三个潜均值差异均不显著($p > .05$),结果与采用第一种思路分析的结果基本一致。

表 7-5　潜均值差异第三种设置的结果

G1:Means				
F1	0.000	0.000	999.000	999.000
F2	0.000	0.000	999.000	999.000
F3	0.000	0.000	999.000	999.000
F4	0.000	0.000	999.000	999.000
G2:Means				
F1	0.069	0.096	0.727	0.467
F2	0.119	0.097	1.226	0.220
F3	− 0.037	0.093	− 0.394	0.694
F4	− 0.220	0.098	− 2.245	**0.025**

7.5　纵向不变性/等值

纵向研究(也称作前瞻性研究,Prospective Study)有许多横断面无法比拟的独特优势而日益受到研究者青睐。例如,能够揭示心理活动发展变化的规律;通过纵向设计可以揭示因果关系。如同跨组比较一样,在进行纵向比较或建模时也需要考虑测量的纵向等值性。与多组等值研究相比,纵向不变性的实际应用研究则凤毛麟角。纵向不变性与多组不变性分析的流程相同,但在参数设定方面存在少许差异,本节将采用一个包含 2 次测量的重复测量数据来例证纵向等值性分析的过程及注意事项。

纵向不变性的分析流程同多组不变性,但在模型设定上存在些许不同。最显著的区别在于同一测量指标的误差允许相关(见图 7-2),在标准的 CFA 模型中一般不轻易允许指标误差相关(侯杰泰等,2004;也见第 6 章 MTMM 部分)。但在纵向等值模型中同一指标使用了不止一次(Pitts, West & Tein, 1996),而一般认为误差方差中包含的指标独特性方差在两次测量间假设保持恒定(Vandenberg & Lance, 2000),所以同一指标的误差允许相关是方法效应(method effect)的估计。如果不允许误差相关反而导致系统的参数估计偏差(如,高估同一因子间的重测相关),特别是在 SEM 中(Marsh et al. , 2010)。

实例分析

如前所述,PTSD 潜结构一直是该领域长久以来悬而未决的问题之一(Elhai & Palmieri, 2011;Yufik & Simms, 2010)。过往的研究虽然报告了 PTSD 不同症状能随时间流逝而缓解(e. g. , Blanchard, Jones-Alexander, Buckley & Forneris, 1996),但只是在观测变量水平上进行的。考虑测量误差后是否仍能发现类似结果尚不确知。另外,检验 PTSD 潜结构的纵向不变性有助于我们理解 PTSD 不同症状群之间随时间变化的特点(Wang,Elhai, Dai & Yao, 2012)。下面我们使用一个间隔 6 个月施测两次的 PCL-C 数据(此数据为多组比较分析使用数据的延续)来演示纵向不变性的检验过程和结果解释。这个数据包含 403 例被试在 PCL 上的得分,条目均值和分布形态数据呈现在表 7-7 中。我们同样采用 4 因子相关 PTSD 模型来逐步分析和解释结果,模型路径如图 7-2。

这里我们采用单一数据文件,即两次的测量数据包含在同一文件中,数据陈列方式见表 7-6。第一种数据陈列方式与路径图一致,容易理解,故在此我们采用这种方式。

表 7-6a　纵向数据陈列方式一

	Time1			Time 2		
Case1	$T1_1$	$T2_1$	$T3_1$	$T1_2$	$T2_2$	$T3_2$
Case2	$T1_1$	$T2_1$	$T3_1$	$T1_2$	$T2_2$	$T3_2$
Case3	$T1_1$	$T2_1$	$T3_1$	$T1_2$	$T2_2$	$T3_2$
Case4	$T1_1$	$T2_1$	$T3_1$	$T1_2$	$T2_2$	$T3_2$
Case5	$T1_1$	$T2_1$	$T3_1$	$T1_2$	$T2_2$	$T3_2$
Case6	$T1_1$	$T2_1$	$T3_1$	$T1_2$	$T2_2$	$T3_2$

注:数字下标表示测试时间点;T1 T2 T3 为题目顺序。

表 7-6b 纵向数据陈列方式二

	变	量		Group
Case1	$T1_1$	$T2_1$	$T3_1$	1
Case2	$T1_1$	$T2_1$	$T3_1$	1
Case3	$T1_1$	$T2_1$	$T3_1$	1
Case4	$T1_1$	$T2_1$	$T3_1$	1
Case1	$T1_2$	$T2_2$	$T3_2$	2
Case2	$T1_2$	$T2_2$	$T3_2$	2
Case3	$T1_2$	$T2_2$	$T3_2$	2
Case4	$T1_2$	$T2_2$	$T3_2$	2

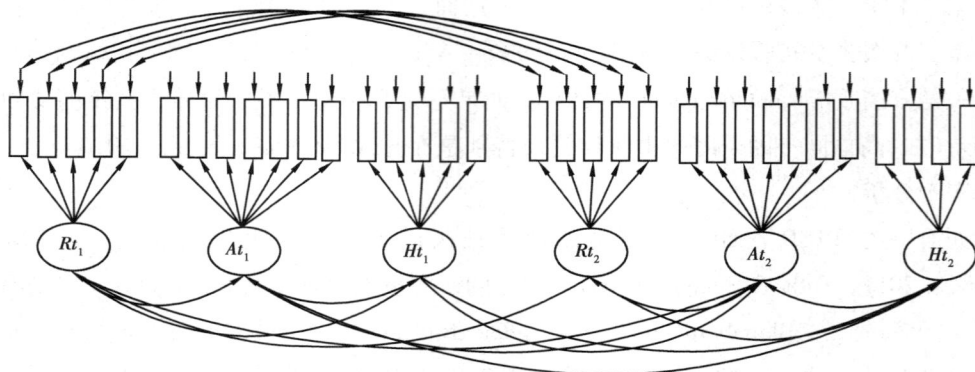

图 7-2 基于 DSM-IV 定义的纵向 PTSD 模型 (出于简洁的目的,误差相关未全部显示)

注:R = 再体验;A = 回避;H = 高警觉;t_1 = 时间 1;t_2 = 时间 2。

表 7-7 PCL-C 两次测量的条目均值及分布形态

ITEM	Time 1				Time 2			
	M	SD	Skew	Kurt	M	SD	Skew	Kurt
B1	2.34	1.13	.73	− .09	2.34	1.06	.77	.25
B2	2.00	1.18	1.06	.17	1.74	0.94	1.34	1.49
B3	2.24	1.19	.76	− .32	2.10	1.10	.82	− .06
B4	2.73	1.25	.34	− .84	2.66	1.19	.35	− .75
B5	2.21	1.25	.81	− .37	2.02	1.07	.88	.10
C1	2.11	1.10	.92	.21	.13	1.04	.82	.20
C2	2.12	1.13	.85	− .03	2.17	1.08	.73	− .11

ITEM	Time 1				Time 2			
	M	SD	Skew	Kurt	M	SD	Skew	Kurt
C3	2.14	1.11	.85	−.01	2.11	1.09	.86	.14
C4	1.91	1.16	1.17	.36	1.93	1.08	1.09	.45
C5	1.88	1.12	1.30	.92	1.99	1.08	.99	.26
C6	1.89	1.14	1.08	.08	2.08	1.16	.90	−.07
C7	1.82	1.21	1.34	.66	1.65	1.04	1.68	2.08
D1	2.02	1.17	1.06	.22	2.10	1.13	.98	.32
D2	2.12	1.16	.99	.26	2.36	1.16	.07	−.21
D3	2.34	1.17	.78	−.17	2.58	1.20	.50	−.60
D4	2.10	1.23	.93	−.18	2.09	1.08	.87	.16
D5	2.82	1.27	.29	−.98	2.71	1.20	.25	−.86

注:Skew = 偏态系数;Kurt = 峰态系数。

表 7-8 纵向测量不变性的 Mplus 语句

```
TITLE：This is an example of a longitudinal invariance

DATA：FILE IS ptsdreanalysis.dat；

VARIABLE： NAMES ARE y1 − 34；! 定义变量,由于两次测量的数据包含在
                         同一个数据文件中,所以是 34 个指标；

ANALYSIS：ESTIMATOR = MLM；

! 由于数据分布并非完全正态,所以这里采用 MLM 法

MODEL：f11 BY y1 − y5；! 定义第 1 次测量的 f1 因子；

      F12 BY y6 − y7；! 定义第 1 次测量的 f2 因子；

      F13 BY y8 − y12；! 定义第 1 次测量的 f3 因子；

      F14 BY y13 − y17；! 定义第 1 次测量的 f4 因子；

      F21 BY y18 − y22；! 定义第 2 次测量的 f1 因子；

      f22 BY y23 − y24；! 定义第 2 次测量的 f2 因子；

      f23 BY y25 − y29；! 定义第 2 次测量的 f3 因子；

      f24 BY y30 − y34；! 定义第 2 次测量的 f4 因子；

      y1 − y17 pwith y18 − y34；! 用 pwith 设定误差方差相关；

加设负荷等值：

  MODEL： f11 BY y1 y2 − y5(1 − 5)；! 通过相同的数字设定负荷等值；

         f12 BY y6 y7(6 − 7)；
```

续表

f13 BY y8 y9 – y12(8 – 12);
f14 BY y13 y14 – y17(13 – 17);
f21 BY y18 y19 – y22(1 – 5);
f22 BY y23 y24(6 – 7);
f23 BY y25 y26 – y29(8 – 12);
f24 BY y30 y31 – y34(13 – 17);
y1 – y17 pwith y18 – y34;

加设项目截距等值：

[y1 y18](18)；！通过相同的数字设定项目截距等值；

[y2 y19](19)；

[y3 y20](20)；

[y4 y21](21)；

[y5 y22](22)；

[y6 y23](23)；

[y7 y24](24)；

[y8 y25](25)；

[y9 y26](26)；

[y10 y27](27)；

[y11 y28](28)；

[y12 y29](29)；

[y13 y30](30)；

[y14 y31](31)；

[y15 y32](32)；

[y16 y33](33)；

[y17 y34](34)；

[f21 *]；[f22 *]；[f23 *]；[f24 *]；！由于前面两步 Mplus 默认因子均值为 0，从第三步严格不变性开始只默认第一组的因子均值为 0，其他组自由估计。然而本例采用"单组模型"，所以第二次测量的因子均值也被当作第一组因子处理了，因此在这里开始加上第二次因子均值自由估计的语句。

加设误差方差等值：

y1   y18(35)；！通过相同的数字设定误差方差等值，此时误差共变被去除；

y2   y19(36)；

y3   y20(37)；

y4   y21(38)；

y5   y22(39)；

续表

y6	y23(40);
y7	y24(41);
y8	y25(42);
y9	y26(43);
y10	y27(44);
y11	y28(45);
y12	y29(46);
y13	y30(47);
y14	y31(48);
y15	y32(49);
y16	y33(50);
y17	y34(51);
[f21*];[f22*];[f23*];[f24*];	

加设因子方差等值:

F11	F21(52);
F12	F22(53);
F13	F23(54);
F14	F24(55);
[f21*];[f22*];[f23*];[f24*];	

加设因子协方差等值:

f11 with f12(56);
f11 with f13(57);
f11 with f14(58);
f12 with f13(59);
f12 with f14(60);
f13 with f14(61);
f21 with f22(56);
f21 with f23(57);
f21 with f24(58);
f22 with f23(59);
f22 with f24(60);
f23 with f24(61);
[f21*];[f22*];[f23*];[f24*];

加设潜均值等值:

[f21@0];[f22@0];[f23@0];[f24@0];

由于第一组(这里为第一次测量)因子均值默认为0,所以这里设定第二组(第二次测量)因子均值为0来限定两组等值。或者直接将其删除。

按照上文介绍的分析程序对 4 因子 PTSD 模型进行检验和结果解释,所有拟合指数汇总在表 7-9 中。

第一步,形态不变性检验。通过设定路径图示意的模型语句(见表 7-2),允许各种参数自由估计,得到如下拟合指标,S-Bχ^2 = 619.979(df = 482, p < .01),TLI = .952,CFI = .959,SRMR = .043,BIC = 39205.105,RMSEA(90% CI) = .027(.020, .033)。尽管卡方检验显著,但其他拟合指标并不支持我们拒绝形态不等值的假设,因此进入下一步分析。

第二步,弱等值性检验。设定因子负荷等值即同一指标在不同测量点的负荷等同,检验同一条目在不同时间点测量的是否为同一构念。这一步限定了 17 对因子负荷等值,所以释放了 17 个自由度,但每个因子的第一个条目被默认为参照指标,所以共释放 17 − 4 = 13 个自由度。卡方检验同样显著 S-Bχ^2 = 648.30(df = 495, p < .01),TLI = .948,CFI = .954,其他各指标恶化并不明显。与未受限的形态模型相比,显著的卡方差异检验结果 ΔS-Bχ^2 = 29.467(Δdf = 13, p = .006)提示,限定因子负荷跨时间等值不成立。前面我们提到,卡方检验受样本量影响明显,随样本量的增加而更倾向于拒绝原假设,卡方差异检验也具有同样的特点,所以在此采用 Cheung 和 Rensvold(1999, 2002)推荐的拟合指标差异,即严格限定模型的拟合指数减去非限定模型的拟合指数之差。差异值(绝对值) < .01 表明限定等值并没用削弱模型拟合;差值在 .01 至 .02 之间表明存在中等程度的差异;差值 > .02 则说明差异明显。此时 ΔTLI 和 ΔCFI 分别等于 .004 和 .005,均小于 .01,支持指标负荷跨时间等值的假设。

第三步,截距等值或强等值检验。在上一步的基础上,设定每个指标两次测量的截距等值,也就是检验不同时间点症状严重程度差异。除卡方检验外,各拟合指数提示模型拟合尚可。卡方差异检验又一次拒绝了等值假设 ΔS-Bχ^2 = 85.965,Δdf = 17,p < .001,ΔTLI = .017 和 ΔCFI = .015 提示限定截距等值中度恶化模型拟合。

第四步,误差方差等值或严格等值检验。在第三步的基础上,设定误差方差等值。这一步的拟合指数提示的结论与上一步类似,除卡方检验外,各拟合指数提示模型拟合尚可。卡方差异检验显著(ΔS-Bχ^2 = 68.466,Δdf = 17,p < .001),ΔTLI 和 ΔCFI 提示中度恶化模型拟合。到此,四步完成了测量等值检验,下面两步(或三步)为结构参数检验。

第五步,因子方差等值检验。由于严格等值在很多情况下很难满足,而且在纵向不变性分析中误差相关,因此在随后的等值检验中都将释放误差等值的设定。卡方差异检验时,直接与强等值模型结果比较。各拟合指数与强等值模型的结果基本相同,卡方差异检验不显著(ΔS-Bχ^2 = 8.655,Δdf = 4,p = .07),ΔTLI 和 ΔCFI 均小于 .01,这些结果说明因子方差等值成立,即两次测量的真分数分布形态无显著差异。

第六步,因子协方差等值检验。检验四个因子之间的关系(相关系数),强度跨时间一致。此模型拟合数据理想,各指数与上一步模型差异非常小,卡方差异检验不显著(ΔS-Bχ^2 = 11.17,Δdf = 6,p = .069),ΔTLI 和 ΔCFI 均小于 .01,这些结果说明因子协方差等值成立,即四个因子之间的相关系数在两次测量之间保持稳定。

表 7-9 纵向不变性检验拟合指数汇总表

Model	$S-B\chi^2$	df	$\Delta\chi^2$	Δdf	p	TLI	CFI	SRMR	BIC	RMSEA(90% CI)
King's model/PTSD-numbing										
M1 Configural invariance	619.979	482	—	—	—	.952	.959	.043	39205.105	.027[.020, .033]
M2 Metric invariance	648.300	495	29.47	13	.006	.948	.954	.048	39160.036	.028[.021, .033]
M3 Scalar invariance	700.885	508	85.97	17	<.001	.936	.942	.050	39142.588	.031[.025, .036]
M4 Error Variance invariance	765.578	525	68.47	17	<.001	.923	.928	.052	39117.220	.034[.028, .039]
M5 Invariant factor variances	709.226	512	8.66	4	.070	.935	.941	.055	39128.295	.031[.025, .036]
M6 Invariant factor covariances	717.194	518	11.17	6	.069	.935	.940	.056	39102.519	.031[.025, .036]
M7 Latent mean invariance[1]	738.335	522	24.42	4	<.001	.930	.935	.053	39103.140	.032[.027, .037]
M8 Latent mean invariance[2]	722.119	512	24.57	4	<.001	.931	.937	.051	39143.356	.032[.026, .037]

注:1 = 误差方差自由估计,因子方差和协方差限定等同,该模型与 M6 比较;2 = 误差方差,因子方差和协方差自由估计,模型与 M3 比较。

第七步,潜均值等值检验。这里我们报告了两个因子潜均值等值的结果,第一个是接着因子协方差等值限定模型,加设因子潜均值等值。卡方差异检验显著($\Delta\text{S-B}\chi^2 = 24.42, \Delta df = 4, p < .001$),而 ΔTLI 和 ΔCFI 均小于.01,结果提示,因子潜均值等值成立。第二个是强等值模型(由于因子方差和协方差等值不是潜均值比较的前提,Vandenberg & Lance,2000),加设因子潜均值等值,该模型与强等值模型比较。卡方差异检验显著($\Delta\text{S-B}\chi^2 = 24.57, \Delta df = 4, p < .001$),而 ΔTLI 和 ΔCFI 均小于.01,结果提示,因子潜均值等值成立。至此,所有层次的不等值检验都已完成,根据上述各步结果可以得到 PTSD 四因子模型基本上满足各水平等值的结论。

7.6 高阶模型的测量不变性/等值

研究中经常遇到二阶或高阶模型,检验高阶模型的测量不变性与一阶模型类似,按照从弱到强的顺序依次进行检验。文献中报告了两种检验程序(Chen,Sousa & West,2005;Cheung,2008),就目前报告的等值研究文献来看,检验高阶等值的文章非常少。究其原因,可以从三个方面来解释,第一,尽管近年来等值研究日益增多,但与庞大的 CFA 研究数量相比仍然偏少;第二,实际数据很难满足高阶等值,进而不易被接受发表;第三,高阶等值检验程序复杂,直到最近才有方法学者详细介绍了高阶等值检验的具体步骤。下面分别介绍文献中报告的两种高阶等值检验程序:Chen 等(2005)介绍的"逐步递进式"和 Cheung(2008)介绍的"跨跃式"检验程序。

(1)"逐步递进式"

Chen 等(2005)介绍的检验二阶模型的程序类似于一阶模型检验程序,即先满足形态等同,接着满足一阶负荷等值,再满足二阶负荷等值,依次递进。具体来说,需要满足如下步骤:(a)形态等值;(b)一阶因子负荷等值;(c)二阶因子负荷等值;(d)指标截距等值;(e)一阶因子均值等值;(f)指标误差方差等值;(g)一阶因子误差方差等值。

(2)"跨跃式"

Cheung(2008)介绍的二阶因子模型不变性检验程序开始于一阶因子模型的严格等值。换句话说,二阶模型等值检验的前提是一阶模型需满足严格等值。

第一步检验二阶因子形态等值,即一阶因子与二阶因子间关系形态跨组等同,所以这里称为"跨跃式"程序。具体来说,(1)允许二阶因子负荷跨组自由估计,二阶因子方差各组设定为0;(2)参照组二阶截距即一阶因子的均值固定为0,其他组允许自由估计;(3)参照组二阶因子均值固定为0,其他组自由估计;(4)参照组二阶残差即一阶因子方差中未被二阶因子解释的部分固定为1,其他组自由估计。

第二步,通过设定二阶因子负荷跨组等同检验二阶弱等值,此时其他组二阶因子方差允许自由估计。

第三步,检验二阶截距等值。设定二阶截距即一阶因子的均值等同,其他组二阶因子均值自由估计。

第四步,检验二阶因子模型严格不变性。通过限定各组二阶残差为 1 设定其跨组等值。

第五步,检验二阶因子方差等值。通过设定各组因子方差为 1 来实现。

第六步,检验二阶因子潜均值等值。通过设定各组二阶因子潜均值为 0 实现。

(3)两种方法比较

"逐步递进法"只涉及测量不变性,而"跨越式"方法涉及结构参数不变性。前面我们提到,只有当一阶 CFA 拟合数据良好时,才有必要进行二阶模型拟合尝试,否则拟合结果将不理想。而跨越式的分析程序类似于这种思路,即先满足一阶参数等值后再进行二阶参数等值检验,否则没有进一步尝试的必要。然而在理论上某些概念本身就是二阶结构,检验的起点即为二阶模型,此时的检验过程类似于逐步递进法。目前,采用任何一种方法的应用研究都不多,尚未有对两种方法进行比较的研究,所以两者的优劣还不清楚。

7.7　MIMIC 模型检验不变性

7.7.1　MIMIC 模型概述

MIMIC 模型是多指标-多因模型(Multiple-Indicator Multiple-Cause, MIMIC；Joreskog & Goldberger, 1975)的缩写。图 7-3 是一个典型的 MIMIC 模型,图中包含 2 个潜因子(F1 和 F2)各带 3 个测量指标,2 个因子存在 3 个预测变量(X1—X3),此类模型可以看作是带有协变量的 CFA 模型。例如,6 个指标 2 个因子的测量结构可能会受到人口学变量,如性别、种族等的影响,此时可以将这些影响因素纳入到 CFA 中作为协变量加以控制。MIMIC 用于检验测量不变性就是利用这一思想。

7.7.2　MIMIC 用于检验测量不变性

多组验证性因素分析检验不变性有很多优点,其中最突出的是可以在不同限定水平上进行等值检验。然而在实际研究中使用 MCFA 做等值检验存在一些不便之处。例如,当不同的分组变量之间存在交互效应时,如性别 × 民族 × 籍贯。在这里 MCFA 类似于多因素方差分析,而处理两个以上自变量交互时则显得非常笨拙。如性别、民族和籍贯交互的例子,假设民族和籍贯各有 2 个取值(汉族和少数民族,城市和农村),那么用 MCFA 或 IRT 检验等值就要将样本分成 $2 \times 2 \times 2 = 8$ 组。这种做法存在两个问题(同方差分析):第一,有些组样本量太少,如"城市少数民族女性"组的被试可能比"城市汉族男性"

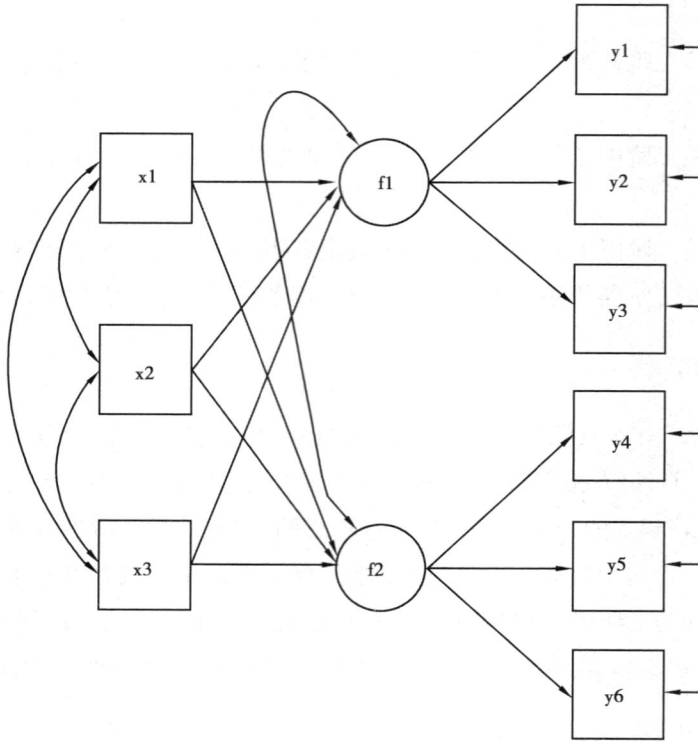

图 7-3   MIMIC 模型示意图

组少很多。即使只有两组,当样本量存在较大差异时(1000 vs. 100),进行 MCFA 等值检验也不利于结果的推广。第二,多组等值分析的过程繁琐,对于初学者较难理解和掌握。在 SEM 框架下还存在另外一种模型可以处理等值问题,那就是多指标-多因模型(Joreskog & Goldberger,1975)。

上述提到的情景采用 MCFA 非常麻烦,而通过 MIMIC 模型则可以顺利处理。MIMIC 模型处理等值的原理见图 7.4。

在图 7.4 中,θ 为潜因子,γ 为潜因子在协变量上的回归系数,α 为因子负荷,β_i 为协变量指向指标的回归系数。当 γ 显著,说明潜均值在协变量的不同水平上存在差异;当 β_i 显著,说明考虑个体在 θ 上的均值差异后,指标截距在协变量的不同水平上存在差异,用项目反应理论的术语表述就是存在项目功能差异(Differential Item Functioning,DIF)。γ 系数也存在这样的解释,即在控制指标截距差异的基础上检验潜因子 θ 在 group 变量上的均值差异。

7.7.3   MIMIC 用于检验测量不变性的策略

如果按照路径图 7-4 所示的模型进行估计,模型不能识别。通常使用的分析策略有基于修正指数的方法(Muthén,1989)和逐步检验法(e. g.,Chen & Anthony,2003;Finch,2005)。第一种方法的主要思想是,先假设所有项目不存在 DIF,然后根据修正指数的提示

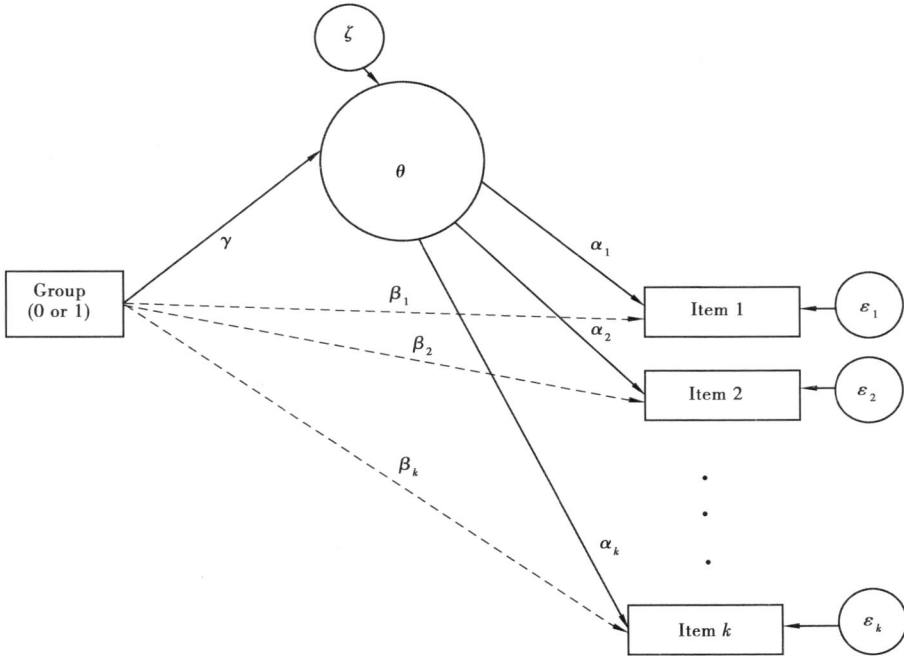

图 7-4　MIMIC 检验测量不变性示意图

判断项目是否需要考虑允许某个项目在协变量上自由估计。逐步检验法在考察某个条目是否存在 DIF 时假设其他指标均不存在 DIF,接着一步一个条目地进行比较。关于 MIMIC 用于检验 DIF 的更多内容可参见 Finch(2005)和 Woods(2009)的文章。

　　但 MIMIC 模型有先天的不足,那就是其只能处理两种参数的等值:截距等值和潜均值等值。

7.7.4　MIMIC 检验测量不变性示例

　　下面以 PCL 前 7 个条目为例演示 MIMIC 检验测量不变性的分析过程,这里仅做示例,不关心结果的意义。Mplus 语句和结果呈现在表 7-10 中。假设检验 PCL 前 7 个条目在不同性别组上是否存在潜均值和截距的差异,模型的拟合指数良好,S-Bχ^2 = 59.63(df = 14, $p < .001$),TLI = .881,CFI = .940。性别变量到因子的回归系数为.127(图7-5),并不显著($p > .05$),到条目的系数只有第 5 个是显著的,$\beta = -.121, p < .05$。结果说明潜变量 F1 在男女生间不存在显著差异,只有条目 y5 存在 DIF。

表 7-10　MIMIC 测量不变性检验的 Mplus 语句

TITLE： This is an example of MIMIC model for invariance test
DATA： FILE IS PTSD gender. dat;
VARIABLE：NAMES ARE group y1 – y17;
usevariable = group y1 – y7;

续表

```
ANALYSIS: ESTIMATOR = MLM;
MODEL:    F1 BY Y1 – Y17;
          y2 – y7 on group;! 为了模型识别的目的,条目 y1 的负荷默认为 1,所以这里只回归
y2 – y7 六个指标。
          f1 on group;
OUTPUT: stand   MODINDICES (10.0);
```

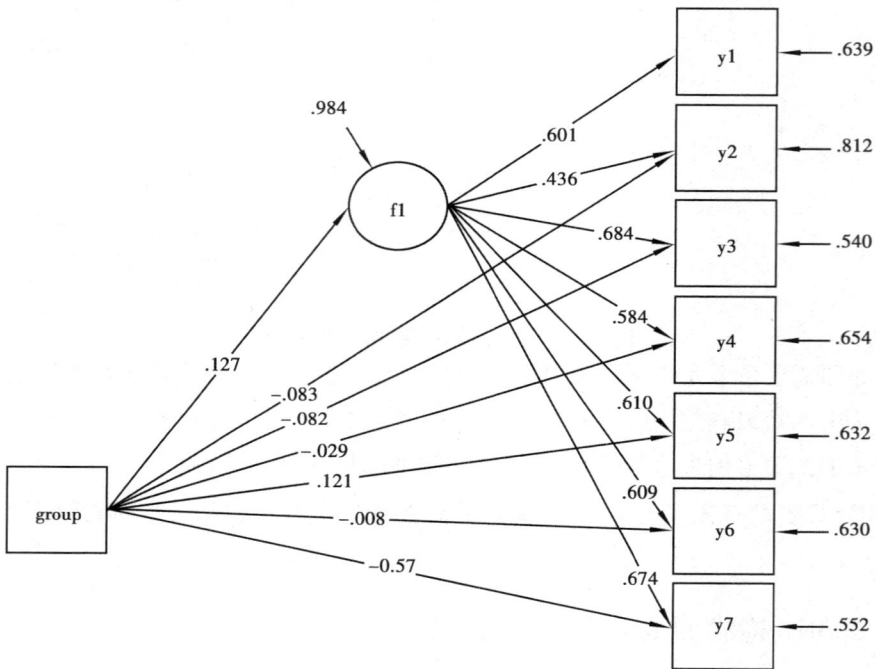

图 7-5　示例的 MIMIC 路径图

7.8　与 IRT 比较

　　文章的开头我们提到了检测等值的方法大致可以分为两大类,本章的内容到目前为止都是介绍两类中的 MCFA 法。下面我们将用少量篇幅简单介绍另一类检测等值的方法——基于 IRT 的 DIF 程序。需要说明的是,只用少量篇幅介绍 IRT 的方法,并不是说其不重要。通过下面简要的比较,读者会发现这两种方法在一定条件下是等价的(e.g.,Reise,Widaman & Pugh,1993),在另外一些条件下相互补充,更有研究者试着将两种方法整合到一起(Stark,Chernyshenko & Drasgow,2006)。通过下面几点我们可以概略了解一下两类方法的异同:

第一,IRT 中的项目区分度和位置参数(难度)分别对应着 CFA 中的因子负荷和项目截距,然而 IRT 中并没有与 CFA 中项目独特性(误差)相对应的参数,但在 IRT 中提供了一个类似的参数——与特质水平相关的标准误函数。

第二,IRT 中观测指标与潜在因子之间的关系是非线性的,而 CFA 中多为线性的(当然也存在非线性 CFA),但两种方法在差异检验程序类似,都采用嵌套模型比较的方法(似然比)。

第三,IRT 中检验区分度和难度是同时完成的,而在 CFA 中需要分别检验。上文提到,在 Mplus 中默认因子负荷和截距等值,如果不做任何改动,通过 Mplus 进行多组比较得到类似 IRT-DIF 的结果。其实在 Mplus 中,当问卷为单维结构时,IRT 和 CFA 是等同的,区别在于数据类型不同 Mplus 中的参数估计方法不同,即 WLSMV vs. ML/MLM/MLR(二分数据 vs. 连续数据)。

第四,在 IRT-DIF 检验中,很少检验因子方差和协方差差异,因为 IRT 通常处理单维模型,尽管多维 IRT 模型发展迅速(e. g., Yao & Boughton, 2007),但计算过程仍然很复杂,在实际应用中很少见(Schmitt & Kuljanin,2008)。进一步讲,MCFA 中检验的等值水平要多于 IRT。

第五,不少研究比较了 IRT 和 CFA 在检验 DIF 时的差异(e. g., Meade & Lautenschlager, 2004;Raju, Lafitte & Byrne, 2002;Reise, Widaman & Pugh, 1993),也有研究者试着将两种检测方法整合到一起(Stark, Chernyshenko & Drasgow, 2006)。

顾名思义,项目功能差异是指项目的功能存在差异,因此 DIF 更多的是在项目水平上考虑问题。而在整个测验水平上考虑功能差异称作测验功能差异,即 DTF(Differential Test Functioning, DTF)。对于一个测验来说,可能存在 DIF,但并不一定存在着 DTF,因为不同方向的 DIF 可能相互抵消。DIF 更多地是针对条目水平的分析,而 CFA 则是在整体条目水平即量表水平上进行的,当然 CFA 也可针对单个条目进行。

7.9 本章小结

本章作为 CFA 的扩展主要探讨了测量不变性的问题[1]。本章从测量不变性的概念入手,详细介绍了不变性分析原理和步骤。通过实例演示了跨组不变性、纵向不变性和二阶模型的分析过程,给出了详细注解的 Mplus 语句,为日后读者开展自己的研究提供了参考。尽管本章主要论述测量模型,结构模型的不变性也同样适用本章介绍的原理和方法。

---

[1] 本章只考虑了单水平数据的测量不变性的情况,当数据呈现多水平结构时需要考虑不同水平间数据的嵌套关系,否则将会导致较高的一类错误(Kim, Kwok & Yoon, 2012)。

※推荐读物※

  Vandenberg 和 Lance(2000)发表在 *Organizational Research Methods* 上的文章可谓是测量不变性的经典之作,也是测量不变性论文中引用最多的文章之一。该文对 MI 的概念、分析步骤给予了充分的论述,同时对之前的应用进行了总结,对未来的研究给予了建议。Reise,Widaman 和 Pugh(1993)的文章比较了 CFA 和 IRT 检验测量不变性时的异同,类似的文章还有 Raju,Laffitte & Byrne(2002)和 Stark,Chernyshenko & Drasgow(2006)。

Vandenberg, R. J., & Lance, C E. (2000). A review and synthesis of the measurement invariance literature: Suggestions, practices, and recommendations for organizational research. *Organizational Research Methods*, *3*, 4-69.

Reise, S. P., Widaman, K. F., & Pugh, R. H. (1993). Confrmatory factor analysis and item response theory: Two approaches for exploring measurement invariance. *Psychological Bulletin*, *114*, 552-566.

Raju, N. S., Laffitte, L. J., & Byrne, B. M. (2002). Measurement equivalence: A comparison of methods based on confirmatory factor analysis and item response theory. *Journal of Applied Psychology*, *87*, 517-529.

Stark, S., Chernyshenko, O. S., &Drasgow, F. (2006). Detecting Differential Item Functioning With Confirmatory Factor Analysis and Item Response Theory: Toward a Unified Strategy. *Journal of Applied Psychology*, *91*, 1292-1306.

8 结构方程模型

8.1 结构方程模型简介

结构方程建模(Structural Equation Modeling, SEM)是通过对变量协方差进行关系建模的多元统计方法,由于是基于变量协方差进行的建模,所以结构方程模型常被称为协方差结构模型(Covariance Structure Modeling, CSM)。在发展的早期,SEM 主要处理变量间的线性关系,所以也称作线性关系模型或简称 LISREL 模型(LInear Structural RELationship, LISREL)。近来非线性 SEM 发展也很迅速(Schumacker & Marcoulides, 1998;Skrondal & Rabe-Hesketh, 2004),受篇幅限制本章讨论的内容主要是线性关系部分。在多水平结构数据中亦可以使用 SEM 处理,这时的 SEM 称作多水平 SEM(Multilevel-SEM, MSEM;e. g. , Hox, 2010)。

一般来说,可以将结构方程模型分解成两个部分:测量模型和结构模型。测量模型涉及指标与潜变量之间的关系,主要处理的是潜变量的测量问题,排除误差对测量精确性的影响,单独的测量模型即为验证性因素分析模型(见本书第 5、6、7 章)。结构模型涉及潜变量之间以及与非潜变量测量指标以外的观测变量之间的关系,主要处理不同概念之间假设的因果关系[1],如果模型中只有观测变量而没有潜变量,结构模型部分即变成路径分析模型(见本书第 3 章)。

---

[1] SEM 是否能够处理因果关系的问题相当复杂,这里采用假设的因果关系不等于实际的因果关系,而是存在于理论或研究模型中假定的因果关系。

　　SEM 常常被用作理论验证的工具,如验证性因素分析常用作测验或量表结构效度的评价工具,结构模型用作验证理论假设间的关系。这体现了其验证性的特点,所以在使用 SEM 时很注重分析前的理论构建。在某种意义上来说,只有建立在坚实理论基础之上的 SEM 分析才是有意义的,否则具有数据驱动的特点,变成了探索性分析[1]。

　　图 8-1 呈现了一个完整的 SEM 路径图。图中涉及四个潜变量,各带三个测量指标,其中 F1—F2 是外生潜变量,F3 和 F4 为内生潜变量,其中 F3 又是中介变量。

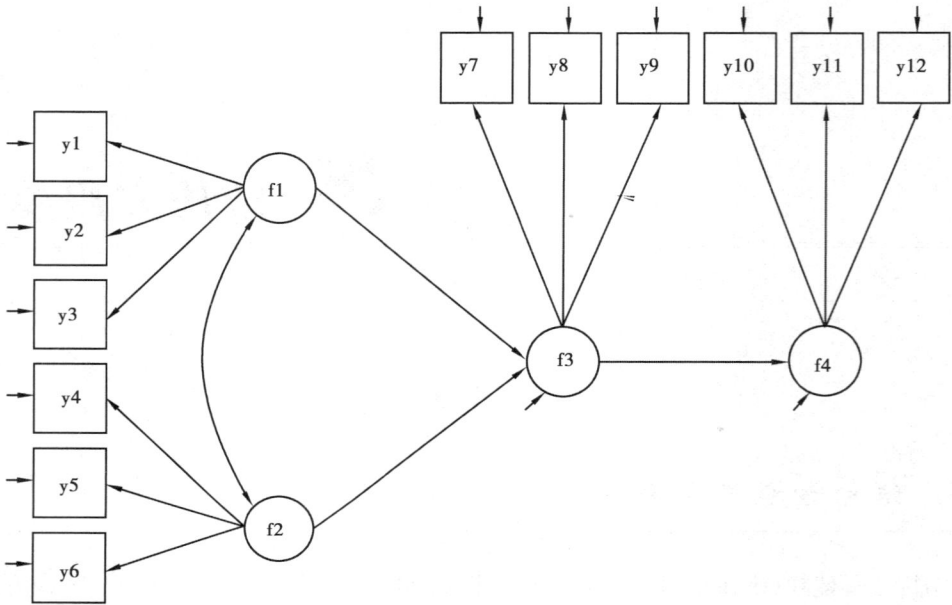

图 8-1　SEM 路径图

8.2　结构方程模型优点

　　SEM 整合了传统的路径分析、多元回归和因子分析(Bentler, 1980),所以与传统的路径分析和因子分析相比,SEM 有许多的优点:

　　第一,考虑测量误差的影响。像因素分析那样,SEM 在估计测量模型时会考虑测量误差。因为只要是测量就存在误差,即使物理测量也不例外,所以考虑测量误差的模型才是更准确的模型。

　　第二,同时处理几个因变量。这一优点是对回归分析的突破,在回归分析中,一次只能处理一个因变量。在实际研究或真实世界里,变量或现象之间是彼此关联的,实际的关系往往是多个原因多个结果,很少有单纯的一因一果关系,这一点在非实验研究的调

---

〔1〕　当然,也有研究者使用 SEM 作为理论发展的工具,通过 SEM 的结果对理论进行修正、再验证,具有探索的意味,但这一过程本身还是由几个验证性过程组成的。

查研究设计中最为常见,所以使用 SEM 可以更好地解释多变量间的关系。然而,SEM 并不局限于调查研究,也可以用于实验研究数据的分析(Russell, Kahn, Spoth & Altmaier, 1998)。

第三,同时考虑测量模型和结构模型。上述两点可以看作是对传统因素分析和路径分析的继承和发展,将这两点合二为一,放入同一个模型中同时估计则是 SEM 最具特色的地方。既然对多种关系同时估计,在统计上便可对整个模型的拟合情况进行整体估计,而传统方法则不具备。

第四,SEM 具有理论验证的特点[1]。对于复杂现象的抽象模型简化了真实世界的关系,这种简化是否合理,需要进一步验证,SEM 便是理论验证不错的工具。至于 SEM 能否验证变量间的因果关系,不同的研究者有不同的看法,目前学者公认的观点是通过特定的研究设计 SEM 可以验证因果关系。

一般而言,SEM 研究多采用横断面数据,模型中假设的自变量和因变量在同一时间点采集,很难满足因果关系的必要条件之一:因在前果在后的先行后续关系。当然,采用纵向研究设计和分析模型并不一定能揭示变量间的因果关系,但为推定因果关系提供了可能性。

8.3 结构方程模型的分析原理

SEM 包含测量模型和结构模型两部分,所以矩阵表达式由测量和结构两部分组成:

测量方程:$\chi = \Lambda_x \xi + \delta$

$$y = \Lambda_y \eta + \varepsilon$$

结构方程:$\eta = B\eta + \Gamma\xi + \zeta$

其中,χ 为 q 个外生指标组成的 $q \times 1$ 向量,ξ 有 n 个外生潜变量组成的 $q \times 1$ 向量,Λx 是 χ 在 η 上的 $q \times n$ 因子负荷矩阵,ε 为 q 个测量误差组成的 $q \times 1$ 向量。y 为 p 个内生指标组成的 $p \times 1$ 向量,η 由 m 个内生潜变量组成的 $p \times 1$ 向量,Λ_y 是 y 在 ξ 上的 $p \times m$ 因子负荷矩阵,δ 为 p 个测量误差组成的 $p \times 1$ 向量。B 为内生潜变量 η 间的 $m \times m$ 系数矩阵,Γ 为外生潜变量对内生潜变量的影响的 $m \times n$ 系数矩阵,ζ 为 $m \times 1$ 残差向量。

SEM 有如下基本假设:

(1)测量方程的误差 ε 和 δ 均值为 0;

(2)结构方程的残差项 ζ 均值为 0;

(3)误差项 ε 和 δ 与因子 η 和 ξ 不相关,ε 和 δ 间也不相关;

(4)残差 ζ 与 ε,δ 和 ξ 不相关。

---

[1] 随着方法的发展,SEM 也具有探索的功能,如探索性结构方程模型(Asparouhov & Muthen,2009;Marsh et al., 2009)。

8.4 SEM 建模过程

CFA 和路径分析作为 SEM 的特殊形式,它们的建模过程遵从一般 SEM 建模原则,所以 SEM 的建模过程和第 5 章介绍的 CFA 建模过程类似,流程图见图 5-3。下面主要强调模型设定和模型识别,模型评价等参见 CFA 和路径分析相关内容。

8.4.1 模型设定

结构方程建模与 CFA 过程基本一致,但在这里需要强调的是理论的重要意义和作用(Hayduk & Glaser, 2000; Hayduk et al. , 2007)。从科学研究的角度讲,在研究设计之前应该在已有的研究结果或理论基础上对变量之间的关系进行初步的预判。根据变量之间预判的关系建立概念网络(Nomological Network),这个网络可以借助路径图的形式呈现,然后收集数据对假设的模型进行验证。如果事先没有基于文献或理论假设的模型,而是完全根据数据的提示修改模型,最后也能得到一个“理想”的拟合指数,但这种做法显然已不是科学研究的范畴了。

更重要的是,在 SEM 中,统计模型和概念模型并非完全对应的,概念模型是基于理论的,变量间“因果关系”是事先确立的,而统计模型中并不会考虑这一点,所以同样的变量可以构建多个等同模型(Equivalent Models),这些等同模型在统计是完全一样的,但理论意义相差甚远(Breckler, 1990; Lee & Hershberger, 1990; MacCallum et al. ,1993)。在实际研究中,研究者往往忽略等同模型的存在,有时甚至是故意的(MacCallum & Austin, 2000)。

综上所述,在结构方程建模之前需要有合理的理论假设,变量之间的假设关系在逻辑上是合理的,否则执行 SEM 没有意义。

8.4.2 SEM 的识别规则

SEM 主要有如下规则(Bollen, 1989; 侯杰泰等,2004):

a. t 法则:$t \leqslant (p+q)(p+q+1)/2$ 或 $df \geqslant 0$

t 为自由参数的个数,p 为内生指标的个数,q 为外生指标的个数。

b. 两步法则(Two-step Rule, Bollen, 1989)

将 SEM 分解成测量模型和结构模型两部分分别进行识别。

第一步,SEM 的测量模型部分可以识别;

第二步,SEM 的结构模型部分可以识别;

如果上述两步都满足,则 SEM 可以识别。

具体来说,第一步,对测量模型进行识别。不区分外生和内生变量,将所有测量模型做一个 CFA 模型进行识别(识别规则见本书第 5 章)。如果测量模型可以识别则接着进行下一步的结构模型识别检验。以图 8-1 的路径图为例,第一步的测量模型路径图如图 8-2 所示。根据 CFA 的识别规则(见第 5 章表 5-3),测量模型可以识别。

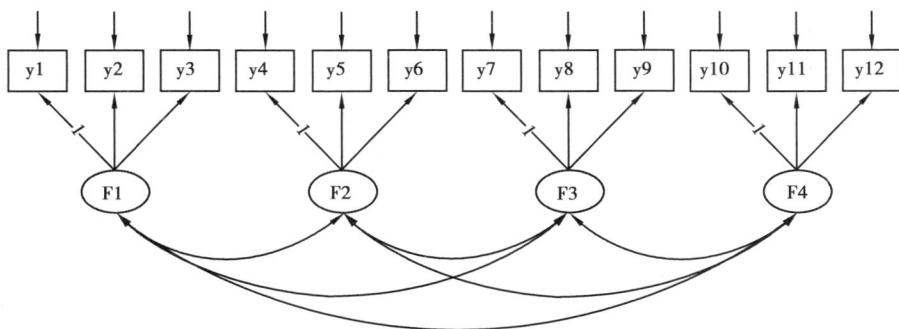

图 8-2   测量模型路径图

第二步,对结构模型进行识别。将潜变量作为显变量按照路径分析模型的识别规则进行判别(见本书第 3 章),路径图如图 8-3。结构路径模型为递归模型,根据路径模型的识别规则:所有的递归模型都可以识别。此 SEM 满足两步法则,所以可以识别。

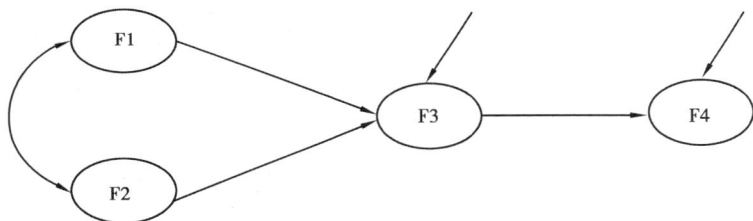

图 8-3   结构模型路径图

两步法则也可作为 SEM 的分析步骤,即首先建立测量模型再建立 SEM 全模型。当然,也可以建立全模型直接进行估计,但是如果拟合得不好很难确定是测量模型还是结构模型出了问题。而两步法先对测量模型进行估计,如果测量模型拟合不好,SEM 模型拟合情况会更糟糕;如果测量模型拟合得好,SEM 可能拟合得好也可能拟合得不好。

关于 SEM 的拟合评价等请参见第 5 章 CFA 的相关内容,SEM 建模过程的特殊问题见第 9 章。

8.5   潜变量调节模型

8.5.1   潜变量调节概述

调节效应分析是社会科学研究的重要议题,是理论发展精确化的重要途径。传统回归模型中没有考虑指标的测量误差,通常会扭曲参数估计结果(Edwards,2008;MacCallum & Mar,1995)。目前方法学界的研究主要集中在潜变量调节效应的分析上(e.g.,Marsh,Wen & Hau,2004;Klein & Muthén,2007;Wen,Marsh & Hau,2010;吴艳,温忠麟，林冠群，2009），更新非常快。总的来说，这些方法可以大致分为如下两类：乘积指标法和分布分析法（Kelava et al.，2011）。乘积指标法的研究较多而且更新速度较快，分布分析法包含两种主要的方法：潜调节结构方程法（Latent Moderated Structural Equations LMS；Klein & Moosbrugger，2000）和准极大似然估计法（Quasi-Maximum Likelihood，QML；Klein & Muthén，2007）。由于 QML 需要专门的分析软件，目前在 Mplus 中尚不能实现，所以下面分别介绍乘积指标法和 LMS。QML 的分析过程可参见温钟麟等（2012）和 Klein 和 Muthén（2007）。

8.5.2　乘积指标法

（1）乘积指标法（Product Indicator approach）概述

在第 3 章我们讨论了调节或交互效应的路径分析策略，当不考虑测量误差时，通常使用层次回归检验交互效应，其方程表达式为：

$$Y = \beta_0 + \beta_1 X + \beta_2 W + \beta_3 XW + \varepsilon$$

由于回归分析使用的测量没有考虑测量误差，通常会扭曲参数估计结果（Edwards，2008；MacCallum & Mar，1995）。如前所述，SEM 在分析测量误差时存在诸多优势，因此在 SEM 内考察潜变量交互效应存在显著优势。

将上述方程推广至潜变量情境，方程可改写成（Jöreskog & Yang，1996）：

$$\eta = \alpha + \gamma_1 \xi_1 + \gamma_2 \xi_2 + \gamma_3 \xi_1 \xi_2 + \zeta$$

图 8-4 是一个典型的交互效应路径图。图中包含 2 个外生潜变量和一个内生潜变量，2 个外生潜变量间存在交互效应。每个潜变量包含 3 个测量指标，交互效应潜变量的指标采用外生潜变量的配对相乘后的乘积项（Marsh，Wen & Hau，2004）。

传统上，上述模型估计需要额外的约束条件（Jöreskog & Yang，1996），这些约束条件使得方程变得复杂，操作上易出错，不易为一般应用研究者掌握。随后的研究主要集中在如何释放这些约束条件（温忠麟，吴艳，2010），如部分约束模型（Wall & Amemiya，2001）、无约束模型（Marsh et al.，2004）和扩展的无约束模型（Kelava & Brandt，2009）。

无约束方法在许多方面与部分约束和约束方法具有可比性，包括模型拟合指数，主效应和交互效应的估计偏差和精确度，在大多数情况下三种方法的结果基本相当。然而，在正态条件满足但样本容量小（如 N = 100）的情况下，无约束方法的精确度比约束方法的略低。而在严重非正态情形，无约束方法反而比约束方法更好（Marsh et al.，2004）。

无论是约束方法还是部分约束和无约束方法均需要均值结构，而普通研究者对均值结构并不了解。最近，吴艳等（2009）提出了无需均值结构的交互效应建模方法，即使用如下公式：

$$\eta = \alpha + \gamma_1 \xi_1 + \gamma_2 \xi_2 + \gamma_2 [\xi_1 \xi_1 - E(\xi_1 \xi_2)] + \zeta$$

公式中使用 $x_1 x_4 - E(x_1 x_4)$，$x_2 x_5 - E(x_2 x_5)$ 和 $x_3 x_6 - E(x_3 x_6)$ 作为交互项 $\xi_1 \xi_2 - E(\xi_1 \xi_2)$ 的指标，更多计算细节参见吴艳等（2009）。

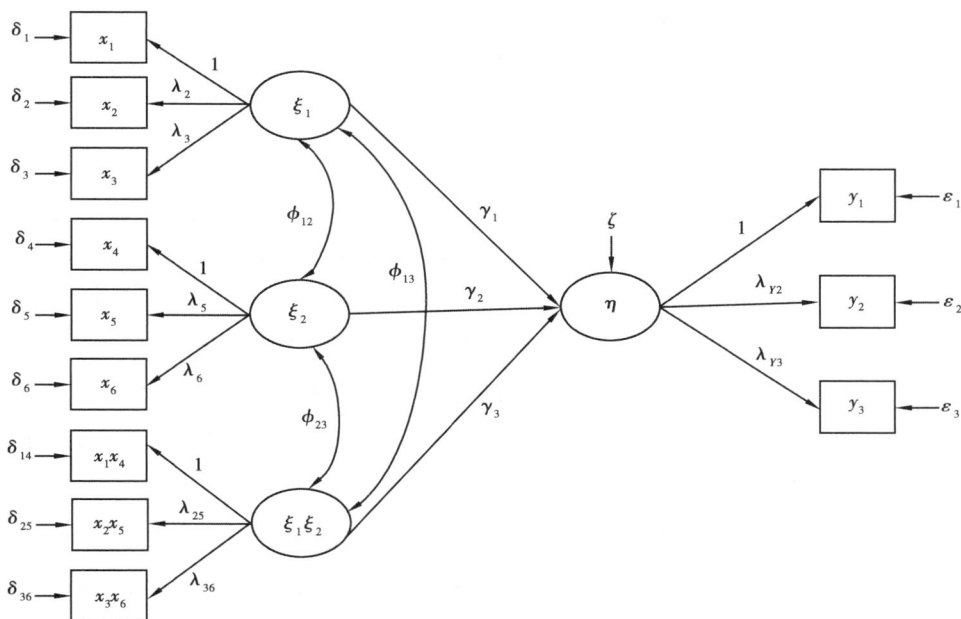

图 8-4　潜在交互效应路径图

（2）乘积指标的产生策略

乘积指标法保留了交互效应回归检验法的特点，即需要构建交互项。但是在潜变量模型中构建交互项并不像回归模型中那么简单（见本书第 3 章），因为存在不同的策略生成交互潜变量的指标（e. g., Marsh, Wen & Hau, 2004；温忠麟, 吴艳, 2010；温忠麟等, 2012），即使同样的数据采用不同的乘积指标生成策略也可能产生完全不同的参数估计结果，所以产生乘积指标的策略显得尤为重要了。

常见产生乘积指标的策略有三种：

（a）所有可能的乘积指标。ξ_1 和 ξ_2 分别包含 3 个指标 x_1—x_3 和 x_4—x_6，存在 9 种可能的乘积指标即 $x_1x_4, x_1x_5, x_1x_6, x_2x_4, x_2x_5, x_2x_6, x_3x_4, x_3x_5, x_3x_6$。

（b）配对乘积指标。采用配对乘积法，上例可以产生 3 个配对指标 x_1x_4, x_2x_5, x_3x_6。

（c）单一乘积指标。只使用所有乘积指标中的一个作为交互潜变量的指标。

Marsh 等（2004）系统比较了上述三种产生乘积指标的策略。在综合考虑模型简洁性、拟合指数、估计偏差和精度之后，发现配对乘积指标较好，其他研究者也得到类似的结论（Saris, Batista-Foguet & Coenders, 2007）。配对乘积通常根据指标负荷大小进行配对，即高负荷指标间配对，低负荷指标间配对（Marsh et al., 2004；Saris, Batista-Foguet & Coenders, 2007）。

（3）乘积指标法小结

乘积指标法始终存在这样一个问题，即乘积项非正态分布（Moosbrugger,

Schermelleh-Engel & Klein, 1997; Klein & Moosbrugger, 2000), 基于正态分布假设的显著性检验结果和置信区间将产生偏差。总的来说, 乘积指标法的分析过程比较繁琐, 一般应用研究者不易掌握。

8.5.3　潜调节结构方程法

潜调节结构方程法解决了乘积指标法面临的两个问题: 乘积指标生成和乘积项非正态分布。LMS 将非正态分布视作条件正态分布的混合(Mixture of Conditionally Normal Distributions), 因此交互效应项不需要人为构造指标, 避免了不同乘积指标生成策略产生参数估计不一致的问题。LMS 不需要交互效应项正态分布的假设, 所以也解决了乘积项非正态产生的估计偏差问题(Kelava et al., 2011; Klein & Moosbrugger, 2000; 温忠麟等, 2012)。LMS 需要使用原始数据的全部信息, 所以在分析时需要使用原始数据。参数检验使用 Wald z 检验, 嵌套模型的比较使用似然比检验, 但就通常的研究样本量, 似然比检验优于 Wald 检验(Kelava et al., 2011)。LMS 不提供模型拟合指数, 模型比较可使用信息指数 AIC 和 BIC。更多的技术细节请参见 Klein 和 Moosbrugger(2000)。乘积指标法可以在流行的 SEM 软件中执行, 而 LMS 目前只能在 Mplus 中执行。

8.5.4　二次效应模型

潜变量交互效应与二次效应同时考虑时的方程表达式如下:

$$\eta = \alpha + \gamma_1\xi_1 + \gamma_2\xi_2 + \omega_{12}\xi_1\xi_2 + \omega_{11}\xi_1^2 + \omega_{22}\xi_2^2 + \zeta$$

其中, ξ_1 和 ξ_2 为潜在预测变量, γ_1 和 γ_2 为线性效应系数, ω_2 为交互效应系数, ω_{11} 和 ω_{22} 为二次方效应系数, ζ 为残差, α 为潜因子截距, η 为因变量。路径图如图 8-5 所示。

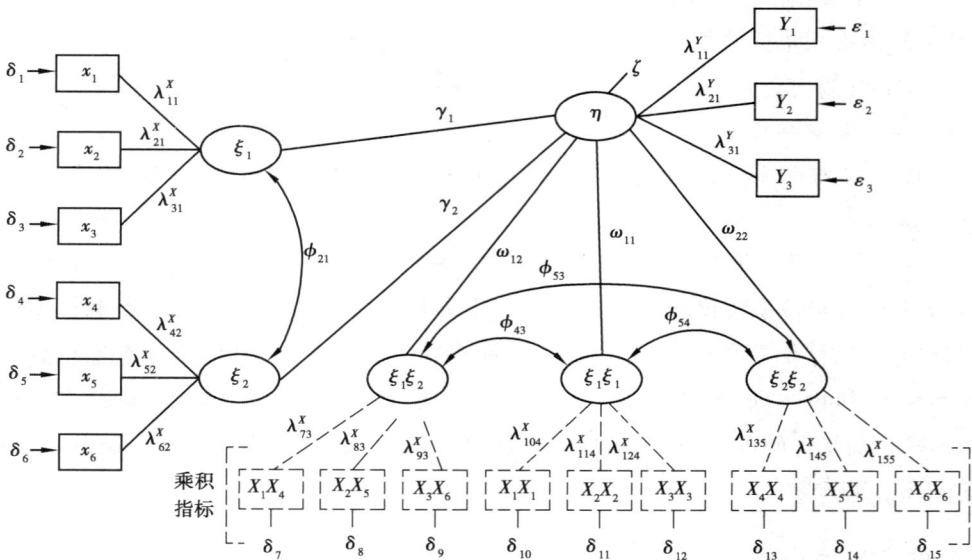

图 8-5　带有交互效应和二次效应的模型示意图

带有二次效应的模型同样可以采用乘积指标法和 LMS 法进行估计,有兴趣的读者可参见 Kelava 等(2011)。

8.6 示例和 Mplus 分析过程

下面我们以具体的例子演示几个常见的 SEM 分析过程,这里着重强调 Mplus 的分析过程,所以对该模型的理论基础并不严格限制,但在实际研究中模型的提出必须要有坚实的理论基础。

8.6.1 中介 SEM 分析示例

(1)理论模型设定

假设根据相关理论和过去的研究结果,我们提出如图 8-6 的假设模型。消极应对和自我效能感在应激和抑郁间存在中介效应。

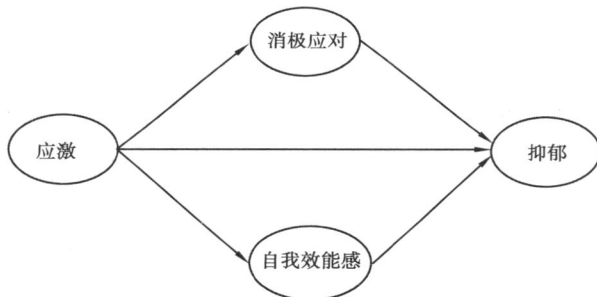

图 8-6　假设的理论模型

(2)测量工具

见第 3 章表 3-15。

(3)分析过程

按照 SEM 分析的 2 步法则,首先对假设模型的测量部分进行检验。该部分检验的 Mplus 语句同 CFA 模型,在此不重复。拟合结果如下:$\chi^2 = 1\,205.936$,$df = 164$,$p < .001$,CFI $= .932$,TLI $= .922$,RMSEA $= .041$,各拟合指数均达到推荐值。同时条目的因子负荷也在可接受的水平。据此,可以得到如下结论:测量部分拟合良好。

第二步结构模型部分。根据第 3 章路径分析的结果可知,路径部分拟合同样良好,所以接着进行全模型的拟合检验,Mplus 语句呈现在表 8-1 中。

表 8-1 中定义特定中介效应使用的是"IND"。例如,f4 IND f2 f1,其中 IND 前的变量是因变量,其后的第一个变量是中介变量,第二个是自变量。也可以使用"VIA",例如 f4

VIA f2 f1,表示通过中介变量 f2 所有 f1 作用于 f4 的中介效应。

表 8-1　中介 SEM 的 Mplus 语句和输出结果(部分)

TITLE：　This is an example of a SEM with two mediators；

DATA：　FILE IS 8-data. dat；

VARIABLE：NAMES ARE　age gender a1-a5 e1-e13 b1-b20 c1-c17 d1-d10；

　　　　　USEVARIABLE = a1-a5 e1-e5 b13-b17 d1-d5；

ANALYSIS：Bootstrap = 1000；

MODEL：　Stress BY a1-a5 ∗；！定义应激因子；

　　　　　Negative BY b13-b17 ∗；！定义消极应对因子；

　　　　　Self BY d1-d5 ∗；！定义自我效能感因子；

　　　　　Depre by e1-e5 ∗；！定义抑郁因子；

　　　　　Stress@1；Negative@1；Self@1；Depre@1；

　　　　　Depre on Stress Negative Self；

　　　　　Negative on Stress；

　　　　　Self on Stress；

MODEL INDIRECT：

　　　　　Depre IND Negative Stress；

　　　　　！定义 Stress 通过 negative 作用 depression 的特定中介效应；

　　　　　Depre IND Self Stress；

　　　　　！定义 Stress 通过 Self 作用 depression 的特定中介效应；

OUTPUT：STANDARDIZED CINTERVAL(bcbootstrap)；

THE MODEL ESTIMATION TERMINATED NORMALLY

MODEL FIT INFORMATION

Number of Free Parameters	65
Loglikelihood	
H0 Value	−98390.904
H1 Value	−97787.243
Information Criteria	
Akaike (AIC)	196911.809
Bayesian (BIC)	197317.314
Sample-Size Adjusted BIC	197110.775
(n∗ = (n+2)/24)	
Chi-Square Test of Model Fit	

	Value		1207.324	
	Degrees of Freedom		165	
	P-Value		0.0000	
RMSEA (Root Mean Square Error Of Approximation)				
	Estimate		0.041	
	90 Percent C. I.		0.039 0.043	
	Probability RMSEA < = .05		1.000	
CFI/TLI				
	CFI		0.932	
	TLI		0.922	
Chi-Square Test of Model Fit for the Baseline Model				
	Value		15578.422	
	Degrees of Freedom		190	
	P-Value		0.0000	
SRMR (Standardized Root Mean Square Residual)				
	Value		0.039	
MODEL RESULTS				
STANDARDIZED MODEL RESULTS				
StdYXStdYStd				
Estimate EstimateEstimate				
F1 BY				
A1		0.512	0.512	0.501
A2		0.590	0.590	0.632
A3		0.698	0.698	0.773
A4		0.488	0.488	0.469
A5		0.678	0.678	0.886
F2 BY				
B13		0.296	0.296	0.328
B14		0.316	0.316	0.248
B15		0.613	0.613	0.621
B16		0.611	0.611	0.672
B17		0.547	0.547	0.485
F3 BY				
D1		0.536	0.536	0.464

续表

	D2	0.542	0.542	0.472
	D3	0.675	0.675	0.616
	D4	0.779	0.779	0.716
	D5	0.780	0.780	0.726
F4	BY			
	E1	0.381	0.381	0.344
	E2	0.683	0.683	0.748
	E3	0.581	0.581	0.575
	E4	0.477	0.477	0.499
	E5	0.526	0.526	0.432
F4	ON			
	F1	0.654	0.654	0.654
	F2	0.223	0.223	0.223
	F3	0.047	0.047	0.047
F2	ON			
	F1	0.305	0.305	0.305
F3	ON			
	F1	−0.225	−0.225	−0.225

TOTAL, TOTAL INDIRECT, SPECIFIC INDIRECT, AND DIRECT EFFECTS

Two-Tailed

	Estimate	S. E.	Est./S. E.	P-Value
Effects from F1 to F4				
Sum of indirect	0.086	0.016	5.523	0.000
Specific indirect				
F4				
F2				
F1	0.102	0.014	7.500	0.000
F4				
F3				
F1	−0.016	0.008	−2.079	0.038

STANDARDIZED TOTAL, TOTAL INDIRECT, SPECIFIC INDIRECT, AND DIRECT EFFECTS

STDYX Standardization

Two-Tailed	Estimate	S. E.	Est./S. E.	P-Value
Effects from F1 to F4 ! 从 FI 到 F4 的标准间接效应分解;				
Sum of indirect	0.057	0.010	5.664	0.000
Specific indirect ! 具体路径效应分析;				
F4				
F2! 通过中介变量 F2 的效应				

F1		0.068	0.009	7.908	0.000	
F4						

F3! 通过中介变量 F3 的效应

F1		-0.011	0.005	-2.101	0.036	

CONFIDENCE INTERVALS OF MODEL RESULTS

! 路径系数的 bias-corrected bootstrap 区间;

	Lower.5%	Lower2.5%	Lower5%	Estimate	Upper5%	Upper2.5%	Upper.5%
F4 ON							
F1	0.844	0.878	0.894	0.979	1.083	1.105	1.131
F2	0.219	0.247	0.259	0.317	0.390	0.402	0.420
F3	-0.011	0.006	0.019	0.069	0.122	0.135	0.144
F2 ON							
F1	0.251	0.271	0.277	0.321	0.368	0.381	0.393
F3 ON							
F1	-0.292	-0.279	-0.268	-0.231	-0.192	-0.185	-0.174

CONFIDENCE INTERVALS OF STANDARDIZED TOTAL, TOTAL INDIRECT, SPECIFIC INDIRECT, AND DIRECT EFFECTS

STDYX Standardization! 标准化直接和间接效应的 bias-corrected bootstrap 置信区间;

Lower.5%	Lower2.5%	Lower5%	Estimate	Upper5%	Upper2.5%	Upper.5%
Effects from F1 to F4						
Sum of indirect						
0.031	0.038	0.041	0.057	0.074	0.077	0.084
Specific indirect						
F4						
F2						
F1						
0.046	0.051	0.054	0.068	0.082	0.085	0.090
F4						
F3						
F1						
-0.024	-0.021	-0.019	-0.011	-0.002	-0.001	0.002

注:表中 F1—F4 分别对应 Stress, Negative, Self 和 Depre,下同。

(4)结果解释

全模型的拟合指数结果为:$\chi^2 = 1\,207.324$,$df = 165$,$p < .001$,CFI $= .932$,TLI $= .922$,RMSEA $= .041$,各数均达到可接受的水平。模型估计的路径系数见图 8-7 和表 8-2。

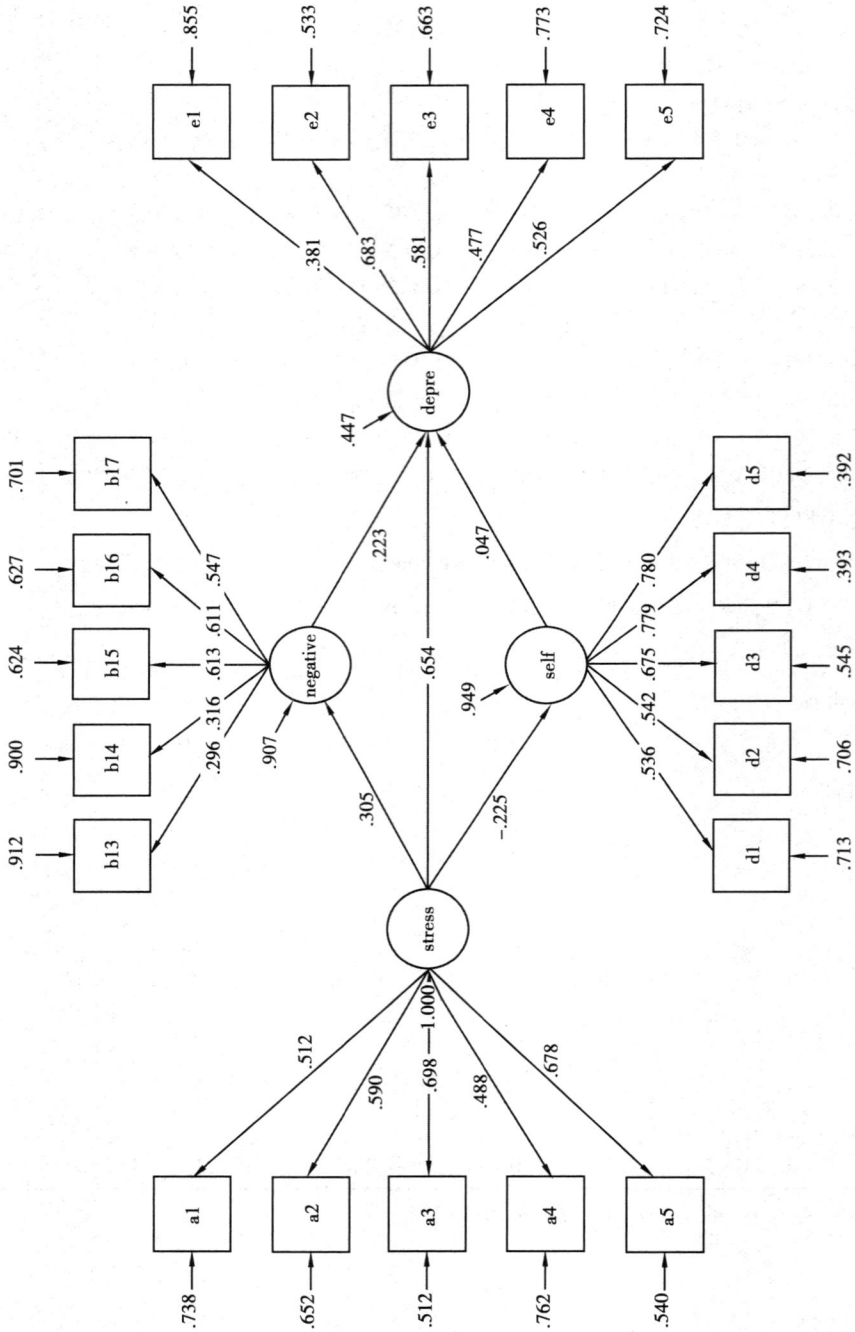

图8-7　中介效应检验的SEM路径图

表 8-2 特定间接效应分析

效应	估计值	标准误	p
F1→F2→F4	.068	.009	<.001
F1→F3→F4	−.011	.005	.038
F1→F4	.057	.010	<.001

根据第 3 章介绍的路径分析效应分解原理,F1 到 F4 的总效应等于直接效应加上间接效应。本例中的直接效应等于 F1 到 F4 的路径系数 = .654,总的间接效应等于两个特定中介效应之和,为 .057。间接效应在总效应所占的比例为 .057/(.057 + .654) = .08,即应激作用于抑郁的效应有 8% 是通过自我效能和消极应对方式起的作用。两个中介变量在自变量和因变量间起的作用并不一致,主要表现在路径系数的符号上,自我效能感起着减缓或缓冲作用,而消极应对则起着"推波助澜"的作用。比较第 3 章路径分析的结果不难发现,与 SEM 的结果相比,路径分析低估了参数,尽管中介效应所占比率差不多,效应的方向也相同,但路径系数差异还是很明显的。

8.6.2 潜变量调节效应分析示例

下面以一个假设的模型为例演示潜变量调节效应分析的过程。假设自我效能感调节消极应对和抑郁间的关系,即消极应对和抑郁间的关系在不同自我效能感水平个体上存在差异,假设的路径图如图 8-8 所示。

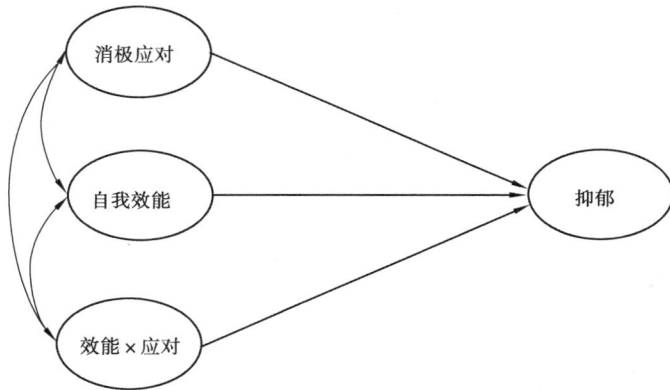

图 8-8 假设的潜变量调节效应路径图

(1)乘积指标法

使用的测量工具同上,采用配对乘积法为消极应对和自我效能交互潜变量生成指标,对应的 Mplus 语句见表 8-3。

同回归分析检验交互效应一样,首先对自变量和调节变量进行中心化处理,Mplus 提供两种中心化方法:总均值中心化(GRANDMEAN)和组均值中心化(GROUPMEAN)。前者是所有原始数据减去全体样本的均值,后者为所有原始数据减去所在组的均值。需要注意的是,通过 DEFINE 命令定义的交互指标需要写入 USEVARIABLE 后面,具体设置见表 8-3。

表 8-3　乘积指标潜交互效应分析的 Mplus 语句和结果

TITLE：This is an example of a SEM with latent moderation model using product indicators；
　　DATA：　 FILE IS 8-data. dat；
　　VARIABLE：NAMES ARE age gender a1-a5 e1-e13 b1-b20 c1-c17 d1-d10；
　　　　　　　USEVARIABLE = d1-d5 e1-e5 b13-b17 int1-int5；
　　CENTER = GRANDMEAN(d1-d5 b13-b17 e1-e5)；！ 此处选择总均值中心化。
　　DEFINE：int1 = d1 * b13；！ 配对乘积生成指标；
　　　　　 Int2 = d2 * b14；
　　　　　 Int3 = d3 * b15；
　　　　　 Int4 = d4 * b16；
　　　　　 Int5 = d5 * b17；
　　ANALYSIS：ESTIMATOR = ML；
　　　　　　 MODEL = NOMEANSTRUCTURE；！ 使用无均值结构建模法；
　　　　　　 INFORMATION = Expected；
　　MODEL：f1 BY d1-d5 *；！ 定义测量模型；
　　　　　 f2 BY b13-b17 *；
　　　　　 f3 BY e1-e5 *；
　　　　　 int by int1-int5 *；！ 定义交互效应因子的测量模型；
　　　　　 f1-f3@1；！ 建议采用固定方差法指定潜变量单位；
　　　　　 int@1；
　　　　　 f3 ON f1 f2；！ 检验主效应；
　　　　　 f3 ON int；！ 检验交互效应；
　　OUTPUT：Standardized；

THE MODEL ESTIMATION TERMINATED NORMALLY

WARNING：THE LATENT VARIABLE COVARIANCE MATRIX (PSI) IS NOT POSITIVE DEFINITE. THIS COULD INDICATE A NEGATIVE VARIANCE/RESIDUAL VARIANCE FOR A LATENT VARIABLE, A CORRELATION GREATER OR EQUAL TO ONE BETWEEN TWO LATENT VARIABLES, OR A LINEAR DEPENDENCY AMONG MORE THAN TWO LATENT VARIABLES. CHECK THE TECH4 OUTPUT FOR MORE INFORMATION. PROBLEM INVOLVING VARIABLE INT.

！Mplus 提示错误,潜变量协方差矩阵非正定。

MODEL FIT INFORMATION

Number of Free Parameters	66

Loglikelihood

	H0 Value	-112994.896
	H1 Value	
		-96831.348

Information Criteria

Akaike (AIC)		226121.791
	Bayesian (BIC)	226533.535
	Sample-Size Adjusted BIC	226323.818
	$(n* = (n+2)/24)$	

Chi-Square Test of Model Fit

	Value	32327.095
	Degrees of Freedom	164
	P-Value	0.0000

RMSEA (Root Mean Square Error Of Approximation)

	Estimate	0.228
	90 Percent C.I.	0.226 0.230
	Probability RMSEA < =.05	0.000

CFI/TLI

	CFI	
	TLI	0.385
		0.288

Chi-Square Test of Model Fit for the Baseline Model

	Value	52517.697
	Degrees of Freedom	190
	P-Value	0.0000

SRMR (Standardized Root Mean Square Residual)

	Value	0.104

STANDARDIZED MODEL RESULTS

STDYX Standardization

		Estimate	S.E.	Est./S.E.	Two-Tailed P-Value
F1	BY				
	D1	0.548	0.013	42.811	0.000
	D2	0.524	0.013	40.188	0.000

续表

D3	0.689	0.010	69.017	0.000
D4	0.791	0.008	99.541	0.000
D5	0.756	0.009	87.835	0.000
F2 BY				
B13	0.377	0.014	26.977	0.000
B14	0.359	0.015	24.747	0.000
B15	0.543	0.012	44.055	0.000
B16	0.603	0.012	49.932	0.000
B17	0.539	0.013	43.099	0.000
F3 BY				
E1	0.393	0.017	22.701	0.000
E2	0.657	0.015	44.740	0.000
E3	0.594	0.015	39.116	0.000
E4	0.479	0.016	29.226	0.000
E5	0.537	0.016	34.161	0.000
INT BY				
INT1	0.399	0.013	29.620	0.000
INT2	0.353	0.015	24.272	0.000
INT3	0.554	0.012	46.407	0.000
INT4	0.618	0.011	53.916	0.000
INT5	0.544	0.012	44.546	0.000
F3 ON				
F1	−0.210	0.021	−10.230	0.000
F2	0.151	0.013	11.455	0.000
INT	0.199	0.012	15.969	0.000
F2 WITH				
F1	−0.041	0.023	−1.801	0.072
INT WITH				
F1	0.514	0.019	27.615	0.000
F2	**1.350**	0.016	85.926	0.000
Intercepts				
D1	0.000	0.016	0.000	1.000
D2	0.000	0.016	0.000	1.000

续表

D3	0.000	0.016	0.000	1.000
D4	0.000	0.016	0.000	1.000
D5	0.000	0.016	0.000	1.000
E1	0.540	0.017	31.010	0.000
E2	0.751	0.018	40.812	0.000
E3	0.473	0.017	27.575	0.000
E4	0.658	0.018	36.694	0.000
E5	0.480	0.017	27.984	0.000
B13	0.000	0.016	0.000	1.000
B14	0.000	0.016	0.000	1.000
B15	0.000	0.016	0.000	1.000
B16	0.000	0.016	0.000	1.000
B17	0.000	0.016	0.000	1.000
INT1	1.324	0.022	59.461	0.000
INT2	0.392	0.017	23.248	0.000
INT3	0.780	0.019	42.001	0.000
INT4	1.010	0.020	50.561	0.000
INT5	0.805	0.019	43.049	0.000
Variances				
F1	1.000	0.000	999.000	999.000
F2	1.000	0.000	999.000	999.000
INT	1.000	0.000	999.000	999.000
Residual Variances				
D1	0.699	0.014	49.764	0.000
D2	0.725	0.014	53.029	0.000
D3	0.525	0.014	38.123	0.000
D4	0.374	0.013	29.731	0.000
D5	0.429	0.013	32.935	0.000
E1	0.846	0.014	62.209	0.000
E2	0.569	0.019	29.475	0.000
E3	0.648	0.018	35.938	0.000
E4	0.770	0.016	49.041	0.000
E5	0.712	0.017	42.196	0.000

续表

B13	0.858	0.011	81.426	0.000
B14	0.871	0.010	83.523	0.000
B15	0.705	0.013	52.672	0.000
B16	0.636	0.015	43.707	0.000
B17	0.710	0.013	52.643	0.000
INT1	0.841	0.011	78.068	0.000
INT2	0.875	0.010	85.233	0.000
INT3	0.693	0.013	52.344	0.000
INT4	0.618	0.014	43.653	0.000
INT5	0.704	0.013	52.984	0.000
F3	0.853	0.016	54.788	0.000

运作结果提示潜变量协方差矩阵非正定,尝试改变不同的指标配对,再次运行,问题仍然存在。

(2)潜调节结构方程法

同样的假设模型,潜调节结构方程法检验交互效应的 Mplus 语句和结果呈现在表 8-4中。

在 Mplus 中,LMS 的设置使用"|"和"XWITH"语句,例如 f1 × f2 | f1 XWITH f2,f1 × f2 为交互效应因子,通过 f1 XWITH f2 定义。在随后的分析中,f1 × f2 只能作为自变量使用。

表 8-4　LMS 调节效应的 Mplus 语句和部分输出结果

```
TITLE：This is an example of a SEM with latent moderation model using LMS;
DATA：FILE IS 8-data.dat;
VARIABLE：NAMES ARE age gender a1-a5 e1-e13 b1-b20 c1-c17 d1-d10;
         USEVARIABLE = d1-d5 e1-e5 b13-b17;
ANALYSIS：TYPE = RANDOM;！选择的分析类型为 RANDOM;
         ALGORITHM = INTEGRATION;
         PROCESSPOS = 2;！设置使用两个处理器,可以提高计算速度;
  MODEL：f1 BY d1-d5 *;！定义测量模型;
         f2 BY b13-b17 *;
         f3 BY e1-e5 *;
         f1-f3@1;！建议采用固定方差法指定潜变量单位;
```

f3 ON f1 f2；

　f1×f2 | f1 XWITH f2；！定义交互效应；

　f3 ON f1×f2；！检验交互效应；

OUTPUT：tech1 tech8；！LMS 法不提供标准化结果；

INPUT READING TERMINATED NORMALLY

MODEL FIT INFORMATION

Number of Free Parameters　　　　　　　　　49

Loglikelihood

　　　H0 Value　　　　　　　　　−72445.709

　　　H0 Scaling Correction Factor　　　1.374

　　　　for MLR

Information Criteria

Akaike（AIC）　　　　　　　　144989.417

　　　Bayesian（BIC）　　　　　145295.106

　　　Sample-Size Adjusted BIC　　145139.407

　　　（n∗=（n+2）/24）

MODEL RESULTS

　Two-Tailed

　Estimate　　S.E. Est./S.E.　　P-Value

	Estimate	S.E.	Est./S.E.	P-Value
F1 BY				
D1	0.463	0.014	33.097	0.000
D2	0.474	0.016	30.256	0.000
D3	0.614	0.015	41.374	0.000
D4	0.716	0.013	55.709	0.000
D5	0.728	0.013	55.599	0.000
F2 BY				
B13	0.329	0.022	14.785	0.000
B14	0.247	0.020	12.521	0.000
B15	0.619	0.021	29.697	0.000
B16	0.677	0.022	31.169	0.000
B17	0.481	0.019	25.045	0.000
F3 BY				
E1	0.318	0.023	13.839	0.000

续表

E2	0.645	0.025	26.228	0.000
E3	0.527	0.025	20.718	0.000
E4	0.450	0.024	18.981	0.000
E5	0.395	0.023	17.326	0.000
F3 ON				
F1	−0.109	0.029	−3.785	0.000
F2	0.471	0.035	13.370	0.000
F1 × F2	−0.089	0.042	−2.155	0.031
F2 WITH				
F1	−0.046	0.025	−1.861	0.063
Intercepts				
D1	2.855	0.014	202.637	0.000
D2	2.426	0.014	171.574	0.000
D3	2.127	0.015	143.236	0.000
D4	2.423	0.015	162.160	0.000
D5	2.352	0.015	155.327	0.000
E1	0.487	0.015	33.101	0.000
E2	0.820	0.018	45.791	0.000
E3	0.466	0.016	28.817	0.000
E4	0.686	0.017	40.286	0.000
E5	0.393	0.013	29.438	0.000
B13	1.712	0.018	95.099	0.000
B14	0.336	0.013	26.387	0.000
B15	0.918	0.016	55.848	0.000
B16	1.317	0.018	73.643	0.000
B17	0.821	0.014	56.912	0.000
Variances				
F1	1.000	0.000	999.000	999.000

F2	1.000	0.000	999.000	999.000	
Residual Variances					
D1	0.537	0.014	39.520	0.000	
D2	0.532	0.015	36.233	0.000	
D3	0.458	0.014	31.648	0.000	
D4	0.333	0.014	23.742	0.000	
D5	0.338	0.014	23.728	0.000	
E1	0.691	0.030	23.435	0.000	
E2	0.681	0.031	21.832	0.000	
E3	0.635	0.033	19.281	0.000	
E4	0.842	0.031	27.493	0.000	
E5	0.480	0.024	19.770	0.000	
B13	1.118	0.020	55.056	0.000	
B14	0.552	0.022	24.631	0.000	
B15	0.640	0.024	26.420	0.000	
B16	0.751	0.029	26.254	0.000	
B17	0.556	0.017	31.829	0.000	
F3	1.000	0.000	999.000	999.000	

　　Mplus 执行 LMS 法不提供标准化解,本例中交互效应的系数为 $-.089$,$p = .031$,交互效应显著,路径图见图 8-9。

　　相同的模型使用相同的数据,使用乘积指标法检验交互效应,模型非正定,根据结果分析来看,自变量与交互项存在严重的共线性,尝试不同的指标配对仍存在此问题。使用 LMS 法估计的过程比较顺利,指标较少的情况下计算速度也较快。

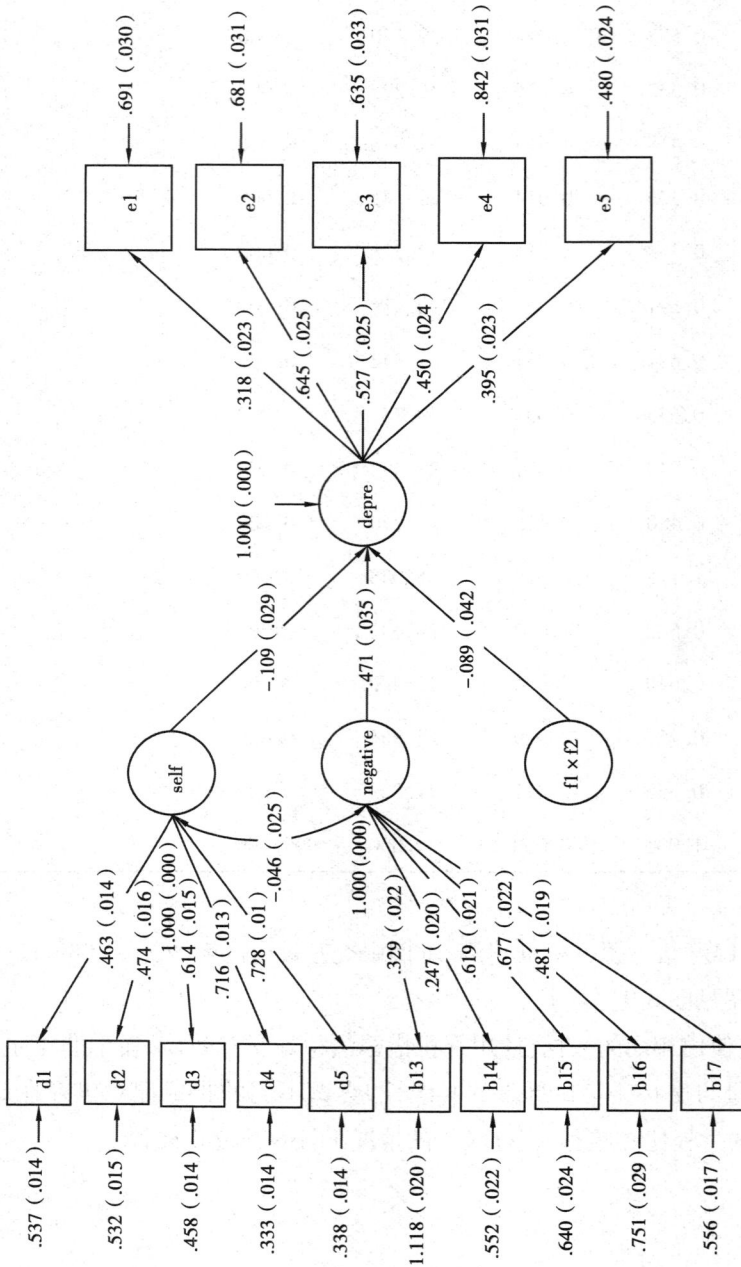

图8-9 LMS估计结果路径图

8.7 本章小结

SEM 作为路径分析和因素分析的整合形式,在很多方面保留了两者的特点,例如中介效应和调节效应分析的思路,控制测量误差的思想等。本章简要介绍了 SEM 的识别规则,详细介绍了潜变量调节效应分析的两种方法:乘积指标法和潜调节结构模型法,并使用假设的例子演示 Mplus 分析过程。

※推荐阅读※

Kline(2010)的第 10 章(p265-295)简要介绍了 SEM 的过程,Tomarken 和 Waller(2005)的文章总结了 SEM 的方方面面。潜变量中介效应分析请参见 MacKinnon(2008)的第 7 章(p172-191),温忠麟和吴艳(2010)的文章回顾了潜变量交互效应分析的发展轨迹。Kelava 等(2011)的文章介绍了 LMS 法,同时与乘积指标法做了比较。SEM 建模过程中的其他问题可参见本书第 9 章。

温忠麟,吴艳. (2010). 潜变量交互效应建模方法演变与简化. 心理科学进展,18,1306-1313.

Kelava, A., Werner, C. S., Schermelleh-Engel, K., Moosbrugger, H., Zapf, D., Ma, Y., ... West, S. G. (2011). Advanced Nonlinear Latent Variable Modeling: Distribution Analytic LMS and QML Estimators of Interaction and Quadratic Effects. *Structural Equation Modeling*, *18*, 465-491.

Kline, R. B. (2010). *Principles and practice of structural equation modeling* (3rd ed.). New York, New York: Guilford Press. p265-295.

MacKinnon, D. P. (2008). *Introduction to Statistical Mediation Analysis*. Mahwah, NJ: Erlbaum.

Tomarken, A. J., & Waller, N. G. (2005). Structural equation modeling: Strengths, limitations, and misconceptions. *Annual Review of Clinical Psychology*, *1*, 31-65.

9 结构方程建模涉及的重要议题

前文几章先后介绍了验证性因子分析以及测量等值、结构方程模型等,这些介绍只涉及了一般的结构方程建模过程,而在实际研究中还会遇到各种各样的特殊情况,如何处理这些特殊情况是本章关注的主题。

9.1 等价模型

9.1.1 等价模型简介

等价模型(Equivalent Models)是一组拟合数据相同但在意义上存在显著差异的模型(Stelzl,1986)。具体说来,拟合同一数据时,等价模型会产生相同的协方差、相关矩阵及对应的残差矩阵,同时会产生相同的卡方值以及基于卡方的拟合指数,但这些模型在理论意义上千差万别。不难看出,等价模型与数据无关,而起源于模型参数的代数等价。

下面分别呈现了路径模型、测量模型和结构方程模型的原假设模型及其对应的等价模型(Hershberger,2006)。

(1)等价路径模型

图9-1呈现了三个等价模型,它们有相同的拟合指数,但对三个模型的解释完全不同。(a)和(b)中自变量和因变量之间的关系完全颠倒;而在图(c)中,原(a)和(b)中的中介变量 Y 变成了自变量。在模型拟合上,三个模型完全一样,但理论解释可谓天地之别。

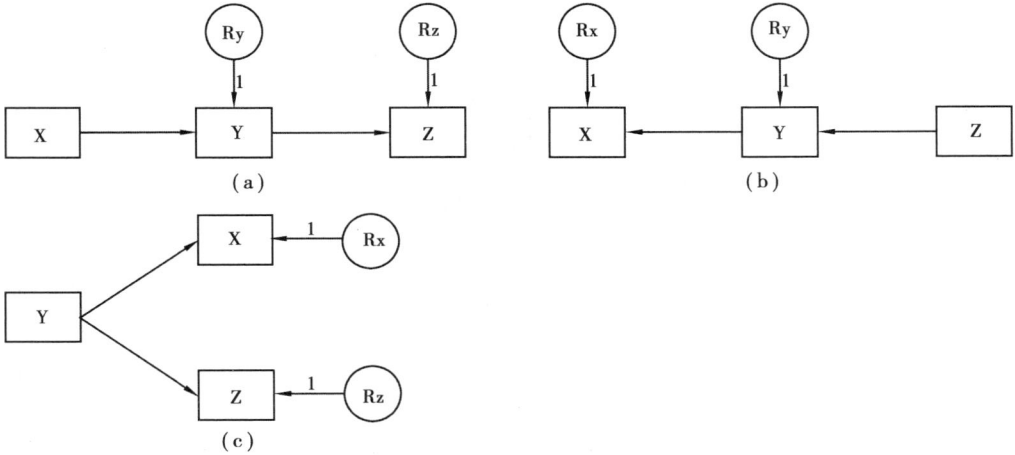

图 9-1　等价路径模型示例

(2)等价测量模型

图 9-2 呈现了三个等价测量模型的路径图。这些模型有着非常不同的理论解释,但是却有着同样的拟合指数。例如 9-2(a),5 个指标测量 2 维度;而 9-2(b)中,在低阶因子之上存在一个高阶因子;图(c)则存在一组相关误差。

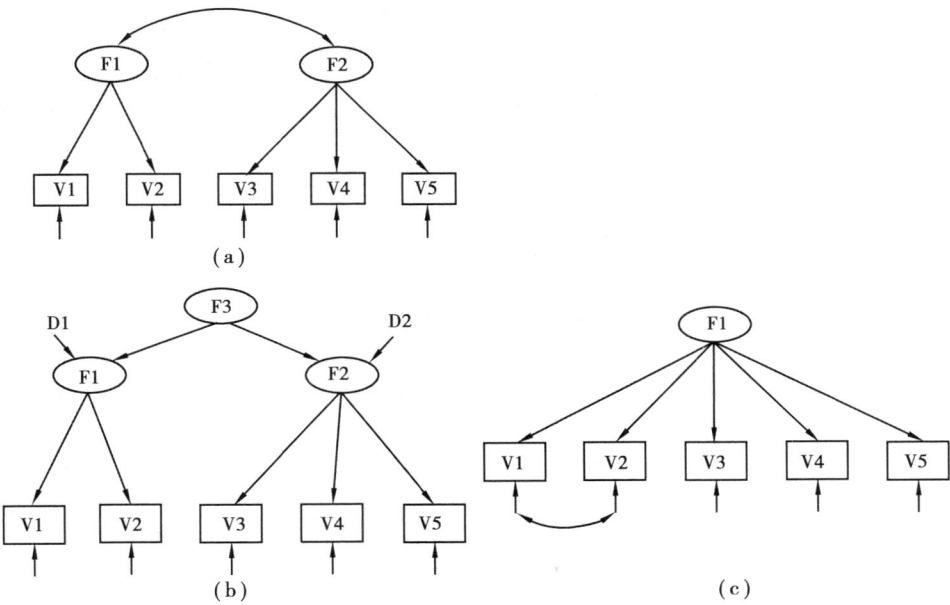

图 9-2　等价测量模型示例

(3)等价结构模型

图 9-3 呈现了结构等价模型的例子,上半部分图为原模型,路径系数由 V6 指向 V4,而通过允许 V4 和 V6 的残差相关得到下半部分图的等价模型。

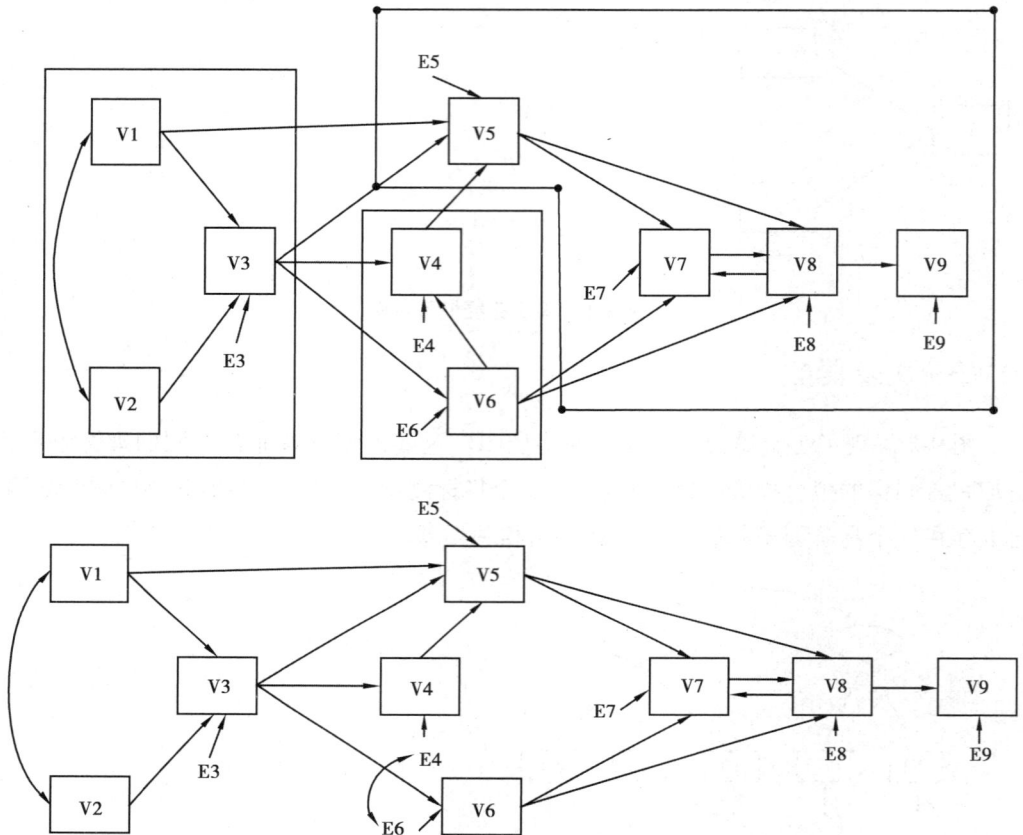

图 9-3 等价结构模型

9.1.2 为什么要考虑等价模型

上面的例子很好的呈现了等价模型带来的隐患,同样的数据存在完全不同的理论解释,毫无疑问这突显了 SEM 在检验理论上的随意性。进一步说,同样的数据对理论意义存在不同解释的等价模型提供同样的支持,而且还存在其他不等价但同样拟合良好的竞争模型,使得本来就复杂的理论验证变得更加扑朔迷离。在 SEM 应用中,如果没有考虑等价模型而直接接受研究假设的模型显然会限制研究结论的效度(e. g. , MacCallum et al. , 1993)。因此,在结构方程建模时考虑等价模型是非常必要和重要的,但在实践中研究者很少意识到这一问题(Breckler, 1990;MacCallum et al. , 1993)。造成这种状况的原因有以下几个方面:(1)存在太多的等价模型。MacCallum 等人(1993)指出任何 SEM 模型都存在等价模型,而且其数量随饱和区组(Saturated Blocks)[1]和待估参数的数量增加而增加。(2)目前流行的 SEM 软件尚不具备区分和比较等价模型的能力。尽管等价模型对 SEM 产生极大的威胁,但是软件本身并不能判断模型是否合乎理论。另外,SEM 建模本身也是一种理论验证的工具,即使不存在等价模型,由 SEM 支持的模型也不一定就是合理的。

9.1.3　如何处理等价模型

如何处理等价模型,研究者提供了一些有用的策略(Hershberger,2006;MacCallum et al.,1993)。

数据收集前:Hershberger(2006)总结了生成等价模型的规则,如替换规则(Replacing Rule)和反转指标方向规则(Reversed Indicator Rule)。通过这些规则可以在数据收集之前的模型设置阶段就将等价模型问题纳入研究设计,并通过对其实际意义的分析来判断是否将其纳入实际数据分析。

模型理论基础的构建:研究假设的模型是研究者根据理论和以往实证研究构建的,该模型有着比其他模型(等价模型和非等价竞争模型)更坚实的理论基础。在良好建构的模型中,变量之间的关系是合理的,表现在参数上也是合理,所以也可以通过对模型估计参数是否合理来区分等价模型。

纵向研究设计:在纵向研究中,变量之间的关系在理论上存在时间上的先后顺序,通过多个时点的测量将其他无实际意义的等价模型排除掉。

信息复杂性指数(Information Complexity Criterion,ICOMP;Williams et al.,1996):信息复杂性指数等于模型失拟合加上模型复杂性。模型失拟合指观测协方差矩阵与理论隐含的协方差矩阵间的差距,复杂性指参数估计间的相关,相关越高越复杂。

9.1.4　小　结

等价模型的存在是对 SEM 方法的一个极大的挑战,而在实践中又被研究者普遍忽略。就目前的处理方法来说,从技术层面辨别、淘汰等价模型的方法尚不成熟,多数情况下,等价模型仅停留在"纸上谈兵"阶段。然而追根到底,等价模型的问题本身就是一个理论问题,所以更多地从模型的理论意义上考虑等价模型的意义是当前处理此问题最理想的途径。

---

[1]　结构模型可以划分为三个区组(Lee & Hershberger,1990):前位区组(the preceding block),焦点区组(the focal block)和后续区组(the succeeding block)。三个区组的划分依据研究目前确定焦点区组后,后续和前位便确定。一个模型可以确定多个不同的焦点区组。

9.2 非正态与类别数据处理

9.2.1 非正态与类别数据分析概述

不同类型的数据对应着各自的数据分布形态。类别数据由于计分点较少往往呈非正态分布,因此类别数据和非正态问题经常是交织在一起的。在第 4 章中,我们讨论了二分型数据因子分析的方法。除了二分型数据,顺序型类别数据和非顺序型类别数据(名义数据)在心理学和其他社会科学研究中普遍存在。非正态问题是 SEM 实践中遇到最普遍的问题之一,即使是连续性数据也常难满足多元正态分布的要求(Curran et al., 1996),有时甚至不能满足单变量正态分布。这些分布问题直接威胁结构方程建模的假设条件,以及对应的参数估计方法(ML)的稳健性。

然而模拟研究发现,即使在中等非正态情况下(偏态和峰态系数在 1 至 2.3 之间),ML 也能得到合理的参数估计结果,也就是说 ML 为稳健估计(e.g., Muthen & Kaplan, 1985;侯杰泰等, 2004)。因此研究者基于经验指出,偏态和峰态系数(绝对值)分别小于 2 和 7 时,采用 ML 估计是可以接受的(West, Finch & Curran, 1995; Finney & DiStefano, 2006)。但是,如果数据分布形态极端偏离正态,超出了上述标准,采用 ML 将不再合适,此时可以采用如下几种处理策略。

9.2.2 非正态与类别数据处理方法

(1)数据转换

可以先将非正态分布数据进行正态化转换再进行估计,但有些估计方法,如非加权最小二乘法(Unweighted leastsquares, ULS)对转换数据比较敏感,有时甚至无效(Kline, 2010)。通过转换数据计算的参数还需要转换成之前的单位,否则结果无法解释。通过数据转换也可能犯错误,如果数据本身就不是正态分布,通过正态化转换只能产生新的错误。

(2)稳健估计法

有些参数估计方法对数据的分布形态不做要求,如渐进自由分布(Asymptotic Distribution Free, ADF),也称作加权最小二乘法(weighted least squares, WLS)。但研究者指出,只有当 ADF 在大样本中才能得到比较精确的估计结果(e.g., Yuan & Bentler, 1998)。West 等(1995)建议的样本量为 1 000 至 5 000,而在多数实际研究中很难达到如此规模的样本量。另外,ADF 在实际应用中常高估卡方统计量(e.g., Curran, West & Finch, 1996; Hu, Bentler & Kano, 1992),而低估标准误(DiStefano, 2002)。除此之外还有多种稳健加权最小二乘法(Robust Weighted Least Squares),如 Mplus 提供的 WLSMV 和 WLSM(见本书第2章)。

WLSMV 估计是专门为了处理类别变量设计的,所以在处理类别数据时表现优于其他估计方法(Beauducel & Herzberg, 2006; Flora & Curran, 2004; Finney & DiStefano, 2006)。Flora 和 Curran(2004)的模拟研究比较了 WLSMV 和 WLS 处理非正态类别数据时的表现,结果发现 WLS 仅在简单模型、大样本时($n > 1\ 000$)表现尚可,在其他条件下表现均不理想(不精确的参数估计、检验统计量和标准误),而 WLSMV 在所有条件下(偏态和小样本 $n = 100$)均能获得不错的参数估计结果。Beauducel 和 Herzberg(2006)比较了 WLSMV 和 ML 在处理2—6个类别及4种样本量(250, 500, 750, 1 000)情况下的表现,结果发现在2和3个类别时 ML 会低估因子负荷,特别是样本量较小时,而在所有条件下 WLSMV 均表现优良。因此在处理类别数据时不管数据分布形态如何选择 WLSMV 是相对稳妥的做法。

(3)校正统计量[1]

当处理非正态分布或/和类别数据时,ML 所估计的卡方和标准误都不够精确,有学者提出了校正卡方和标准误的方法。其中最常用的是由 Satorra 和 Bentler(1994)提出的校正法,所得卡方称为 S-Bχ^2。在 Mplus 中通过选用 MLM 估计法得到此统计量(嵌套模型的比较不能直接使用似然比检验[2],具体计算见9.5。DiStefano(2002)在模拟研究中发现,当处理非正态类别数据时 S-B 校正程序是有效的。他在结合先前研究的基础上进一步指出,S-B 校正程序可作为处理非正态类别数据的替代方法。然而当样本量小于400时(Boomsma & Hoogland, 2001),S-Bχ^2 检验表现较差,此时可以使用基于残差的 Yuan-Bentler 检验(Yuan & Bentler, 1998b),在 Mplus 中通过 MLR 估计法得到此统计量,或使用基于残差的 Yuan-Bentler F 检验(Yuan & Bentler, 1998a)。

(4)条目组或打包(Items Parcels or item parceling)

由于单个指标很容易受极端值或极端反应的影响,特别是条目较多而可选项较少时,研究者常将几个条目相加(或求均值)组成项目包,然后再进行分析。这种做法可以使偏态的单个项目转换成正态(近似正态)分布。当然打包的前提是包内的条目属于同一维度,否则将产生新的问题(Bandalos, 2002; Bandalos & Finney, 2001; West, Finch & Curran, 1995)。本章的9.4专门讨论打包问题。

(5)Bootstrap 再抽样法

Bootstrap 的原理是当正态分布假设不成立时,经验抽样分布可以作为实际整体分布用于参数估计。Bootstrap 以研究样本作为抽样总体,采用放回取样,从研究样本中反复

---

[1] 目前流行的多数结构方程分析软件报告 SBχ^2 统计量,如 EQS, LISREL 和 Mplus,而 AMOS 则不提供该统计量。

[2] Mplus 在报告 S-Bχ^2 时会报告对应的校正因子(correct factor),ML 估计卡方值和 S-Bχ^2 值存在如下关系:MLχ^2 = 校正因子×SBχ^2。

抽取一定数量(例如,抽取 500 次)的样本,通过平均每次抽样得到的参数作为最后的估计结果(Efron & Tibshirani, 1993)。Bootstrap 对非正态连续变量特别有用(Brown, 2006),但也有研究发现这种方法并非总是有效,在可靠性方面不如稳健参数估计法(Yung & Bentler, 1996; Yuan & Hayashi, 2003)。模拟研究还发现,在处理小样本时,Bootstrap 法优于 ML 和 S-B 稳健估计法(Nevitt & Hancock, 2001),但在非常小的样本(n < 100)时则会产生不精确的参数估计,当然这也与模型的复杂程度有关。

9.2.3 拟合指数

在第 5 章我们介绍了一些常用的拟合指标,这里主要讨论这些拟合指数在非正态和类别数据时的表现。总的来说,这个方面的研究更多的是检验 χ^2 的表现,对其他近似拟合指数的研究相对较少。就结果来说,拟合指数的变化与参数估计方法的关系更密切。

Hutchinson 和 Olmos(1998)检验了 8 个拟合指数在不同非正态水平下使用 ML 和 WLS 估计类别数据的表现,结果表明 GFI 和 AGFI 随指标非正态水平的增加而减小,RMSEA 则不受样本量和模型复杂程度的影响。DiStefano(2002)的研究则发现,在 ML 和 WLS 两种估计条件下, χ^2 、GFI、NNFI、SRMR 和 RMSEA 对非正态类别数据均不敏感(除在小样本量下,WLS 的 χ^2 偏大、SRMR 和 RMSEA 值超出了临界值.05)。

使用 WLSMV 估计类别变量模型时 SRMR 受样本量影响很大,所以研究者推荐使用加权误差均方根(Weighted Root Mean Square Residual, WRMR)作为评价模型拟合的指标,当 WRMR≤1.0 表示模型拟合尚可, <.08 表示好的拟合,值越小越好(Yu, 2002)。但在有些情况下其他拟合指数良好,而 WRMR 的值很大,此时可不必在意 WRMR(Linda K. Muthen, 2005)[1]。

9.2.4 小 结

尽管 ML 是个稳健的参数估计法,但类别和严重非正态数据均会对参数估计和标准误产生影响,所以在实践中应选择更合适、更精确的方法。表 9-1 总结了处理非正态和类别数据的策略(Finney & DiStefano, 2006),应用研究者可根据实际获得数据的特点选择对应的分析策略。

表 9-1　非正态和类别数据参数估计策略

参数估计		说明
连续数据		
1. 接近正态分布	ML 估计	符合 ML 假设,估计是无偏的、有效的和一致的。
2. 中度非正态	ML 估计是稳健的; S-B 校正;	在 Mplus 中使用 MLM 可获得 S-Bχ^2 统计量。

---

[1]　http://www.statmodel.com/discussion/messages/11/233.html? 1337348041

续表

	参数估计	说明
3. 严重非正态	S-B 校正； Bootstrap；	与 Bootstrap 相比，S-B 效果良好，对模型误设更敏感。
类别数据		
1. 接近正态分布	WLSMV；五级及以上计分可采用 ML；4 级以下采用 S-B 校正；	WLSMV 校正参数估计、标准误和拟合指数；使用 ML 将衰减估计的参数如 S-B 和 ML 有相同的估计参数，说明两者均导致参数衰减。
2. 中度非正态	WLSMV；五级及以上计分可采用 ML；4 级以下采用 S-B 校正；	WLSMV 校正参数估计、标准误和拟合指数；使用 ML 将衰减估计的参数如 S-B 和 ML 有相同的估计参数，说明两者均导致参数衰减。
3. 严重非正态或 3 级以下计分题。	WLSMV； 备选 S-B 校正；	推荐使用 WRMR 和 RMSEA 评价类别数据拟合 S-B 法不能校正参数衰减。

资料来源：Finney & DiStefano（2006）；注：中度非正态 = 偏态 <2 和峰态 <7；严重非正态 = 偏态 >2 和峰态 >7。

9.3 形成性与反映性模型

9.3.1 形成性模型与反映性模型概述[1]

传统的测量模型（反映性模型）可以用下式表达（也见本书第 5 章）：

$$\chi_1 = \lambda_1 \xi_1 + \delta_1$$

上式与公因子模型（Spearman，1904）和经典测量理论（CTT）假设 $X = T + E$（Lord & Novick，1968）是一致的，即指标与潜变量之间为线性函数关系，潜变量的变化会导致指标的变化。心理学及社会科学领域的很多概念都可以据此模型构造出相应的测量工具（Bollen，2002）。在传统测量模型中指标与潜在构念之间的关系如图 9-4a 所示，潜变量的意义通过测量指标反映，所以模型意义通过潜在构念指向测量指标的单向箭头来表示，这种模型称作反映性测量模型（Reflective Measurement Model），相应的指标称为反映性指标（Reflective Indicator），在统计上对应公因子模型。

在很多情况下，反映性测量模型是合适的，但有些情况测量指标并不总是反映潜在建构，而是相反，如图 9-4b 所示。在这种情况下，潜变量的意义是由测量指标来定义的，即通过观测指标指向潜在建构的单向箭头表示，这样的测量模型称作形成性测量模型

---

[1] 有学者将形成性测量模型作为反映性测量模型的替代形式，其隐含的意思是同一概念可以通过反映性模型测量也可以通过形成性模型测量，即两者是竞争的关系（如，王晓丽、李西营、邵景进，2011）。这种观点其实是不妥当的，因为选择使用哪种测量模型是由概念本身的属性决定的，与所使用的手段无关，因此两种测量模型是平行的关系。

（Formative Measurement Model）或组合测量模型（Composite Measurement Model），指标称作形成性指标（Formative Indicator）也称作成因性指标（Causal Indicator），在统计上对应主成分模型。

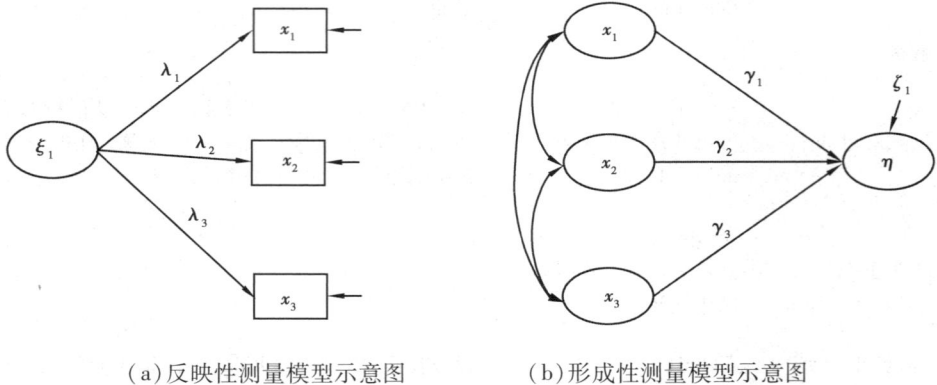

（a）反映性测量模型示意图　　　（b）形成性测量模型示意图

图 9-4

与反映性测量模型对应，形成性测量模型也存在不同的形式，如二阶或高阶模型以及与反映性模型组合成的混合模型（Diamantopoulos，Riefler & Roth，2008；Jarvis et al.，2003；MacKenzie，Podsakoff & Jarvis，2005）。

形成性测量模型在社会科学领域也很常见。例如，工作满意度和社会支持的概念。通常一个组织成员的工作满意度取决于他对薪水、工作环境、同事、上司、升职空间和个人发展等多方面的满意度，此时这些单个领域的满意度作为工作满意度的形成性指标而共同决定其整体满意度水平。社会支持水平是另外一个常见的形成性测量模型的例子。研究者将个体社会支持水平划分为不同的来源，如同事/同学、亲戚、朋友、邻居、社区、政府和教会等，这些不同来源的支持水平决定了个体的社会支持总水平，而不是相反。类似的概念还有社会经济地位（Socioeconomic Status，SES）。

心理学领域的测验使用反映性测量模型多数情况是合适的，然而 Bollen 和 Lennox（1991）指出，项目选择和量表评价必须考虑指标和潜变量间的方向性，应该采用形成性测量模型，若不假思索地使用反映性测量模型将会严重影响量表的结构效度（Construct Validity）和潜在构念的属性。在实践中，确实有不少研究者错将形成性测量模型当作反映性测量模型（Jarvis et al.，2003），其后果是影响研究结果的效度（Jarvis et al.，2003；MacKenzie，Podsakoff & Jarvis，2005；）。

在方法论层面上，反映性模型意味着潜变量的现实主义解释；而形成性模型对应着建构主义，操作主义或工具主义解释（Borsboom，Mellenbergh & van Heerden，2003）。

9.3.2　如何区分形成性模型与反映性模型

一个构念究竟是使用反映性模型还是形成性测量模型有时并不容易区分，下面总结的四条区分规则可以帮助识别（Diamantopoulos，Riefler & Roth，2008；Edwards & Bagozzi，

2000；MacKenzie，Podsakoff & Jarvis，2005）：

第一，指标是定义建构的特征还是建构的外在表现。如果指标所定义的特征联合起来解释建构的意义，那么形成性模型是合适的。如果指标是由构念决定的，那么应选择反映性模型。换句话说，可以通过判断潜在构念的变化引起指标的变化还是指标的变化引起潜在构念的变化来判断是反映性模型还是形成性模型。

第二，指标是否可以互换。如果是反映性指标，它们反映的是共同的潜变量，任何一个条目都是建构内容的实质性体现，可以互换。在心理测量学中，反映性指标其实就是一组行为样本，而形成性指标则不是。形成性指标之间并不必然含有共同成分，所以形成性指标捕捉了建构的独特部分，不能互换。

第三，指标是否彼此共变。反映性模型明确预示指标间彼此高相关，而形成性模型并没有这样的预测，它们之间即可以高相关，也可以低相关，甚至其他任何的相关形式。

最后，所有的指标是否具有相同的前因和（或）后果。反映性指标反映相同的潜在构念所以它们具有相同的前因和（或）后果。然而，形成性指标彼此不能相互替代，并且仅代表构念领域的特有部分，所以它们有着不同的前因和（或）后果。表9-2总结了形成性和反映性指标/模型间在多个方面的区别。

表9-2　形成性和反映性指标/模型特点对照

	反映性指标/模型	形成性指标/模型
潜在建构的属性	具有特质的属性即潜在的、决定行为的和稳定的	是几个外显变量的加权组合，不具备特质的全部属性
因果的方向性	潜变量的变换引起指标的变化；由潜特质指向外显行为/变量	指标的变化引起潜变量的变化；由外显行为/变量指向潜特质
指标的特征	指标间存在相关可以相互替换；指标具有相同的前因和（或）后果；少数指标的丢失不会对潜变量的意义产生很大影响	指标间不一定存在相关不可以相互替换；指标不一定具有相同的前因和（或）后果；少数指标的丢失对潜变量的意义影响重大
信度评价	内部一致性系数；重测信度	重测信度
效度评价	结构效度；内容效度；效标效度	效标效度
指标误差	单个指标存在测量误差	单个指标测量误差不能确定
模型识别规则	符合经典SEM框架的识别准则	有自身的准则（见9.3.3）
统计模型	公因子模型	主成分模型

9.3.3　形成性模型的识别准则

形成性模型与反映型模型在模型识别上也存在异同（Bollen & Davis，2009a；2009b；Diamantopoulos，Riefler & Roth，2008；Edwards & Bagozzi，2000；MacCallum & Browne，

1993）。形成性模型获得识别除了满足所有模型必要的法则（t 法则和指定测量单位）外还要满足如下两个额外规则中的一个：

（1）发出 2 条以上的路径法则（2 + emitted paths rule）：每个无约束方差或误差方差的潜变量必须发出至少 2 条路径指向无约束误差方差的变量（潜变量或观测变量）。

（2）符合外生变量 X 法则（The Exogenous X Rule；Bollen & Davis，2009）

a. 每个潜变量至少有一个反映性指标即唯一性指标，且指标误差不相关；

b. 每个潜变量直接影响至少一个反映性指标，且这些指标的误差与唯一性指标误差不相关；与条件 a 同时成立意味着至少存在 $m + 1$ 个反映性指标和发出至少 2 条以上的路径；

c. 至少存在 m 个反映性指标，且 Γ 是满行秩（full row rank）；

d. 涉及形成性指标的潜变量与潜变量之间的结构模型是可识别的。

MIMIC 模型是"发出 2 条路径法则"的特例，在 MIMIC 中只存在一个潜变量（$m = 1$）。典型的 MIMIC 模型包含至少一个反映性指标和两条形成性指标。

图 9-5 是几个可识别的带形成性指标的模型，关于这些模型识别条件和其他类型模型的更多信息请参见 Bollen 和 Davis（2009a，p505-508）。

上述方法需要使用外部变量来确定形成性模型是否可以识别，但这样做却存在显而易见的问题，如解释性混淆（见后文讨论）。

9.3.4　形成性建构问卷的编制

形成性测验的编制遵循问卷编制的一般程序，但在具体环节上存在特殊性，主要体现在测量模型自身理论属性的定义、指标的选择程序和信效度评价上（e. g.，Coltman et al.，2008；Diamantopoulos & Siguaw，2006；Diamantopoulos，Riefler & Roth，2008；MacKenzie，Podsakoff & Jarvis，2005）。

第一步，测量模型的确定。潜在构念属性的确定是个复杂的过程，需要从理论的角度去论证，当然从形成性模型与反映性模型区分的角度出发可能更具操作性。模型属性一旦确定后便可以着手收集测量指标了。

第二步，指标的收集与评价。由于多个形成性指标共同决定潜在建构的概念领域，任何一个指标的缺失都将会对整个概念的完整性产生深远的影响（Bollen & Lennox，1991；Jarvis et al.，2003），所以指标的选取应全面。而指标筛选的程序与传统方式（题总相关、EFA）不同，指标共线性的问题需要特别注意，应尽量避免高相关的指标同时存在（Bollen & Lennox，1991；Diamantopoulos & Siguaw 2006；Diamantopoulos & Winklhofer，2001）。

第三，信效度评价。由于指标代表构念的不同方面，因此不能像反映性模型构建那样通过语义重复来实现，形成性指标的来源更应该考虑构念的理论意义和先前的研究结果。两种指标间的这些差异决定了评价其信效度的方式存在不同。

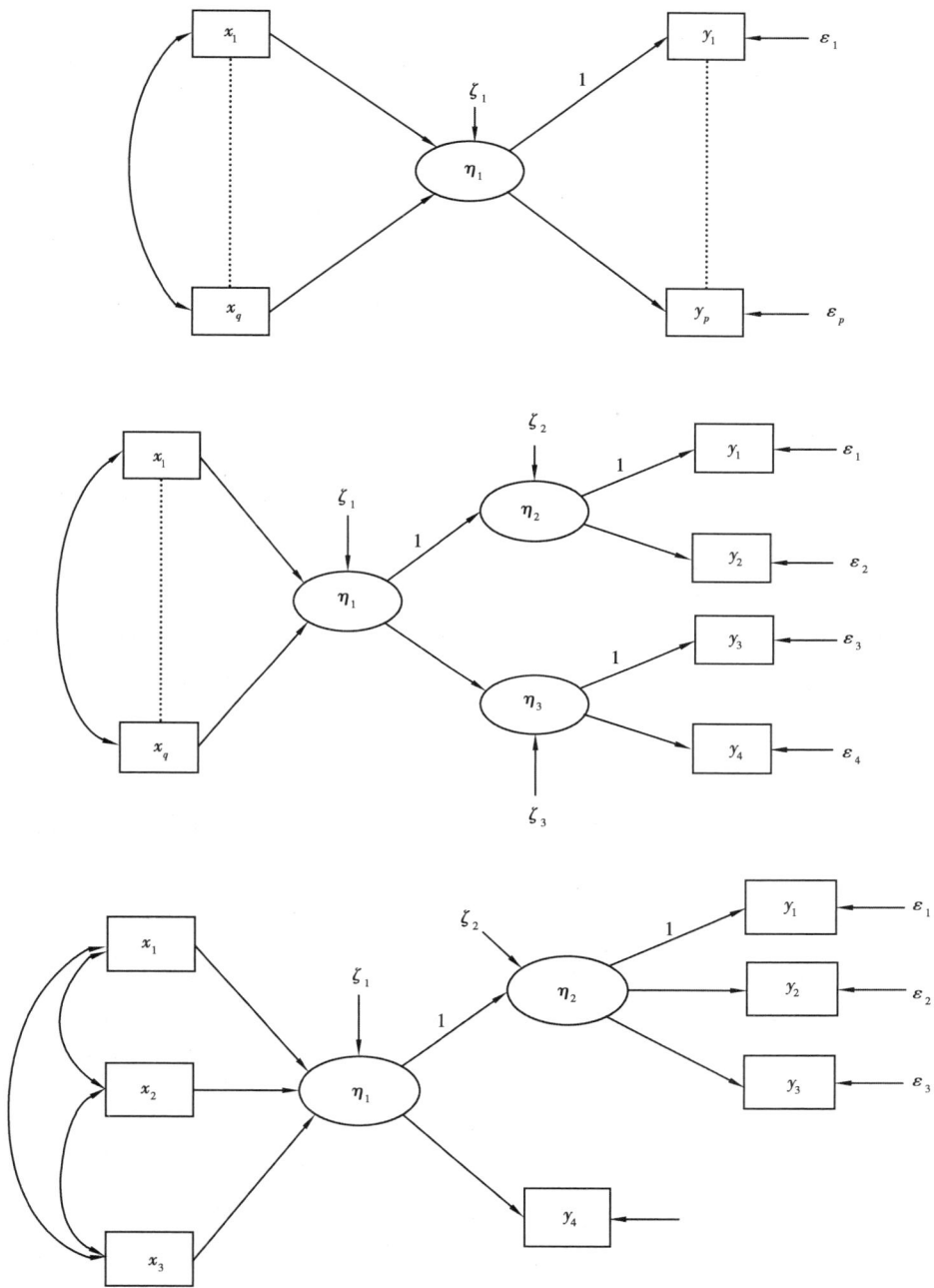

图 9-5　可识别的形成性模型示例

信度　常用的信度评价指标有内部一致性信度和重测信度。根据上面的分析,采用内部一致性信度评价形成性构念显然是不合适的(e. g.,Howell,Breivik & Wilcox,2007),而在指标层面上评价指标的重测信度是适宜的(Diamantopoulos,2005)。

效度　由于形成性指标代表构念不同的方面,所以其必然是多维度结构(Edwards,2011),尽管采用传统的结构效度评价方法不合适甚至不必要,但可从相反的角度去论证形成性建构的多维性。如果编制的形成性测量工具为单维度结构则说明编制过程存在问题[1]。更重要的是,应该从形成性构念在整个概念网络中的关系来进行评价即通过效标关联效度(Diamantopoulos & Siguaw, 2006; Edwards, 2001, 2011; MacKenzie et al. , 2005; Jarvis et al. , 2003)去评价。

具体的研究有 Diamantopoulos 和 Siguaw(2006)采用两种问卷建构程序(形成性和反映性测量模型)对同一构念"出口协调(Export coordination)"进行测量的文章。通过比较两种程序的差异,结果发现不同的程序对条目的内容、简约性和效标效度均产生影响。Coltman 等(2008)采用两个实例演示了形成性模型测量工具编制的过程和注意事项,另外的例子见 Jarvis 等(2003)。

9.3.5 尚存的问题

形成性模型很早就为研究者所认识,近来又重新引起关注(e.g. , Edwards, 2011; Howell, Breivik & Wilcox, 2007; 也见 2008 年 Journal of Business Research 的特刊)。近年来的研究和争论让更多的研究者认识到区分形成性测量模型和反映性测量模型的重要性,同时反映性模型自身也存在一些不足需要进一步的澄清(Howell, Breivik & Wilcox, 2007; Edwards, 2011; Edwards & Bagozzi, 2000)。总的来说,这些问题的核心主要集中的形成性建构自身的意义上。

首先,形成性建构的意义。

(1)在形成性模型中,构念的意义由指标定义,不同的指标组合形成不同的潜结构意义解释。

(2)形成性指标与其测量的潜变量之间的关系是变化的,变化的方向和程度依据形成性潜变量后面的结局变量而定(Bollen et al. , 2001)。具体来说,形成性模型为了识别的目的需要发出 2 条路径通往 2 个内生观测变量或内生潜变量,这两条路径系数的大小会对形成性指标与形成性潜变量之间关系的强度产生影响,进而影响潜变量的意义。这一现象使得研究者怀疑形成性潜变量本身是否是独立的概念(Edwards & Bagozzi, 2000; Franke et al. , 2008; Heise, 1972; Howell et al. , 2007b)。Heise(1972)认为形成性潜变量不仅是其指标的组合,同时也是对结局变量最佳的预测组合,这使得对形成性潜变量的解释更加复杂,不同的结局变量影响对形成性潜变量的解释即造成所谓的解释性混淆[2] (Bagozzi, 2007; Diamantopoulos, 2006; Howell et al. , 2007a, 2007b)。

(3)从实在论的角度出发,建构作为可测量的实体存在(Borsboom et al. , 2003),与测量指标之间存在明确的因果关系。这种关系在反映性模型中得到体现,而形成性模型指标与建构的因果关系是相反的,用构造主义、操作主义的解释更合适。

---

[1] 当然,多维度的结果也不必然说明所测概念为形成性建构。

[2] 当然,在反映性测量模型中也同样存在解释性混淆的问题(Howell et al. , 2007a),只是比较而言没有形成性测量模型严重。

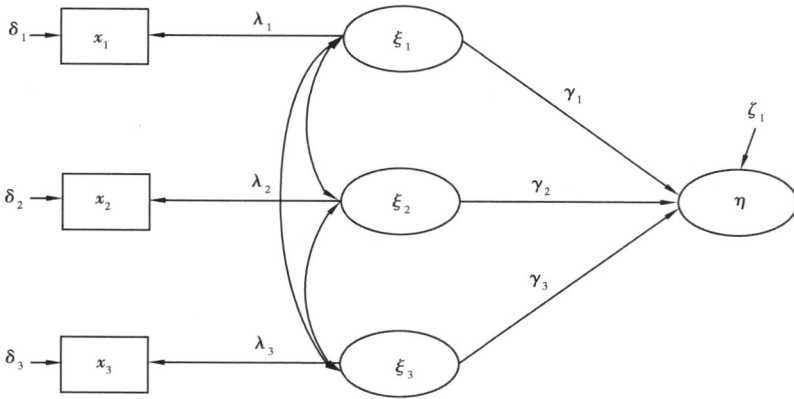

图 9-6 形成性模型变式

第二,在形成性模型的测量误差上存在争议。在反映性模型中指标的误差存在明确的解释,即独特性和测量误差的混合。而在形成性模型中指标本身并不存在误差项(比较图 9-4b),说明指标完美地测量了建构,但这显然不符合实际(Edwards,2011)。如果将其视为形成性指标预测结果变量的残差,而不是形成性指标预测形成性建构的残差,误差的值则会随结果变量的不同而发生变化(Wilcox et al.,2008)。

近来,研究者为了解决争议做了不少努力(Edwards,2011;Hardin, Chang, Fuller & Torkzadeh,2011;Treiblmaier, Bentler & Mair,2011),提出了一些替代方法。如将单个形成性指标作为一阶反映性因子的指标再构建二阶形成性潜变量(Edwards,2011;Edwards & Bagozzi,2000),如图 9-6 所示。Hardin 等(2011)提出使用元分析确定固定指标权重值的方法;Treiblmaier 等(2011)提出了二步估计法:第一步根据一定的规则(如典型相关系数)将指标分成多个分成分,使用形成性测量模型将各分成分和指标联系起来,接着第二步使用反映性模型将多个分成分组合起来建立整个反映性测量模型。

9.3.6 小 结

形成性模型与反映性模型是非常不同的构念测量模型,它们在多个方面存在显而易见的差异。归根到底,两种模型的差异还在于构念本身的属性上,不加区分地将构念通过反映性模型还是形成性模型测量都会扭曲测量的效度。尽管在形成性测量模型上存在争论,但这都阻止不了形成性测量模型的发展。最近,Bollen 和 Bauldry(2011)将指标区分三类:形成性指标,反映性指标和组合指标。

9.4 项目包

9.4.1 项目包概述

在结构方程建模时通常涉及多个潜变量,每个潜变量又包含数个甚至数十个观测指标,随着指标数的增加,模型复杂程度和所需样本量也随之增加。在不少情况下样本量的收集并非易事,模型太复杂也不利于建立潜变量之间的关系,因此研究者常使用项目打包法(Item Parceling)将数个指标加总或加总平均后作为新指标,然后再建模。据 Bandalos 和 Finney 统计,有近 20% 的 SEM 研究采用了不同形式的打包策略(2001)。

需要说明,项目包与分测验在形式上有类似之处,但两者之间存在显著差异,主要体现在如下两点(Bandalos,2008),第一,分测验是基于一定的理论编制的,而项目包则是事后临时确定的,与理论无关。第二,分测验分数的解释与测验所依据的理论一致,而项目包的解释不存在任何意义。

9.4.2 项目包的优缺点

与单个指标相比,项目包/项目组合在很多方面存在显而易见的优势。这些优点包括:更高的信度和高共同度(Little, Cunningham, Shahar & Widaman, 2002),数据分布形态更接近正态、更易收敛(Marsh, Hau, Balla & Grayson, 1998)以及更好的模型拟合(Rogers & Schmitt, 2004)。

通常,在项目包水平上建模所获得的拟合结果要优于在指标水平上的结果(e. g.,Bandalos,2002),类似的现象也出现在探索性因素分析中。这主要是由于打包可以提高指标的心理测量学特性进而提高模型拟合(Little et al. , 2002)。具体来说,首先,打包可以降低误差,提高共同度。题目打包时部分测量误差互相抵消,新指标的测量误差变小了,公因子在观测分数中所占的比重提高了即提高了共同度。其次,纠正数据分布形态。打包可以使原本偏态的数据分布得以纠正(Bandalos,2002;Little et al. , 2002;Hau & Marsh, 2004),使其更符合模型假设——多元正态分布,进而提高模型拟合。例如,Bandalos(2002)模拟研究发现当数据严重偏态时(偏态系数 =5,峰态系数 =25)通过打包可以将分布形态转换成近似正态(偏态系数 = 0. 5 ~ 1. 5,峰态系数 = -0. 5 ~ 5)。第三,使模型更加简洁,提高了参数与样本量之比。最后,提升参数估计的稳定性和拟合指数(Little et al. , 2002)。前面 3 点改进使得测量误差得以净化,模型得以简化,数据分布形态得以校正,因此参数估计和模型拟合得以提升。

任何方法都有缺点,打包法也不例外。首先,指标打包可能忽略了一些重要的变量或掩盖了真实的潜结构(Bandalos,2002)。实际应用中,条目之间可能存在相关误差(如,王孟成等,2010),而相关误差说明指标测量了多个潜变量,采用打包消除相关误差的同时也将潜在的额外因子消除了(Bandalos,2002)。尤其是多维度或多因子结构问卷打包更容易出现这样的问题,因此在数据结构未知的情况下使用打包是不合适的(Little et al.,2002;吴艳,温忠麟,2011)。再者,打包可能改变指标与潜变量之间的关系(Coanders,Satorra & Saris,1997)。当原始数据是分类数据时,打包可能将原本非线性的关系改变成线性,模拟研究发现当类别数在 5 个以下(2 个或 3 个)时会高估结构参数,低估测量参数(Yang,Nay & Hoyle,2010)。第三,打包可能降低了敏感性与可证伪性。由于提升了参数估计稳定性,导致可能过分稳定使得拟合检验统计量对模型误设也不再敏感了。如在测量等值研究中,Meade 和 Kroustalis(2006)模拟研究发现,使用项目包作为指标进行等值检验多数情况下会掩盖条目本身的不等值性(因子负荷)。由此可见,打包法提升模型拟合结果的同时也存在扭曲结果的风险。

9.4.3 项目打包的步骤

项目打包法看似简单,其实不然,在决策过程中如有不慎将会得到错误的结论。一般来说使用打包法的过程包括如下四个步骤(吴艳和温忠麟 2011;Matsunaga,2008;见图 9-7):

第一步,确定研究目的。由于打包存在掩盖模型潜在结构的可能性,所以在测量模型建模时不宜使用,在结构建模时符合打包条件的情况下可以使用。

第二步,检查量表(或子量表)的单维性。单维度和同质性是打包的前提,必须满足了单维性才能考虑使用打包,否则将导致参数估计偏差(Bandalos,2002)。

第三步,决定使用打包法,选择合适的打包策略及指标数量。究竟打几个包要综合考虑指标的数量和模型的复杂性。研究发现,打成 3 个包的拟合情况比 4 个、6 个要好,也比直接使用原始题目要好(Bandalos,2002;Rogers & Schmitt,2004),但打成一个包可能存在模型识别的问题(见第 5 章)。

第四步,报告打包的详情信息,包括过程、策略及合成指标的数量。具体来说,打包流程图(图 9-7)上的每个环节都应报告。因为不同的打包法,是否满足单维性等都会对结果产生影响。

9.4.4 项目打包的方法

一旦满足使用打包的条件并确定使用打包法时就需要选择一种具体的打包方法。目前文献中报告的打包法有多种,可以划分为两类:针对单维度问卷和多维度问卷的方法:

(1)单维度的方法

随机法(Random Assignment)是所有方法中最简单的一种,就是把项目随机分配到每一个项目包中,例如奇偶分组。随机法简单易行,从概念上说,不受既定量表和样本的影响,因此值得推荐(Matsunaga,2008),但此法也存在一些不足,表现在指标方差对参数估计的影响上(Little et al.,2002)。

关系平衡法(Item-to-Construct Balance),指标与潜变量之间的关系有两种:负荷和截距。在项目打包时可以通过平衡指标的这些信息进行组合,具体来说先将最高负荷的 k 个项目分配到 k 组,然后再将次高的 k 个项目逆序分配到 k 组,即高配低,依次类推(平衡负荷)。这种方法也称作因子法(Factorial Algorithm,Rogers & Schmitt,2004)或单因子法(Single-Factor Method;Landis,Beal & Tesluk,2000)。有时需要考虑截距(Little et al.,2002),此时便可同时考虑负荷和截距的信息进行平衡。

基于项目内容的方法(Landis,Beal & Tesluk,2000)。根据题目内容或表述方式(如每个小组各包含一个反向表述题目)将项目打包。在单维的情况下,所有策略都不会引起参数估计偏倚问题(Bandalos,2002),各种策略在参数估计方面都差不多;相比之下,因子法的模型拟合最好(Rogers & Schmitt,2004)。

(2)多维度的方法

内部一致性法(Internal-Consistency Approach),也称作独立打包法(Isolated Parceling),是把同一因子下的题目打包,强调各小组内题目的一致性,其实质是让组内差异最小。

领域代表法(Domain-Representative Approach;Little et al.,2002),也叫分配打包法(Distributed Parceling):是在每个因子下各抽出一个题目打包,强调各小组间的一致性,让组间差异最大。

例如,大五人格测验 NEO-PI-R 外向型维度包含 6 个侧面小因子(热情性、乐群性、自我肯定、活跃性、刺激追寻和正性情绪),每个小因子又分别包含了 8 个条目。内部一致性法即是将每个小因子的 8 个条目分别打成一个包。而领域代表法则是分别从 6 个因子中各取 $1 \sim k$ 个指标组成一个混合包。

最近的一项研究比较了上述两种打包法交叉混合组成的四种方法与 WLSMV 估计法处理类别数据的表现(Bandalos,2008)。结果发现在偏态、不同的指标类别数(2 ~ 4 个)等条件下,四种打包法均能提高拟合指数,但会导致20%到130%的参数估计偏差。相比而言,WLSMV 直接拟合原始指标(未打包)时参数估计偏差要小,但该法对分布形态较敏感,严重非正态时会产生较多 II 型错误。

9.4.5 小结与建议

总之,项目打包的问题和本章讨论的大部分问题一样都是随着 SEM 研究的深入而逐渐拓展开来的研究领域,尽管存在一些争议,但在实际应用中,充分利用已有的为研究者公认的结论对实际研究还是有益的。具体来说,对于应用研究者如何处理打包的问题,可以考虑如下建议:

①是否使用打包与研究的目的有关。如果目的是检验结构关系而非测量模型本身时,可以使用打包法,而在探索潜在结构时则不宜使用(Bandalos,2002;Little et al.,2002;吴艳、温忠麟,2011)。

②不能仅仅为了提高拟合指数而选择打包。研究发现即使在模型设置错误的情况下,打包仍可以提高模型拟合,所以在没有充分考虑打包前提条件的情况下使用打包可能被结果误导(e.g.,Bandalos,2002;Hau & Marsh,2004)。

③实施前需要考虑是否符合打包的条件。严格按照上述打包的步骤进行可以有效避免不必要的问题。

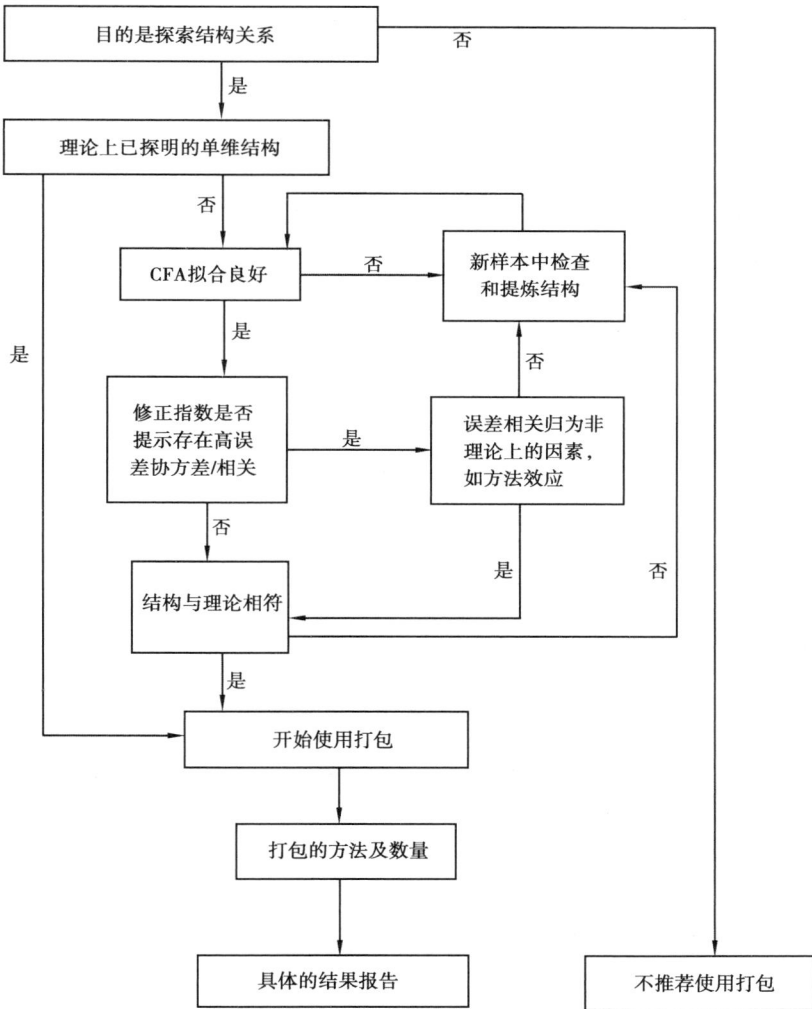

图9-7 打包决策步骤图

9.5 模型比较与选择

前面提到在结构方程建模时常使用竞争模型比较的策略选择拟合数据最理想的模型。如何从众多比较的竞争模型中选择最合适的模型呢？一个简单的做法是通过比较观测协方差矩阵与模型预测的协方差矩阵之间的差异来评价两个模型的相对优劣。当然，这种方法仅仅是种粗略的途径而缺乏客观的评价指标。通常将待比较的模型分成两类进行比较：嵌套模型和非嵌套模型。下面分别介绍两类模型比较的常用方法。

9.5.1 稳健极大似然估计嵌套模型比较

简单地说，如果一个模型 A 是一个模型 B 的特例，那么 A 模型嵌套于 B 模型。嵌套模型比较通常采用卡方差异检验或似然比检验。具体来说，用参数受限的模型（A 模型）卡方值减去非受限模型（B 模型）的卡方值，获得一个差值 $\Delta\chi^2$，受限模型的 df 减去非受限模型的 df，获得 Δdf。此时，$\Delta\chi^2$ 服从自由度为 Δdf 的卡方分布，可查卡方分布表做出统计决策。

在 Mplus 中选择使用 MLM 估计，计算的卡方值是 Satorra-Bentler 校正卡方，其分布有别于正常的卡方分布，所以在进行 S-Bχ^2 卡方差异检验时，需要将卡方值进行转换，而不能像 MLχ^2 那样直接相减再根据 Δdf 决定临界值。在 Mplus 的 MLM 法下，结果输出时除了给出 S-Bχ^2 卡方外还会报告一个校正因子"Scaling Correction Factor"，通过此因子可以将 MLχ^2 值和 S-Bχ^2 值联系起来：MLχ^2 = 校正因子 × S-Bχ^2。

Mplus 网站（http://www.statmodel.com/chidiff.shtml）介绍了稳健估计时的似然比检验方法和步骤。

第一步，计算差异检验的尺度校正（difference test scaling correction）因子，公式如下：

$$cd = (d_0 \times c_0 - d_1 \times c_1)/(d_0 - d_1)$$

cd 为尺度校正因子，d_0 为受限模型的自由度，c_0 为受限模型的校正因子，d_1 为自由估计模型的自由度，c_1 为自由估计模型的校正因子。

第二步，计算稳健极大似然估计的卡方差异量 TRd

$$TRd = (T_0 \times c_0 - T_1 \times c_1)/c_d$$

T_0 为受限模型的卡方值，T_1 为自由估计模型的卡方值。表 9-3 以第 7 章表 7-3 的前两个模型为例演示了稳健极大似然卡方差异检验的过程。

本书提供一个稳健极大似然估计卡方差异检验的小程序，界面截图如图 9-8 所示。将两个模型对应的卡方、校正因子和自由度填入相应空格即可获得卡方差异量。

另外，有几个免费的 S-Bχ^2 卡方差异检验程序可通过互联网获得。其中由 Crawford 和 Henry（2004）制作的 SBDIFF. EXE 差异检验程序（http://www.abdn.ac.uk/~psy086/dept/sbdiff.htm）和加拿大 Guelph 大学的 Scott R. Colwell 博士提供的在线计算器

（http://www.uoguelph.ca/~scolwell/difftest.html）较为方便。

表 9-3　稳健极大似然卡方差异检验示例

自由估计模型 B				
MLR			ML	
T_1	d_1	c_1	$T_1 \times c_1$	d_1
310.64	226	1.330 2	413.213	226
受限模型 A				
MLR			ML	
T_0	d_0	c_0	$T_0 \times c_0$	d_0
324.943	239	1.318 6	428.470	239

注：T_1 = MLR 时自由估计模型的卡方值；d_1 = MLR 时自由估计模型的自由度；c_1 = MLR 时自由估计模型的校正因子。

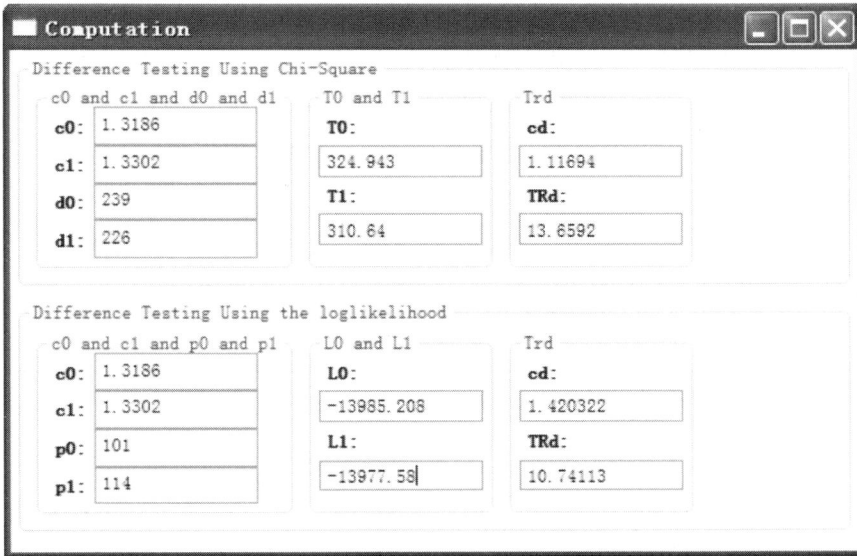

图 9-8　稳健极大似然估计卡方差异检验程序示例

S-Bχ^2 的校正因子有时会给出负值，造成负卡方差异结果。为此，Satorra 和 Bentler（2010）提出了一个改进的校正因子计算程序，可通过 Mplus 网站获得在 Mplus 中实现的步骤和例子（Asparouhov & Muthen，2010）。

9.5.2　稳健最小二乘估计嵌套模型比较

在 Mplus 中 WLSMV 作为分析类别数据默认的估计方法，只要在变量类型命令中使用 CATEGORICAL 定义变量为类别变量即可。如同 S-Bχ^2 一样，通过 WLSMV 估计得到的卡方差异不服从卡方分布，所以嵌套模型的比较不能使用传统的卡方差异检验。

Mplus 提供了专门的 DIFFTEST 命令用于检验此时的卡方差异。这一检验需要两步,第一步估计 H1 模型(更少限制的模型),使用 OUTPUT 中的 DIFFTEST 选项保存用于 χ^2 差异检验的信息。第二步估计 H0 模型(嵌套于 H1),使用 H1 和 H0 分析得到的信息进行 χ^2 差异检验。第二步的完成需要在 ANALYSIS 命令中使用如下设置:DIFFTEST = deriv. dat,这一设置告诉 Mplus 使用第一步计算 H1 模型时保存的信息进行 χ^2 差异检验。具体统计原理见 Asparouhov 和 Muthen(2006),可通过下面的链接下载 http://www. statmodel. com/download/webnotes/webnote10. pdf。

下面以一个具体的例子来说明这一过程。在检验测量不变性时,需要逐步比较不同限制水平模型间的差异,如先检验形态不变性,接着检验弱不变性(weakinvariance)即限制因子负荷相等。如果限制因子负荷相等没有显著恶化拟合指数,则进行第三步——限制截距相等即强不变性(strong invariance)。依此类推,根据拟合指标的提示进行更严格的限制。在这里,强不变性模型嵌套于弱不变性模型里,分别为上面提到的 H0 和 H1 模型。

我们以测量不变性检验为例,通过在估计弱不变性模型时加入如下语句实现:

savedata:DIFFTEST is deriv. dat(文件名);

通过这个语句可以把弱不变性模型的信息保存下来用于与嵌套的强不变性模型的信息进行比较,这时通过在估计强不变性模型时加入如下语句实现:

ANALYSIS:

DIFFTEST = deriv. dat(第一步保存的文件名);

运行程序后,差异检验结果会在模型卡方值后给出如下结果:

DIFFTEST 检验结果

Chi-Square Test for Difference Testing	
Value	64. 330
Degrees of Freedom	17
P-Value	0. 000 0

注:表中数据为虚拟数据。

卡方检验易受样本量影响,随着样本量增加即使很小的差异也会提示差异显著,所以研究者提出使用拟合指数差异的方法(Cheung & Rensvold, 2002;Meade, Johnson & Braddy, 2008)检验测量等值,当差异 < . 01 表明不存在显著差异,差异值在. 01 到. 02 时表明存在中等差异,当差异 >. 02 说明存在确定的差异(Definite Differences)。

9. 5. 3 非嵌套模型的比较

在比较非嵌套模型时,使用似然比检验将不再合适,此时常用的客观指标为信息指数：AIC 和 BIC（Kline，2010；Raftery，1995；Vrieze，2012）。两个指数有很多共同之处但差异也很明显（Yang，2005）。

Vrieze（2012）在潜变量模型（包括因子模型，潜类别模型和因子混合模型等）选择范围内讨论了 AIC 和 BIC 的表现后指出，同等条件下当候选模型包含真模型（True Model）时，BIC 比 AIC 的表现更具一致性，而在样本量有限的情况下 AIC 优于 BIC。BIC 绝对值并不能用来评价和选择模型，通常使用两个模型的 BIC 差值（ΔBIC）作为标准。Raftery（1995）给出了 ΔBIC 用于模型选择时的参考值，当 ΔBIC 为 0~2 时，说明 BIC 值较小和较大的模型间存在较弱差异；当 ΔBIC 为 2~6 表明 BIC 值较小的模型优于 BIC 值较大的模型；当 ΔBIC 为 6~10 则 BIC 值较小的模型得到强的支持；当 ΔBIC 大于 10 时得到非常强的支持。

模型的比较和选择是 SEM 实践中常遇到的问题，除了使用渐进拟合指数外，似然比检验和信息指数分别是评价嵌套和非嵌套模型常用的方法。就目前的 SEM 文献来说，针对该领域的研究相对稀少，然而最近这一问题又引起了学者们的关注（Kuha，2004；Preacher & Merkle，2012；Vrieze，2012）。

9.6　缺失值的处理

9.6.1　缺失值处理概述

科学研究中，缺失值是个非常普遍的现象，毫不夸张地说，凡是涉及数据收集的情景均存在缺失值现象。在社会科学研究中，调查对象在完成问卷过程中出于各种原因（如，疏忽大意、回避敏感问题）造成数据缺失。数据缺失对于研究者来说是个头痛的问题，不仅损失了信息也增加了工作量。传统的方法通常采用列删法（Listwise Deletion）或者对删法（Pairwise Deletion）。这种做法简便易行，很多流行软件也提供此类功能，但是此类方法对缺失值的假设条件要求较高，当满足假设前提时会产生估计偏差。随着研究的深入，新的处理方法不断发展，其中极大似然法和多重插补法最为学者推崇（Schafer & Graham，2002）。本节首先介绍缺失值的三种主要机制，接着简要介绍缺失值处理的传统方法及不足，最后着重介绍上述两种新方法并给出相应的 Mplus 例句。

9.6.2　缺失值的机制

缺失值的机制并非是造成缺失值的原因，而是描述缺失值与观测变量间可能的关系（Schafer & Graham，2002）。Rubin（1976）最早将缺失值的机制分为三类：随机缺失（Missing At Random，MAR）、完全随机缺失（Missing Completely At Random，MCAR）和非随机缺失（Missing At Non-Random，MANR）。下面简要介绍三种机制的情况。

(1)随机缺失(MAR)

当某变量出现缺失值的可能性与模型中某些观测变量有关而与该变量自身无关时称作 MAR。例如,在一次测试中,如果 IQ 达不到最低要求的 100 分,那么将不能参加随后的人格测验。在人格测验上因为 IQ 低于 100 分而产生的缺失值为 MAR。

(2)完全随机缺失(MCAR)

当某变量缺失值发生的可能性与其他变量无关也与该变量自身无关时称作 MCAR。换句话说,某变量缺失值的出现完全是个随机事件。可以将存在 MCAR 变量的数据看作是假定完整数据的一个随机样本(Rubin,1976)。

(3)非随机缺失(MANR)

当某变量出现缺失值的可能性只与自身相关时称作 MANR。例如,公司新录用了 20 名员工,由于 6 名员工表现较差,在试用期内被辞退,试用期结束后的表现评定中,辞退的 6 名员工的表现分即为非随机缺失。

检验数据是否是完全随机缺失可以采用单变量 t 检验和 Little(1988)提出的多元 t 检验。其原理是,如果变量 X 的缺失值是完全随机的,那么在 X 上缺失和非缺失两组样本间在第二个变量 Y 上的均值差异是不显著的,否则就会存在某种相关性。t 检验和多元 t 检验可在 SPSS 上运行。然而均值差异比较并非能保证就是 MCAR,因为在 MAR 和 MANR 条件下也能产生相等的均值(Enders,2010)。

目前,缺少检验 MAR 的有效程序,幸运的是严重违反 MAR 假设的情况相对较少(Schafer & Graham,2002)。研究者推荐使用包含辅助变量(Auxiliary Variables,与缺失值相关的因素)的方法减少估计偏差并提高满足 MAR 假设的可能性(Collins et al.,2001;Schafer & Graham,2002)。具体来说,在分析缺失值数据时将辅助变量纳入分析过程,但辅助变量并不出现在模型中(Mplus 中的程序见表9-4)。

9.6.3　缺失值处理的传统方法

列删法　将存在缺失值的被试删除。列删法操作方便,仍是目前流行的缺失值处理方法(Peugh & Enders,2004)。列删法的假设机制是 MCAR,在很多情况下此假设很难满足,所以会产生偏差的参数估计(e.g.,Enders & Bandalos,2001)。由于删除了非缺失信息,损失了样本量,进而削弱了统计功效。但是,当样本量很大而缺失值所占样本比例较少时(<5%)可以考虑使用列删法,但仍然存在上述不足。

对删法　在计算相关矩阵时,用所有可获得的数据计算,不管是否存在缺失值。同列删法一样,对删法的假设机制也是 MCAR,在不满足假设时会产生估计偏差(e.g.,Enders & Bandalos,2001)。由于计算每对相关系数是基于差异较大的样本,所以存在协方差矩阵非正定的风险（Graham，2009）。另外，样本的差异也会使计算标准误产生问题（Enders，2010；Graham，2009）。

均值替代法（Mean Substitution）　使用每个变量的均值去填补该变量的缺失值。这种方法会产生估计偏差（Little & Rubin，1987），最不为方法学者推荐（Allison，2003；Enders，2010；Graham，2009）。

回归法（Regression Imputation）　根据变量间的相关，利用其他变量的信息通过建立回归方式去推算缺失值。该法同样会产生估计偏差（Enders，2010）。

相似反映类型插补法（Similar Response Pattern Imputation）　LISREL 处理缺失值的一种方法。通过从有类似反应模式的个体得分中获得一个数值填补缺失值。如果完整数据找不到类似反应则不能完成插补，在 MCAR 下产生无偏的参数估计，在 MAR 下产生的估计偏差要比列删法和对删法小（Enders & Bandalos，2001）。

平均同质项目法　假设个体在某一因子的某些条目上存在缺失值，通过平均其他几个条目的得分来填补缺失值。这种做法在实际中很常见，但缺陷也很明显（Schafer & Graham，2002）。

9.6.4　缺失值处理的现代方法

传统的方法存在种种不足，新的方法也在不断发展，其中最为研究者推崇的方法为多重填补法（Multiple Imputation，MI）和全息极大似然估计法（Graham，2009；Schafer & Graham，2002）。

（1）全息极大似然估计

极大似然估计在处理缺失值数据时又称作全息极大似然估计（Full Information Maximum Likelihood，FIML），意指使用所有观测变量的全部信息。FIML 同 ML 分析完整数据过程一样，只是在计算单个对数似然值时使用全部完整信息而不考虑缺失值（公式见，Enders，2010）。因此，ML 处理缺失值并非使用替代值将缺失填补，而是使用已知信息采用迭代的方式估计参数。FIML 在 MCAR 和 MAR 下产生无偏和有效的参数估计值。非正态分布时，FIML 需要使用与完整数据时相同的参数校正统计量（S-Bχ^2 等，见本章），Bootstrapping 也是有效的策略之一。

FIML 法包含辅助变量的分析使用 Graham（2003）提出的饱和相关模型（Saturated Correlates），即将辅助变量纳入模型中，同时允许辅助变量间、辅助变量与外生观测指标以及内生观测指标的测量误差相关。假设第 5 章 PTSD 例子的数据存在缺失值，同时假定性别和年龄为辅助变量，表 9-4 给了使用 FIML 估计 DSM 三因子结构的 Mplus 程序。

表 9-4　FIML 处理缺失值的 Mplus 语句

```
TITLE：CFA Model With Missing Data；
DATA：FILE IS PTSD with Missing. dat；
VARIABLE：NAME are gender age y1-y17；
        USEVARIABLES = y1-y17；
        MISSING = ALL（9）；
        ！AUXILIARY =（m）gender age；设置自动包含辅助变量,（m）指定缺失分析的辅助变量。
    也可在模型中设置辅助变量与指标的相关（见 Enders，2010，例 5-14）。另外,AUXILIARY 与
    BOOTSTRAP 不能同时使用,根据需要选其一。
ANALYSIS：TYPE = missing；！第 5 版之后此项为默认设置；
        ESTIMATOR = ML；！非正态时可以选用 MLM 或 MLR 等；
        INFORMATION = Observed；！Mplus 提供 Expected 和 Observed 两种信息矩阵,两者的
        ！区别在于计算标准误时依据的缺失值机制不同,期望矩阵的要求是 MCAR；
        ！而观测依据的是 MAR,所以通常使用的 Observed 矩阵（Enders，2010）。
        BOOTSTRAP = 500（residual）；！获得 BOOTSTRAP 标准误；
MODEL：F1 by y1-y5 ＊；
       F2 by y6-y12 ＊；
       F3 by y13-y17 ＊；
       F1-F3@1；
OUTPUT：SAMPSTAT   STANDARDIZED。
```

（2）多重插补法（Multiple Imputation，MIm）

该方法由 Rubin（1987）最早提出,假设在数据随机缺失情况下,用两个或更多能反映数据本身概率分布的值来填补缺失值的方法。一个完整的 MIm 包含三步：数据填补（Imputation Phase）,计算（Analysis Phase）和汇总（Pooling Phase）。数据填补是关键一步,对每一个缺失数据填补 m（$m > 1$）次。每次填补将产生一个完全数据集,以此类推,共产生 m 个完整数据集。第二步,对每一个完整数据集采用标准的完整数据分析方法进行分析。第三步,将每次分析得到的结果进行综合,获得最终的统计推断。根据数据缺失机制、模式以及变量类型,可分别采用回归、预测均数匹配（Predictive Mean Matching，PMM）、趋势得分（Propensity Score，PS）、Logistic 回归、判别分析以及马尔可夫链蒙特卡罗（Markov Chain Monte Carlo，MCMC）等不同的方法进行填补。与 FIML 不同,MI 采用填补缺失值的方法。MIm 要求数据缺失为 MAR,如果采用 ML 估计同样要求数据分布符合多元正态分布假设,但研究发现违反正态性假设对 MIm 参数精确性影响不大（Demirtas，Freels & Yucel，2008）。另外一个影响估计精确性的因素是缺失率,Demirtas 等（2008）的研究发现缺失率高达 25% 仍能得到精确的参数估计结果。

在具体使用 MIm 时需要考虑 m 的次数,类似 Bootstrap 抽样,理论上来说 m 的数量越多估计越精确,但太大的数量会增加计算负荷,模拟研究指出 $m = 20$ 在多数情况下是合适的（Graham，Olchowski & Gilreath，2007）。在实践中,m 为 200～1 000 较为常用。

在 Mplus 中执行 MIm 需要两步,第一步数据插补,第二步使用第一步插补的数据集估计并输出汇总结果,两步的 Mplus 语句呈现在表 9-5 中。

表 9-5　多重插补法处理缺失值的 Mplus 语句

```
TITLE：This is an example of MI first step；
DATA：FILE IS PTSD with Missing 息相关 dat；
VARIABLE：NAME are gender age y1-y17；
        USEVARIABLES = y1-y17；
        MISSING = ALL（9）；
DATA IMPUTATION：
        IMPUTE = y1-y17；! 设置存在缺失值的变量进行插补,如果是类别变量在变量名后加
    "（C）"。
        NDATASETS = 50；! 设置 m = 50,默认值为 5；
        SAVE = PTSDimp＊. dat；! 设置插补的 50 个数据集保存文件名,"＊"将被数值替换。
ANALYSIS：TYPE = basic；
! SEED FOR DATA AUGMENTATION ALGORITHM；
bseed = 79566；
  ! NUMBER OF DATA AUGMENTATION CHAINS；
chains = 1；
```

```
TITLE：This is an example of MI second step；
DATA：FILE IS PTSDimplist. dat；! 使用第一步保存的插补数据文件集；
TYPE = imputation；! 说明数据类型为插补数据；
VARIABLE：NAME are gender age y1-y17；
        USEVARIABLES = y1-y17；
ANALYSIS：ESTIMATOR = ML；
        INFORMATION = observed；! 标准误基于观测信息矩阵；
MODEL：F1 by y1-y5＊；
      F2 by y6-y12＊；
      F3 by y13-y17＊；
      F1-F3@1；
OUTPUT：STANDARDIZED；
```

9.6.5 小　结

缺失值是研究中的常见情况,也是经常被忽视的问题,随着缺失值处理方法的成熟和软件的易操作性,越来越多的学术期刊要求作者在稿件中给出缺失值处理过程和方法的信息。本节主要讨论了缺失处理的基本问题和常见方法,希望本节的内容能为国内研究者提供一点有用的帮助。

9.7 为潜变量指定单位

第 5 章提到为了模型识别的目的需要为潜变量设定单位(Scaling Latent Variables),文献中有两种常用的做法:固定条目负荷和固定因子方差。在多数情况下两种方法都不会对参数估计产生影响,但是在少数情况下却不能忽视这一问题。

9.7.1 对标准误的影响

不同的指定潜变量单位的方法会对参数标准误产生影响。Gonzalez 和 Griffin(2001)观测到,采用不同的指定潜变量的方法会产生相同的拟合指标,但是估计的参数标准误会发生变化,进而导致 Z 值变化。造成差异的原因主要在于不同指定方法会影响标准误估计精确性,为了避免 Z 检验的不足,Gonzalez 和 Griffin 建议使用似然比检验,因为其不受指定方法影响。

9.7.2 多组测量模型

在等值检验中有时需要检验方差等值,所以在实践中更多采用固定条目负荷法(Vandenberg & Lauce, 2000; Yoon & Millsap, 2007)。选择此方法的前提是所选指标本身满足跨组等值(Mplus 中默认因子第一个指标为参照指标),否则将不能有效地探测不变性(Meade & Lautenschlager, 2004),而且这种影响在对条目等值检验时的作用更明显(Johnson, Meade, & DuVemet, 2009)。

在不变性研究中,传统上存在两种确定和选择参照指标(Reference Indicator, RI)的方案。Rensvold 和 Cheung(2001)提出的因子比率检验程序(Factor-ratio Test)以及 Yoon 和 Millsap(2007)提出的基于修正指数的方法。因子比率检验程序计算过程较为繁琐,在RI 差异不是很大的情况下比较有效(French & Finch, 2008),而 Yoon 和 Millsap 的方法计算简便,多数结构方程软件都会报告修正指数。目前对这两种方法的优劣并不清楚,尚需进一步比较。

在实际等值操作中,Johnson 等(2009)建议,首先根据理论或探索性因素分析的负荷量选择一个参照指标,如果在量表水平上不存在不等值,那么就不需要考虑选择其他 RI,直接进入下一步的截距等值检验即可。如果存在不等值,则需要认真考虑上述 RI 选择程序,考查其他候选的等值指标,然后重新进行负荷等值检验。可见,RI 的等值性评价是进行精确等值检验的前提,而这个前提通常被研究者忽略(Johnson, Meade & DuVemet, 2009)。

9.7.3 均值结构模型

当模型涉及均值结构即 MACS(Mean and Covariance Structures)时,不仅需要为因子

设定单位,还要为潜均值设定单位。与上述测量模型对应,存在两种方法:**参照组法**(Reference-Group Method)和参照指标法(Marker-Variable Method)。**参照组法**将第一组(参照组)的因子方差设为1,同时潜均值设定为0,其他组自由估计。**参照指标法**将每个潜变量的某个指标负荷设定为1,同时参照指标的截距设定为0,其他指标的负荷和截距自由估计但限定各组相同。

9.7.4　效应编码法

上述两种设置潜变量单位的方法都很主观,将因子负荷和因子方差设置为1是习惯做法,也可设置为2或其他值。最近,Little,Slegers和Card(2006)提出了第三种为潜变量指定单位的方法,被称为**效应编码法**(Effect Coding Method)。具体做法是,限定各因子的指标截距之和为0,同时限定指标因子负荷均值为1:

$$\sum_{i=1}^{I} \lambda_{ir}^{g} = I \quad \sum_{i=1}^{I} \tau_{ir}^{g} = 0$$

τ = 截距,λ = 因子负荷,i = 1 ~ I。

上式表示各组 G 中,某因子 r 的 I 个指标的负荷或截距总和。假设有 2 个指标,使用此方法,需设定 $\lambda_{1r} = 2 - \lambda_{2r}$ 和 $\tau_{1r} = 0 - \tau_{2r}$。当存在 3 个指标时,设定 $\lambda_{1r} = 3 - \lambda_{2r} - \lambda_{3r}$ 和 $\tau_{1r} = 0 - \tau_{2r} - \tau_{3r}$。当条目增加时,依此类推。

这种方法设定截距平均值为0,而非将单个指标截距设为0;因子负荷的平均值为1,而非将单个指标因子负荷设为1。也就是说,这种方法平衡所有指标信息为参数估计指定单位,使得潜变量方差的估计考虑了所有指标的方差,潜均值估计平衡所有指标均值。据 Little 等(2006),此方法可用于单组/单时点和多组/多时点测量模型。

此方法适用的模型需要满足如下三个条件:(a)多个指标测量一个建构或因子;(b)指标只隶属唯一因子即简单结构(simple structure);(c)指标采用相同的计分系统即相同的取值范围(同为 5 级计分或同为 4 级计分)。

9.7.5　效应编码法示例

以第 5 章验证性因素分析为例说明效应编码法的设置和结果。表 9-6 的前半部分呈现了以表 5-8 中的 PTSD 三因子模型为蓝本的效应编码程序。表的后半部分是截取的部分输出结果,模型拟合和标准化参数估计结果与表 5-8 中的结果一致。在非标准化模型结果部分存在差异。具体来说,效应编码法中,每个因子的因子负荷相加等于指标个数,截距之和等于零。

表 9-6　使用效果编码法估计 DSM 三因子模型的 Mplus 程序

TITLE：The structure of PTSD of DSM-3 using effect coding method；

DATA：FILE IS PTSD. dat；

VARIABLE：NAMES ARE x1 x2 y1-y17；

　　　　　　USEVARIABLES are y1-y17；

ANALYSIS：ESTIMATOR = ML；

MODEL：F1 BY y1 *（L1）；

　　　　F1 by y2-y5（L2-L5）；

　　　　F2 by y6 *（L6）；

　　　　F2 by y7-y12（L7-L12）；

　　　　F3 by y13 *（L13）；

　　　　F3 by y14-y17（L14-L17）；

　　　　[F1-F3]；

　　　　[Y1-Y5]（T1-T5）；

　　　　[Y6-Y12]（T6-T12）；

　　　　[Y13-Y17]（T13-T17）；

MODEL CONSTRAINT：！通过模型限制命令来设置效果编码；

　　　　L1 = 5-L5-L4-L3-L2；！因子负荷的效果编码；

　　　　L6 = 7-L12-L11-L10-L9-L8-L7；

　　　　L13 = 5-L17-L16-L15-L14；

　　　　T5 = 0-T4-T3-T2-T1；！截距的效果编码；

　　　　T6 = 0-T12-T11-T10-T9-T8-T7；

　　　　T13 = 0-T17-T16-T15-T14；

OUTPUT：STANDARDIZED；

非标准化模型结果

　MODEL RESULTS

		Estimate	S. E.	Est./S. E.	Two-Tailed P-Value
F1	BY	！Y1-Y5 的因子负荷之和为 5；			
	Y1	0.874	0.055	15.851	0.000
	Y2	0.794	0.059	13.401	0.000
	Y3	1.196	0.053	22.481	0.000
	Y4	1.032	0.058	17.744	0.000
	Y5	1.104	0.059	18.743	0.000

F2	BY	！Y6-Y12 的因子负荷之和为 7；			
	Y6	0.891	0.059	15.195	0.000
	Y7	1.031	0.057	18.131	0.000
	Y8	0.963	0.059	16.401	0.000
	Y9	1.030	0.060	17.092	0.000
	Y10	1.174	0.053	21.953	0.000
	Y11	1.135	0.055	20.708	0.000
	Y12	0.776	0.064	12.084	0.000
F3	BY	！Y13-Y17 的因子负荷之和为 5；			
	Y13	0.932	0.059	15.854	0.000
	Y14	0.985	0.056	17.471	0.000
	Y15	0.996	0.057	17.521	0.000
	Y16	1.053	0.058	18.146	0.000
	Y17	1.033	0.062	16.675	0.000
F2	WITH				
	F1	0.414	0.032	12.747	0.000
F3	WITH				
	F1	0.440	0.035	12.404	0.000
	F2	0.433	0.033	13.319	0.000
Means					
	F1	2.301	0.036	64.024	0.000
	F2	1.988	0.032	61.804	0.000
	F3	2.269	0.035	64.198	0.000
Intercepts	！Y1-Y5 的指标截距之和为 0，F2 和 F3 的指标截距之和也为 0；				
	Y1	0.331	0.132	2.508	0.012
	Y2	0.144	0.142	1.013	0.311
	Y3	−0.492	0.127	−3.869	0.000
	Y4	0.316	0.139	2.273	0.023
	Y5	−0.299	0.141	−2.126	0.033
	Y6	0.331	0.122	2.721	0.007
	Y7	0.069	0.118	0.584	0.559
	Y8	0.215	0.122	1.755	0.079
	Y9	−0.076	0.125	−0.605	0.545

续表

Y10	−0.443	0.111	−3.985	0.000
Y11	−0.341	0.114	−2.985	0.003
Y12	0.245	0.134	1.829	0.067
Y13	−0.075	0.139	−0.543	0.587
Y14	−0.133	0.133	−0.997	0.319
Y15	0.081	0.134	0.605	0.545
Y16	−0.292	0.137	−2.135	0.033
Y17	0.419	0.146	2.867	0.004

9.8 样本量与统计功效

大量的研究考察了 ML 估计法对样本量的依赖情况(e. g., Curran, West & Finch, 1996),结果发现小样本产生如下问题:(a)较高的不收敛和(或)不适当解比率;(b)参数估计呈现边际偏差(marginal bias);(c)衰减标准误;(d)虚高卡方值及基于卡方的 Type I 错误的比率;(e)非正态进一步提高基于卡方的 Type I 错误的比率。

SEM 作为大样本统计分析方法对样本量有一定要求,目前的研究结果一致表明,追求样本量的绝对数量意义并不大。因为最低样本量的要求与多种因素相关:模型的复杂程度、数据的分布形态、缺失值的比率、参数的估计方法、指标的信度、指标间关系的强度以及研究设计的特点(追踪研究 vs. 横断面研究),所以没有任何一个最少样本量的推荐值同时考虑了上述诸因素。

样本量的充足与否关系到参数估计的精确性和统计功效(Statistical Power)。精确性指的是从样本统计量估计总体参数的精确程度。统计功效等于1-TypeⅡ型错误的概率。一般以.8 作为统计功效的临界值(Cohen, 1988),即80%的把握拒绝错误的虚无假设。

在 SEM 中,存在多种统计功效评价方法,其中常用的方法有假设检验法(Satorra & Sari, 1985)和蒙特卡洛模拟法(Muthén & Muthén, 2002)。由于假设检验法计算过程繁琐,在一般结构方程软件中不能直接计算,所以下面仅介绍蒙特卡洛模拟法(假设检验法的例子可以参见 Brown, 2006)。

在蒙特卡洛模拟法中,确定功效达到.8 以上时样本量是否合适的标准有如下几个(Muthén & Muthén, 2002):(1)参数及标准误偏差不超过10%;(2)对于统计功效分析所关注的参数,标准误估计偏差不超过5%;(3)覆盖率(模拟样本中包含95%的总体真值的比例)在.91 值.98 之间。下面以检验两因子间相关为例,说明采用蒙特卡洛法评价特定样本量统计功效的过程。表 9-7 以 PTSD 的 DSM 的三因子为例给出了蒙特卡洛的 Mplus 语句。

表 9-7　蒙特卡洛法检验统计功效的 Mplus 语句

TITLE：Statistical Power of MONTECARLO for PTSD DSM；

MONTECARLO：！蒙特卡洛模拟设置；

    NAMES ARE y1-y17；

    NOBSERVATIONS = 100；！考察的样本量；

    NREPS = 10000；！设定模拟样本的数量，理论上，数值越大估计的结果越精确；

    SEED = 53567；！用于设定模拟样本的随机开始点，Muthén & Muthén（2002）推荐使用多个不同
    的值以确定结果的一致性。

MODEL POPULATION：！模拟的总体参数设置；

    F1 by y1 ∗ .56 y2 ∗ .496 y3 ∗ .717 y4 ∗ .599 y5 ∗ .631；

    F2 by y6 ∗ .554 y7 ∗ .624 y8 ∗ .573 y9 ∗ .59 y10 ∗ .701 y11 ∗ .672 y12 ∗ .456；

    F3 by y13 ∗ .557 y14 ∗ .598 y15 ∗ .598 y16 ∗ .609 y17 ∗ .566；

    F1-F3@1；

    Y1 ∗ .687；Y2 ∗ .754；Y3 ∗ .486；Y4 ∗ .641；Y5 ∗ .601；Y6 ∗ .693；

    Y7 ∗ .611；Y8 ∗ .672；Y9 ∗ .652；Y10 ∗ .509；Y11 ∗ .548；Y12 ∗ .792；

    Y13 ∗ .69；Y14 ∗ .642；Y15 ∗ .643；Y16 ∗ .629；Y17 ∗ .679；

    F1 WITH F2 ∗ .833；

    F1 WITH F3 ∗ .844；

    F2 WITH F3 ∗ .898；

MODEL：！在检验统计功效时 MODEL 下的参数设置同 MODEL POPULATION；

    F1 by y1 ∗ .56 y2 ∗ .496 y3 ∗ .717 y4 ∗ .599 y5 ∗ .631；

    F2 by y6 ∗ .554 y7 ∗ .624 y8 ∗ .573 y9 ∗ .59 y10 ∗ .701 y11 ∗ .672 y12 ∗ .456；

    F3 by y13 ∗ .557 y14 ∗ .598 y15 ∗ .598 y16 ∗ .609 y17 ∗ .566；

    F1 − F3@1；

    Y1 ∗ .687；Y2 ∗ .754；Y3 ∗ .486；Y4 ∗ .641；Y5 ∗ .601；Y6 ∗ .693；

    Y7 ∗ .611；Y8 ∗ .672；Y9 ∗ .652；Y10 ∗ .509；Y11 ∗ .548；Y12 ∗ .792；

    Y13 ∗ .69；Y14 ∗ .642；Y15 ∗ .643；Y16 ∗ .629；Y17 ∗ .679；

    F1 WITH F2 ∗ .833；

    F1 WITH F3 ∗ .844；

    F2 WITH F3 ∗ .898；

ANALYSIS：ESTIMATOR = ML；！如果涉及非正态或类别数据可使用其他估计法。

OUTPUT：TECH9；！要求报告拟合复制样本时可能产生的聚合错误信息。

表 9-8　蒙特卡洛检验结果（节选）

ESTIMATES		S. E.	M. S. E.	95%	% Sig		
	Population	Average	Std. Dev.	Average		CoverCoeff	
F1　BY							
Y1	0.560	0.5532	0.1043	0.1000	0.0109	0.939	1.000
Y2	0.496	0.4899	0.1053	0.1019	0.0111	0.947	0.999
Y3	0.717	0.6997	0.0979	0.0938	0.0099	0.931	1.000
Y4	0.599	0.5928	0.1010	0.0983	0.0102	0.940	1.000
Y5	0.631	0.6218	0.1005	0.0968	0.0102	0.941	1.000
F2　BY							
Y6	0.554	0.5476	0.0986	0.0973	0.0098	0.947	1.000
Y7	0.624	0.6146	0.0969	0.0953	0.0095	0.945	0.999
Y8	0.573	0.5650	0.0964	0.0970	0.0093	0.940	1.000
Y9	0.590	0.5798	0.0981	0.0962	0.0097	0.942	1.000
Y10	0.701	0.6935	0.0937	0.0920	0.0088	0.948	1.000
Y11	0.672	0.6682	0.0961	0.0936	0.0092	0.950	1.000
Y12	0.456	0.4489	0.1004	0.1007	0.0101	0.951	0.997
F3　BY							
Y13	0.557	0.5492	0.1002	0.0990	0.0101	0.945	1.000
Y14	0.598	0.5916	0.1025	0.0981	0.0105	0.934	1.000
Y15	0.598	0.5914	0.1011	0.0980	0.0102	0.939	1.000
Y16	0.609	0.6042	0.0976	0.0975	0.0095	0.949	1.000
Y17	0.566	0.5546	0.1016	0.0991	0.0104	0.934	1.000
F1　WITH							
F2	0.833	0.8335	0.0677	0.0659	0.0046	0.929	1.000
F3	0.844	0.8484	0.0746	0.0738	0.0056	0.940	1.000
F2　WITH							
F3	0.898	0.8967	0.0662	0.0612	0.0044	0.928	1.000

表 9-8 中第一列数据为总体真值；第二列至第四列数据分别为蒙特卡洛模拟多个数据集平均后的参数均值（Average）、标准差（Std. Dev.）和标准均误（S. E. Averag）；第五列为参数均方误（M. S. E.，蒙特卡洛估计的方差加上偏差的平方）；第六列为覆盖率即模拟样本中包含 95% 的群体真值的比例（95% Cover）；最后一列数据为，在.05 的显著性水平上蒙特卡洛模拟所得参数显著不等于零的比例（% Sig Coeff）。

参数估计偏差的比例等于估计平均值（STIMATES Aaverage）减去总体真值（Population）再除以总体真值（Population），然后再乘以 100。本例中，三对相关的估计偏差比例如下

$$\text{Bias}(\varphi21) = [(.833\ 5 - .833)/.833](100) = .06\%$$

$$\text{Bias}(\varphi31) = [(.848\ 4 - .844)/.844](100) = .52\%$$

$$\text{Bias}(\varphi32) = [(.896\ 7 - .898)/.898](100) = -.14\%$$

　　Muthén 和 Muthén(2002)指出,当蒙特卡洛模拟的样本数足够大时,参数估计的标准误差可作为总体标准误。标准误偏差比例等于蒙特卡洛模拟得到的标准误均值(S. E. Average)减去参数估计标准差(Std. Dev.)再除以参数估计标准(Std. Dev.),然后乘以 100。

$$\text{Bias}(\varphi21) = [(.0659 - .0677)/.0677](100) = -2.66\%$$

$$\text{Bias}(\varphi31) = [(.0738 - .0746)/.0746](100) = -1.07\%$$

$$\text{Bias}(\varphi32) = [(.0612 - .0662)/.0662](100) = -7.55\%$$

　　根据上述判断标准,本例结果表明参数估计偏差比例未超过5%,而因子 2 和因子 3 之间的相关系数其标准误估计偏差超过了 5%,覆盖率(模拟样本中包含95%的群体真值的比例)均超过最低值.91。所以使用 100 个样本想达到.8 的统计功效并不够。将 n 升至 150 时,计算 Bias($\varphi32$) = -4.09%,达到了要求。因此,要达到上述规定的统计功效,分析本例需要 150 个左右的样本。

※推荐阅读※

等价模型

　　Hershberger(2006)的文章深入探讨了等价模型设置规则,识别问题以及应对等方方面面,是目前介绍等价模型最完整的综述文章。

Hershberger, S. L. (2006). *The problem of equivalent structural models*. In G. R. Hancock & R. O. Mueller (Eds.), Structural equation modeling:A second course (pp. 13-41). Greenwich, CT:IAP.

项目包

　　Todd D. Little 等(2002)的文章详细介绍了打包为何可以提供模型拟合的原理以及打包的优缺点,同时介绍了几种打包的方法。Masaki Matsunaga(2008)最近的文章对打包问题给予了更全面的讨论,涉及打包过程的诸多细节,通过这两篇文章可以全面了解打包的方方面面。另外,国内就这问题的综述文章可参见吴艳和温忠麟的论文(2011)。

Little, T. D., Cunningham, W. A., Shahar, G., & Widaman, K. F. (2002). To parcel or not to parcel:Exploring the question, weighing the merits. *Structural Equation Modeling*, 9, 151-173.

Matsunaga, M. (2008). Item parceling in structural equation modeling:A primer. *Communication Methods and Measures*, 2, 260-293.

吴艳,温忠麟(2011).结构方程建模中的题目打包策略. 心理科学进展, 19, 1859-1867.

类别数据与非正态性

Finney & DiStefano(2006)的文章系统总结了类别数据与非正态数据的分析方法，Flora & Curran(2004)的文章对 WLMSV 估计法在估计类别及非正态数据时的表现进行了模拟研究。

Flora，D. B. & Curran，P. J. （2004）. An empirical evaluation of alternative methods of estimation for confirmatory factor analysis with ordinal data. *Psychological Methods*，*9*，*466-491*.

Finney，S. J.，& DiStefano，C. （2006）. *Nonnormal and Categorical Data in Structural Equation Modeling*. In G. R. Hancock & R. O. Mueller （Eds.），Structural equation modeling：A second course （pp. *269-314*）. Greenwich，CT：IAP.

缺失值

Graham(2009)、Schafer 和 Graham(2002)的文章对缺失值在心理学研究中的问题和方法进行了论述，特别是多重插补和极大似然估计。Enders(2010)最新的专著提供了处理缺失值更详细的叙述，并给出了 SAS 和 Mplus 的示例。

Enders，C. K. （2010）. *Applied missing data analysis*. New York，NY：Guilford.

Graham，J. W. （2009）. Missing data analysis：Making it work in the real world. *Annual Review of Psychology*，*60*，*549-576*.

Schafer，J. L.，& Graham，J. W. （2002）. *Missing data*：*Our view of the state of the arts*. *Psychological Methods*，*7*，*147-177*.

形成性与反映性指标

Edwards 和 Bagozzi(2000)文章指出在 SEM 分析中考虑形成性测量模型的问题，Diamantopoulos 等(2008)的文章对形成性测量模型涉及的核心内容进行了简要论述。Edwards(2011)和 Howell(2007)的文章对形成性测量模型存在的意义给予了批判。

Diamantopoulos，A.，Riefler，P.，& Roth，K. P. （2008）. Advancing formative measurement models. *Journal of Business Research*，*61*，*1203-1218*.

Edwards，J. R.，& Bagozzi，R. P. （2000）. On the nature and direction ofrelationships between constructs and measures. *Psychological Methods*，*5*，*155-174*.

Howell，R. D.，Breivik，E.，& Wilcox，J. B. （2007）. Reconsidering formative measurement. *Psychological Methods*，*12*，*205-218*.

参考文献

Agresti, A. (2007). *An Introduction to Categorical Data Analysis* (2rd). Hoboken: John Wiley & Sons.

Aiken, L. S., & West, S. G. (1991). *Multiple regression: Testing and interpreting interactions*. Thousand Oaks, CA: Sage Publications.

Albright, J. J., & Park, H. M. (2009). Confirmatory Factor Analysis Using Amos, LISREL, Mplus, and SAS/STAT CALIS. Working Paper. The University Information Technology Services (UITS) Center for Statistical and Mathematical Computing, Indiana University. http://www.indiana.edu/~statmath/stat/all/cfa/index.html.

Allison, P. D. (2003). Missing Data Techniques for Structural Equation Modeling. *Journal of Abnormal Psychology*, *112*, 545-557.

Allport, G. W. (1937). *Personality: a psychological interpretation*. New York: Holt, Rinehart and Winston.

Arbuckle, J. L. (1995-2012). *Amos 21.0 User's Guide*. Crawfordville, FL: Amos Development Corporation.

Asparouhov, T. and Muthen, B. (2006). *Robust Chi Square Difference Testing with Mean and Variance Adjusted Test Statistics*. Mplus Web Notes: No. 10.

Asparouhov, T., & Muthen, B. (2009). Exploratory structural equationmodeling. *Structural Equation Modeling*, *16*, 397-438.

Asparouhov, T. &Muthen, B. (2010). *Computing the strictly positive Satorra-Bentler chi-square test in Mplus*. http://www.statmodel.com/examples/webnotes/webnote12.pdf.

Bagozzi, R. P. (2007). On the meaning of formative measurement and how it differs from reflective measurement: Comment on Howell, Breivik, and Wilcox (2007). *Psychological Methods*, *12*, 229-237.

Bandalos, D. L. (2002). The effects of item parceling on goodness-of-fit and parameter estimate bias in structural equation modeling. *Structural Equation Modeling*, *9*, 78-102.

Bandalos., D. L. (2008). Is Parceling Really Necessary? A Comparison of Results From tem Parceling and Categorical Variable Methodology. *Structural Equation Modeling*, *15*, 211-240.

Bandalos, D. J., & Finney, S. J. (2001). *Item parceling issues in structural equation modeling*. In G. A. Marcoulides (Ed.), New developments and techniques in structural equation modeling (pp. 269-296). Mahwah, NJ: Lawrence Erlbaum.

Baron, R. M., & Kenny, D. A. (1986). The moderator-mediator distinction in social psychological research: Conceptual, strategic, and statistical considerations. *Journal of Personality and Social Psychology*, *51*, 1173-1182.

Barrett, P. (2007). Structural equation modeling: Adjudging model fit. *Personality and Individual Differences*, *42*, 815-824.

Bartholomew, D. J., & Knott, M. (1999). *Latent variables models and factor analysis* (2nd ed.). London: Arnold.

Bauer, D. J., & Curran, P. J. (2004). The Integration of Continuous and Discrete Latent Variable Models: Potential

Problems and Promising Opportunities. *Psychological Methods*, *9*, 3-29.

Beauducel, A., & Wittman, W. (2005). Simulation study on fit indices in confirmatory factor analysis based on data with slightly distorted simple structure. *Structural Equation Modeling*, *12*, 41-75.

Beauducel, A., & Herzberg, P. Y. (2006). On the Performance of Maximum Likelihood Versus Means and Variance Adjusted Weighted Least Squares Estimation in CFA. *Structural Equation Modeling*, *13*, 186-203.

Bentler, P. M. (1980). Multivariate analysis with latent variables: Causal modeling. *Annual Review of Psychology*, *31*, 419-456.

Bentler, P. M. (1990). Comparative fit indexes in structural models. *Psychological Bulletin*, *107*, 238-246.

Bentler, P. M. (2006). EQS 6 Structural equations program manual. Encino, CA: Multivariate Software, Inc.

Bentler, P. M. (2009). Alpha, dimension-free, and model-based internal consistency reliability. *Psychometrika*, *74*, 137-143.

Bentler, P. M., & Bonett, D. G. (1980). Significance tests and goodness-of-fit in the analysis of covariance structures. *Psychological Bulletin*, *88*, 588-606.

Blanchard, E. B. Jones-Alexander, J., Buckley, T. C., &Forneris, C. A. (1996). Psychometric properties of the PTSD checklist (PCL). *Behaviour Research and Therapy*, *34*, 669-673.

Bock, R. D., & Aitkin, M. (1981). Marginal maximum likelihood estimation of item parameters: Application of an EM algorithm. *Psychometrika*, *46*, 443-459.

Bock, R. D., Gibbons, R. D., & Muraki, E. (1988). Full-information factor analysis. *Applied Psychological Measurement*, *12*, 261-280.

Bock, R. D., & Lieberman, M. (1970). Fitting a response model for n dichotomously scored items. *Psychometrika*, *35*, 179-197.

Bollen, K. A. (1987). Outliers and improper solutions: a confirmatory factor analysis example. *Sociological methods & research*, *15*, 375-84.

Bollen, K. A. (1989). *Structural equations with latent variables*. New York, NY: Wiley.

Bollen, K. A. (2002). Latent variables in psychology and the social sciences. *Annual Review of Psychology*, *53*, 605-634.

Bollen, K. A., & Bauldry, S. (2011). Three Cs in Measurement Models: Causal Indicators, Composite Indicators, and Covariates. *Psychological Methods*, *16*, 265-284.

Bollen, K. A. & Curran, P. J. (2004). Autoregressive latent trajectory (ALT) models: a synthesis of two traditions. *Sociological Methods & Research*, *32*, 336-383.

Bollen, K. A., & Davis, W. R. (2009a). Causal indicator models: Identification, estimation, and testing. *Structural Equation Modeling*, *16*, 498-522.

Bollen, K. A., & Davis, W. R. (2009b). Two rules of identification for structural equation models. *Structural Equation Modeling*, *16*, 523-536.

Bollen, K. A., Glanville, J. L., & Stecklov, G. (2001). Socioeconomic status and class in studies of fertility and health in developing countries. *Annual Review of Sociology*, *27*, 153-185.

Bollen, K. A., & Lennox, R. (1991). Conventional wisdom on measurement: A structural equation perspective. *Psychological Bulletin*, *110*, 305-314.

Bollen, K. A. & Stine, R. A. (1992). Bootstrapping goodness-of-fit measures in structural equation models. *Sociological Methods & Research*, *21*, 205-229.

Boomsma, A., & Hoogland, J. J. (2001). The Robustness of LISREL Modeling Revisited. In Structural equation modeling: Present and future: A Festschrift in honor of Karl Jöreskog (pp. 139-168). Chicago: Scientific Software International.

Borsboom, D., Mellenbergh, G. J., & Van Heerden, J. (2003). The theoretical status of latent variables. *Psychological Review*, *110*, 203-219.

Biesanz, J. C. & West, S. G. (2004). Towards Understanding Assessments of the Big Five: Multitrait-Multimethod Analyses of Convergent and Discriminant Validity Across Measurement Occasion and Type of Observer. *Journal of Personality*, *72*, 845-876.

Browne, M. W. (2001). An Overview of Analytic Rotation in Exploratory Factor Analysis. *Multivariate Behavioral Research*, *36*, 111-150.

Brown, T. A. (2006). *Confirmatory factor analysis for applied research*. New York: Guilford Press.

Breckler, S. (1990). Applications of covariance structure modeling in psychology: Cause for concern? *Psychological Bulletin*, *107*, 260-273.

Breivik, E., & Olsson, U. H. (2001). *Adding variables to improve fit: the effect of model size on fit assessment in LISREL*. In

Cudeck, R., du Toit, S., & Sörbom, D., eds. Structural Equation Modeling: resent and Future. Ann Arbor, MI: Scientific Software International.

Byrne, B. M., Shavelson, R. J., &Muthén, B. (1989). Testing for the equivalence of factor covariance and mean structures: The issue of partial measurement invariance. *Psychological Bulletin*, *105*, 456-466.

Byrne, B. M. (1989). *A primer of LISREL: Basic applications and programming for confirmatory factor analytic models*. New York: Springer-Verlag.

Byrne, B. M. (1998). *Structural equation modeling with LISREL, PRELIS, and SIMPLIS: Basic concepts, applications, and programming*. Mahwah, NJ: Erlbaum.

Breckler, S. (1990). Applications of covariance structure modeling in psychology: Cause for concern? *Psychological Bulletin*, *107*, 260-273.

Burnham, K. P., & Anderson, D. R. (2002). Model Selection and Multimodel Inference: A Practical Information-Theoretical Approach. 2d ed. New York: Springer-Verlag.

Campbell, D. T., & Fiske, D. W. (1959). Convergent and discriminant validation by the multitrait-multimethod matrix. *Psychological Bulletin*, *56*, 81-105.

Carragher, N., Adamson, G., Bunting, B., & McCann, S. (2009). Subtypes of depression in a nationally representative sample. *Journal of Affective Disorders*, *113*, 88-99.

Cattell, R. B. (1978). *The scientific use of factor analysis in behavioral and life sciences*. New York: Plenum.

Chan, B., & Parker, G. (2004). Some recommendations to address depression in Chinese people in Australasia. *Australian and New Zealand Journal of Psychiatry*, *38*, 141-147.

Chen, C., & Anthony, J. C. (2003). Possible age-associated bias in reporting of clinical features of drug dependence: Epidemiological evidence on adolescent-onset marijuana use. *Addiction*, *98*, 71-82.

Chen, F. F., Sousa, K. H., & West, S. G. (2005). Testing measurement invariance of second-order factor models. *Structural Equation Modeling*, *12*, 471-492.

Chen, F. F., West, S. G., & Sousa, K. H. (2006). A comparison of general-specific and second-order models of quality of life. *Structural Equation Modeling*, *41*, 189-225.

Cheung, G. W. (2008). Testing Equivalence in the Structure, Means, and Variances of Higher-Order Constructs With Structural Equation Modeling. *Organizational Research Methods*, *11*, 593-613.

Cheung, G. W., & Lau, R. S. (2008). Testing mediation and suppression effects of latent variables: Bootstrapping with structural equation models. *Organizational Research Methods*, *11*, 296-325.

Cheung, G. W., & Rensvold, R. B. (1999). Testing factorial invariance across groups: Are reconceptualization and proposed new model. *Journal of Management*, *25*, 1-27.

Cheung, G. W., & Rensvold, R. B. (2002). Evaluating goodness-of-fit indexes for testing measurement invariance. *Structural Equation Modeling*, *9*, 233-255.

Cheung, M. W. L., & Chan, W. (2004). Testing Dependent Correlation Coefficients via Structural Equation Modeling. *Organizational Research Methods*, *7*, 206-223.

Coanders, G., Satorra, A., & Saris, W. E. (1997). Alternative approaches to structural equation modeling of ordinal data: A Monte Carlo study. *Structural Equation Modeling*, *4*, 261-282.

Cohen, J. (1988). *Statistical power analysis for the behavioral sciences* (2nd ed.). Hillsdale, NJ: Erlbaum.

Cohen, J., Cohen, P., West, S. G., & Aiken, L. S. (2003). *Applied multiple regression/correlation analysis for the behavioral sciences*, 3rd edition. Mahwah, NJ: Lawrence Erlbaum Associates.

Cole, D. A., Martin, N. C., & Steiger, J. H. (2005). Empirical and conceptual problems with longitudinal trait-state models: Introducing a trait-state-occasion model. *Psychological Methods*, *10*, 3-20.

Collins, L. M., & Lanza, S. T. (2010). *Latent class and latent transition analysis: With applications in the social, behavioral, and health sciences*. New York: Wiley.

Collins, L. M., Schafer, J. L., & Kam, C-M. (2001). A comparison of inclusive and restrictive strategies in modern missing data procedures. *Psychological Methods*, *6*, 330-351.

Coltman, T., Devinney T. M., Midgley, D. F., &Venaik, S. (2008). Formative versus reflective measurement models: Two applications of formative measurement. *Journal of Business Research*, *61*, 1250-1262.

Comrey, A. L. (1973). A first course in factor analysis. New York: Academic Press.

Comrey, A. L. (1978). Common methodological problems in factor analytic studies. *Journal of Consulting and Clinical Psychology*, *46*, 648-659.

Conger, A. J. (1974). A revised definition for suppressor variables: A guide to their identification and interpretation.

Educational and Psychological Measurement, *34*, 35-46.

Conway, J. M., & Huffcutt, A. I. (2003). A Review and Evaluation of Exploratory Factor Analysis Practices in Organizational Research. *Organizational Research Methods*, *6*, 147-168.

Conway, J. M., Lievens, F., Scullen, S. E. & Lance, C. E. (2004). Bias in the Correlated Uniqueness Model for MTMM Data. *Structural Equation Modeling*, *11*, 535-559.

Courvoisier, D. S., Eid, M., & Nussbeck, F. W. (2007). Mixture distribution latent state-trait analysis: Basic ideas and applications. *Psychological Methods*, *12*, 80-104.

Crawford, J. R., & Henry, J. D. (2004). The Positive and Negative Affect Schedule (PANAS): Construct validity, measurement properties and normative data in a large non-clinical sample. *British Journal of Clinical Psychology*, *43*, 245-265.

Cronbach, L. J. (1951). Coefficient alpha and the internal structure of tests. *Psychometrika*, *16*, 297-334.

Cudeck, R. (1989). Analysis of correlation matrices using covariance structure models. *Psychological Bulletin*, *105*, 317-327.

Cudeck, R., & O'Dell, L. L. (1994). Applications of standard error estimates in unrestricted factor analysis: Significance tests for factor loadings and correlations. *Psychological Bulletin*, *115*, 475-487.

Curran, P. J., Bollen, K. A., Chen, F., Paxton, P., & Kirby, J. B. (2003). Finite sampling properties of the point estimates and confidence intervals of the RMSEA. *Sociological Methods and Research*, *32*, 208-252.

Curran, P. J., West, S. G., & Finch, J. F. (1996). The robustness of test statistics to nonnormality and specification error in confirmatory factor analysis. *Psychological Methods*, *1*, 16-29.

Dalal, D. K., & Zickar, M. J. (2012). Some Common Myths About Centering Predictor Variables in Moderated Multiple Regression and Polynomial Regression. *Organizational Research Methods*, *15*, 339-362.

Davis, M. D. (1985). *The logic of causal order*. In J. L. Sullivan and R. G. Niemi (Eds.), Sage university paper series on quantitative applications in the social sciences. Beverly Hills, CA: Sage Publications.

Demirtas, H., Freels, S. A., & Yucel, R. M. (2008). Plausibility of multivariate normality assumption when multiple imputing non-Gaussian continuous outcomes: A simulation assessment. *Journal of Statistical Computation and Simulation*, *78*, 69-84.

Dempster, A. P., Laird, N. M., & Rubin, D. B. (1977). Maximum likelihood from incomplete data via the EM algorithm (with discussion). *Journal of the Royal Statistical Society: Series B (Statistical Methodology)*, *39*, 1-38.

de Winter, J. C. F., Dodou, D., & Wieringa, P. A. (2009). Exploratory Factor Analysis withSmall Sample Sizes. *Multivariate Behavioral Research*, *44*, 147-181.

Diamantopoulos, A. (2005). The C-OAR-SE procedure for scale development in marketing: a comment. *International Journal of Marking Research*, *22*, 1-9.

Diamantopoulos, A. (2006). The Error Term in Formative Measurement Models: Interpretation and Modeling Implications. *Journal of Modeling in Management*, *1*, 7-17.

Diamantopoulos, A., Riefler, P., & Roth, K. P. (2008). Advancing formative measurement models. *Journal of Business Research*, *61*, 1203-1218.

Diamantopoulos, A., & Siguaw, J. A. (2006). Formative versus reflective indicators in organizational measure development: a comparison and empirical illustration. *British Journal of Management*, *17*, 263-282.

Diamantopoulos, A., & Winklhofer, H. M. (2001). Index construction with formative indicators: An alternative to scale development. *Journal of Marketing Research*, *38*, 269-277.

Ding, C. S. (2006). Using Regression Mixture Analysis in Educational Research. *Practical Assessment, Research & Evaluation*, Available online: http://pareonline. net/getvn. asp? v = 11&n = 11.

DiStefano, C. (2002). The impact of categorization with confirmatory factor analysis. *Structural Equation Modeling*, *9*, 327-346.

DiStefano, C., & Hess, B. (2005). Using confirmatory factor analysis for construct validation: An empirical review. *Journalof Psychoeducational Assessment*, *23*, 225-241.

Divgi, D. R. (1979). Calculation of the tetrachoric correlation coefficient. *Psychometrika*, *44*, 169-172.

Drasgow, F. (1984). Scrutinizing psychological tests: Measurement equivalence and equivalent relations with external variables are central issues. *Psychological Bulletin*, *95*, 135-135.

Echambadi, R., & Hess, J. D. (2007). Mean-centering does not alleviate collinearity problems in moderated multiple regression models. *Marketing Science*, *26*, 438-445.

Edwards, J. R. (2001). Multidimensional constructs in organizational behavior research: An integrative analytical framework. *Organizational Research Methods*, *4*, 144-192.

Edwards, J. R. (2008). *Seven deadly myths of testing moderation in organizational research*. In C. E. Lance & R. J. Vandenberg (Eds.), Statistical and methodological myths and urban legends: Received doctrine, verity, and fable in the organizational and social sciences (pp. 145-166). New York: Routledge.

Edwards, J. R. (2011). The Fallacy of Formative Measurement. *Organizational Research Methods*, *14*, 370-388.

Edwards, J. R., & Bagozzi, R. P. (2000). On the nature and direction of relationships between constructs and measures. *Psychological Methods*, *5*, 155-174.

Edwards, J. R., & Lambert, L. S. (2007). Methods for integrating moderation and mediation: A general analytical framework using moderated path analysis. *Psychological Methods*, *12*, 1-22.

Efron, B., & Tibshirani, R. J. (1993). *An introduction to the bootstrap*. New York: Chapman & Hall.

Eid, M. (2000). A multitrait-multimethod model with minimal assumptions. *Psychometrika*, *65*, 241-261.

Eid, M., Lischetzke, T., Nussbeck, F. W., & Trierweiler, L. (2003). Separating trait effects from trait-specific method effects in multitrait-multimethod models: A multiple-indicator CT-C(M-1) Model. *Psychological Methods*, *8*, 38-60.

Eid, M., Nussbeck, F. W., Geiser, C., Cole, D. A., Gollwitzer, M., & Lischetzke, T. (2008). Structural Equation Modeling of Multitrait-Multimethod Data: Different Models for Different Types of Methods. *Psychological Methods*, *13*, 230-253.

Eid, M., Schneider, C., & Schwenkmezger, P. (1999). Do you feel better or worse? The validity of perceived deviations of mood states from mood traits. *European Journal of Personality*, *13*, 283-306.

Elhai, J. D., & Palmieri, P. A. (2011). The factor structure of posttraumatic stress disorder: A literature update, critique of methodology, and agenda for future research. *Journal of Anxiety Disorders*, *25*, 849-854.

Embretson, S. E., & Reise, S. P. (2000). *Item response theory for psychologists*. Mahwah, NJ: Erlbaum.

Enders, C. K. (2010). *Applied missing data analysis*. New York, NY: Guilford.

Enders, C. K., & Bandalos, D. L. (2001). The relative performance of full information maximum likelihood estimation for missing data in structural equation models. *Structural Equation Modeling*, *8*, 430-457.

Fabrigar, L. R., Wegener, D. T., MacCallum, R. C., & Strahan, E. J. (1999). Evaluating the use of exploratory factor analysis in psychological research. *Psychological Methods*, *4*, 272-299.

Fan, X., & Sivo, S. A. (2005). Sensitivity of fit indexes to misspecified structural or measurement model components: Rationale of the two-index strategy revisited. *Structural Equation Modeling*, *12*, 343-367.

Fan, X., Thompson, B., & Wang, L. (1999). Effects of Sample Size, Estimation Methods, and Model Specification on Structural Equation Modeling Fit Indexes. *Structural Equation Modeling*, *6*, 56-83.

Fava, J. L., & Velicer, W. F. (1992). The Effects of Overextraction on Factor and Component Analysis. *Multivariate Behavioral Research*, *27*, 387-415.

Finch, H. (2005). The MIMIC model as a method for detecting DIF: Comparison with Mantel-Haenszel, SIBTEST, and the IRT likelihood ratio. *Applied Psychological Measurement*, *29*, 278-295.

Finney, S. J., & DiStefano, C. (2006). *Nonnormal and Categorical Data in Structural Equation Modeling*. In G. R. Hancock & R. O. Mueller (Eds.), Structural equation modeling: A second course (pp. 269-314). Greenwich, CT: IAP.

Flora, D. B. & Curran, P. J. (2004). An empirical evaluation of alternative methods of estimation for confirmatory factor analysis with ordinal data. *Psychological Methods*, *9*, 466-491.

Floyd, F. J., & Widaman, K. F. (1995). Factor analysis in the development and refinement of clinical assessment instruments. *Psychological Assessment*, *7*, 286-299.

Franke, G. R., Preacher, K. J., & Rigdon, E. E. (2008). Proportional structural effects of formative indicators. *Journal of Business Research*, *61*, 1229-1237.

French, B. E, & Finch, W. H. (2008). Multigroup confirmatory factor analysis: Locating the invariant referent sets. *Structural Equation Modeling*, *15*, 96-113.

Gagné, P., & Hancock, G. R. (2006). Measurement model quality, sample size, and solution propriety in confirmatory factor . models. *Multivariate Behavioral Research*, *41*, 65-83.

Geiser, C., Eid, M., & Nussbeck, F. W. (2008). On the Meaning of the Latent Variables in the CT-C(M-1) Model: A Comment on Maydeu-Olivares and Coffman (2006). *Psychological Methods*, *13*, 49-57.

Geiser, C., & Ginger, L. (2012). A comparison of four approaches to account for method effects in latent state-trait analyses. *Psychological Methods*, *17*, 255-283.

Gerbing D. W., & Hamilton, J. G. (1996). Viability of exploratory factor analysis as a precursor to confirmatory factor analysis. *Structural Equation Modeling*, *3*, 62-72.

Gonzalez, R. & Griffin, D. (2001). Testing Parameters in Structural Equation Modeling: Every "One" Matter. *Psychological Methods*, *6*, 258-269.

Gorsuch, R. L. (1983). Factor analysis (2nd ed.). Hillsdale, NJ: Frlbaum.

Graham, J. W. (2003). Adding missing-data relevant variables to FIML-based structural equation models. *Structural Equation Modeling*, *10*, 80-100.

Graham, J. W. (2009). Missing Data Analysis: Making It Work in the Real World. *Annual Review of Psychology*, *60*, 549-576.

Graham, J. W., Olchowski, A. E., & Gilreath, T. D. (2007). How many imputations are really needed? Some practical clarifications of multiple imputation theory. *Prevention Science*, *8*, 206-213.

Greenberger, E., Chen, C., Dmitrieva, J., & Farruggia, S. P. (2003). Item-wording and the dimensionality of the Rosenberg Self-Esteem Scale: do they matter? *Personality and Individual Differences*, *35*, 1241-1254.

Green, S. B., & Yang, Y. (2009). Commentary on coefficient alpha: A cautionary tale. *Psychometrika*, *74*, 121-135.

Gregorich, S. E. (2006). Do self-report instruments allow meaningful comparisons across diverse population groups?: Testing measurement invariance using the confirmatory factor analysis framework. *Medical Care*, *44* (*11*, *Suppl 3*), S78-S94.

Hardin, A. M., Chang, J. C., Fuller M. A., Torkzadeh, G. (2011). Formative Measurement and Academic Research: In Search of Measurement Theory. *Educational and Psychological Measurement*, *71*, 281-305.

Hasuman, J. A., Hall, B. H., & Griliches, Z. (1984). Econometric models for count data with an application to the patents-R & D relationship. *Econometrica*, *52*, 909-938.

Hau, K. -T., & Marsh, H. W. (2004). The use of item parcels in structural equation modeling: Non-normal data and small sample sizes. *British Journal of Mathematical and Statistical Psychology*, *57*, 327-351.

Hayashi, K., Bentler, P. M., & Yuan, K. H. (2007). On the likelihood ratio test for the number of factors in exploratory factor analysis. *Structural Equation Modeling*, *14*, 505-526.

Hayduk, L. A., Cummings, G., Boadu, K., Pazderka-Robinson, H., & Boulianne, S. (2007). Testing! testing! one, two, three—Testing the theory in structural equation models! *Personality and Individual Differences*, *42*, 841-850.

Hayduk, L. A., & Glaser, D. N. (2000). Doing the four-step, right-2-3, wrong-2-3: a brief reply to Mulaik and Millsap; Bollen; Bentler; and Herting and Costner. *Structural Equation Modeling*, *7*, 111-123.

Hayes, A. F., Preacher, K. J., & Myers, T. A. (2011). *Mediation and the estimation of indirect effects in political communication research*. In E. P. Bucy & R. L. Holbert (Eds.), Sourcebook for political communication research: Methods, measures, and analytical techniques (pp. 434-465). New York: Routledge.

Hayton, J. C., Allen, D. G., & Scarpello, V. (2004). Factor Retention Decisions in Exploratory Factor Analysis: A Tutorial on Parallel Analysis. *Organizational Research Methods*, *7*, 191-205.

Heene, M., Hilbert, S., Draxler, C., Ziegler, M., &Buhner, M. (2011). Masking Misfit in Confirmatory Factor Analysis by Increasing Unique Variances: A Cautionary Note on the Usefulness of Cutoff Values of Fit Indices. *Psychological Methods*, *16*, 319-336.

Heise, D. R. (1972). Employing nominal variables, induced variables, and block variables in path analysis. *Sociological Methods & Research*, *1*,147-173.

Henson, R. K. & Roberts, J. K. (2006). Use of Exploratory Factor Analysis in Published Research Common Errors and Some Comment on Improved Practice. *Educational and Psychological Measurement*, *66*, 393-416.

Hershberger, S. L. (2006). *The problem of equivalent structural models*. In G. R. Hancock & R. O. Mueller (Eds.), Structural equation modeling: A second course (pp. 13-41). Greenwich, CT: IAP.

Hertzog, C., & Nesselroade, J. R. (1987). Beyond autoregressive models: Some implications of the trait-state distinction for the structural modeling of developmental change. *Child Development*, *58*, 93-109.

Hogarty, K. Y., Kromrey, J. D., Ferron, J. M., & Hines, C. V. (2004). Selection of variables in exploratory factor analysis: An empirical comparison of a stepwise and traditional approach. *Psychometrika*, *69*, 593-611.

Holzinger, K. J., & Swineford, F. (1937). The bifactor method. *Psychometrika*, *2*, 41-54.

Horn, J. L. (1965). A rationale and test for the number of factors in factor analysis. *Psychometrika*, *30*, 179-185.

Horn, J. L., & McArdle, J. J. (1992). A practical and theoretical guide to measurement invariance in aging research. *Experimental Aging Research*, *18*, 117-144.

Howell, R. D., Breivik, E., & Wilcox, J. B. (2007). Reconsidering formative measurement. *Psychological Methods*, *12*, 205-218.

Hu, L., & Bentler, P. M. (1998). Fit indices in covariance structure modeling: Sensitivity to under parameterized model misspecification. *Psychological Methods*, *3*, 424-453.

Hu, L., & Bentler, P. M. (1999). Cutoff criteria for fit indexes in covariance structure analysis: Conventional criteria versus new alternatives. *Structural Equation Modeling*, *6*, 1-55.

Hu, L., & Bentler, P. M., & Kano, Y. (1992). Can test statistics in covariance structure analysis be trusted? *Psychological Bulletin*, *112*, 351-362.

Hutchinson, S. R., & Olmos, A. (1998). Behavior of descriptive fit indexes in confirmatory factor analysis using ordered categorical data. *Structural Equation Modeling*, *5*, 344-364.

Jackson, D. L., Gillaspy, J. A., Jr., & Purc-Stephenson, R. (2009). Reporting practices in confirmatory factor analysis: An overview and some recommendations. *Psychological Methods*, *14*, 6-23.

James, L. R., & Brett, J. M. (1984). Mediators, moderators, and tests for mediation. *Journal of Applied Psychology*, *69*, 307-321.

Jarvis, C. B., MacKenzie, B., & Podsakoff, P. M. (2003). A critical review of construct indicators and measurement model misspecification in marketing and consumer research. *Journal of Consumer Research*, *30*, 199-218.

Johnson, D. R. & Creech, J. C. (1983). Ordinal Measures in Multiple Indicator Models: A Simulation Study of Categorization Error. *American Sociological Review*, *48*, 398-407.

Johnson, E. C., Meade, A. W., & DuVernet, A. M. (2009). The Role of Referent Indicators in Tests of Measurement Invariance. *Structural Equation Modeling*, *16*, 642-657.

Jöreskog, K. G., & Goldberger, A. S. (1975). Estimation of a model with multiple indicators and multiple causes of a single latent variable. *Journal of the American Statistical Association*, *70*, 631-639.

Jöreskog, K. G., & Sörbom, D. (2006). *LISREL* 8. 80 *for Windows* [*Computer software*]. Lincolnwood, IL: Scientific Software International.

Jöreskog, K. G., & Yang, F. (1996). Nonlinear structural equation models: The Kenny-Judd model with interaction effects. In G. A. Marcoulides & R. E. Schumacker (Eds.), Advanced structural equation modeling: Issues and techniques (pp. 57-87). Mahwah, NJ: Lawrence Erlbaum Associates.

Judd, C. M., & Kenny, D. A. (1981). Process analysis: Estimating mediation in treatment evaluations. *Evaluation Review*, *5*, 602-619.

Kaplan, D., & Wenger, R. N. (1993). Asymptotic independence and separability in covariance structure models: Implications for specification error, power and model modification. *Multivariate Behavioral Research*, *28*, 483-498.

Kano, Y., & Harada, A. (2000). Stepwise variable selection in factor analysis. *Psychometrika*, *65*, 7-22.

Kelava, A., & Brandt, H. (2009). Estimation of nonlinear latent structural equation models using the extended unconstrained approach. *Review of Psychology*, *16*, 123-131

Kelava, A., Werner, C. S., Schermelleh-Engel, K., Moosbrugger, H., Zapf, D., Ma, Y., ... West, S. G. (2011). Advanced Nonlinear Latent Variable Modeling: Distribution Analytic LMS and QML Estimators of Interaction and Quadratic Effects. *Structural Equation Modeling*, *18*, 465-491.

Kenny, D. A. (1976). An empirical application of confirmatory factor analysis to the multitrait-multimethod matrix. *Journal of Experimental Social Psychology*, *12*, 247-252.

Kenny, D. A., Kashy, D. A., & Bolger, N. (1998). *Data analysis in social psychology*. In D. Gilbert, S. Fiske, & G. Lindzey (Eds.), *The handbook of social psychology* (Vol. 1, 4th ed., pp. 233-265). Boston, MA: McGraw-Hill.

Kim, E. S., Kwok, O., & Yoon, M. (2012). Testing Factorial Invariance in Multilevel Data: A Monte Carlo Study. *Structural Equation Modeling*, *19*, 250-267.

Kim, G., DeCoster, J., Huang, C., & Chiriboga, D. A. (2011). Race/Ethnicity and the Factor Structure of the Center for Epidemiologic Studies Depression Scale: A Meta-Analysis. *Cultural Diversity and Ethnic Minority Psychology*, *17*, 381-396.

King, D. W., Leskin, G. A., King, L. A., & Weathers, F. W. (1998). Confirmatory Factor Analysis of the Clinician-Administered PTSD Scale: Evidence for the Dimensionality of Posttraumatic Stress Disorder. *Psychological Assessment*, *10*, 90-96.

Klein, A., & Moosbrugger, H. (2000). Maximum likelihood estimation of latent interaction effects with the LMS method. *Psychometrika*, *65*, 457-474.

Klein, A. G., & Muthén, B. O. (2007). Quasi maximum likelihood estimation of structural equation models with multiple interaction and quadratic effects. *Multivariate Behavioral Research*, *42*, 647-674.

Kline, R. B. (2010). *Principles and practice of structural equation modeling* (3rd ed.). New York, New York: Guilford Press.

Kuha, J. (2004). "AIC and BIC: Comparisons of Assumptions and Performance." *Sociological Methods & Research*, *33*, 188-229.

Lance, C. E., Butts, M. M., & Michels, L. C. (2006). The Sources of Four Commonly Reported Cutoff Criteria What Did They Really Say? *Organizational Research Methods*, *9*, 202-220.

Lance, C. E., Noble, C. L., & Scullen, S. E. (2002). A critique of the correlated trait-Correlated method (CTCM) and correlated uniqueness (CU) models for multitrait-multimethod (MTMM) data. *Psychological Methods*, *7*, 228-244.

Landis, R. S, Beal, D. J, Tesluk, P. E. (2000). A comparison of approaches to forming composite measures in structural equation models. *Organizational Research Methods*, *3*, 186-207.

Lazarsfeld, P. F., & Henry, N. W. (1968). *Latent structure analysis*. Boston, MA: Houghton Miffiin.

Lee, S., & Hershberger, S. (1990). A simple rule for generating equivalent models in covariance structure modeling. *Multivariate Behavioral Research*, *25*, 313-334.

Lee, S-Y., & Xu, L. (2003). Case-deletion diagnostics for factor analysis models with continuous and ordinal categorical data. *Sociological methods & research*, *31*, 389-419.

Little, R. J. A. (1988). A test of missing completely at random for multivariate data with missing values. *Journal of the American Statistical Association*, *83*, 1198-1202.

Little, R. J. A., & Rubin, D. B. (1987). Statistical analysis with missing data. Hoboken, NJ: Wiley.

Little, T. D. (1997). Mean and covariance structures (MACS) analyses of cross-cultural data: Practical and theoretical issues. *Multivariate Behavioral Research*, *32*, 53-76.

Little, T. D., Cunningham, W. A., Shahar, G., & Widaman, K. F. (2002). To parcel or not to parcel: Exploring the question, weighing the merits. *Structural Equation Modeling*, *9*, 151-173.

Little, T. D., Slegers, D. W., & Card, N. A. (2006). A Non-arbitrary Method of Identifying and Scaling Latent Variables in SEM and MACS Models. *Structural Equation Modeling*, *13*, 59-72.

Liu, O. L., & Rijmen, F. (2008). A modified procedure for parallel analysis of ordered categorical data. *Behavior Research Methods*, *40*, 556-562.

Lord, F. M., &Novick, M. R. (1968). *Statistical theories of mental test scores*. Reading, MA: Addison-Wesley.

Lorenzo-Seva, U., Timmerman, M. E., & Kiers, H. A. L. (2011). The Hull Method for Selecting the Number of Common Factors. *Multivariate Behavioral Research*, *46*, 340-364.

Lubke, G. H., & Muthén, B. O. (2005). Investigating Population Heterogeneity With Factor Mixture Models. *Psychological Methods*, *10*, 21-39.

MacCallum, R. C., & Austin, J. T. (2000). Applications of structural equation modeling in psychological research. *Annual Review of Psychology*, *51*, 201-226.

MacCallum, R. C., & Browne, W. M. (1993). The use of causal indicators in covariance structure models: Some practical issues. *Psychological Bulletin*, *114*, 533-541.

MacCallum, R. C., & Mar, C. M. (1995). Distinguishing between moderator and quadratic effects in multiple regression. *Psychological Bulletin*, *118*, 405-421.

MacCallum, R. C., Roznowski, M., & Necowitz, L. B. (1992). Model modifications in covariance structure analysis: The problem of capitalization on chance. *Psychological Bulletin*, *111*, 490-504.

MacCallum, R. C., Wegener, D. T., Uchino, B. N., & Fabrigar, L. R. (1993). The problem of equivalent models in applications of covariance structure analysis. *Psychological Bulletin*, *114*, 185-199.

MacCallum, R. C., Widaman, K. F., Preacher, K. J., & Hong, S. (2001). Sample Size in Factor Analysis: The Role of Model Error. *Multivariate Behavioral Research*, *36*, 611-637.

MacCallum, R. C., Widaman, K. F., Zhang, S. B., & Hong, S. H. (1999). Sample size in factor analysis. *Psychological Methods*, *4*, 84-99.

MacKenzie, S. B., Podsakoff, P. M., & Jarvis, C. B. (2005). The Problem of Measurement Model Misspecification in Behavioral and Organizational Research and Some Recommend Solutions. *Journal of Applied Psychology*, *90*, 710-730.

MacKinnon, D. P. (2008). *Introduction to Statistical Mediation Analysis*. Mahwah, NJ: Erlbaum.

MacKinnon, D. P., Fairchild, A. J., & Fritz, M. S. (2007). Mediation Analysis. *Annual Review of Psychology*, *58*, 593-614.

MacKinnon, D. P., Krull, J. L., & Lockwood, C. M. (2000). Equivalence of the mediation, confounding, and suppression effect. *Prevention Science*, *1*, 173-181.

MacKinnon, D. P., Lockwood, C. M., Hoffman, J. M., West, S. G., & Sheets, V. (2002). A comparison of methods to test mediation and other intervening variable effects. *Psychological Methods*, *7*, 83-104.

MacKinnon, D. P., Lockwood C. M., & Williams, J. (2004). Confidence limits for the indirect effect: Distribution of the product and resampling methods. *Multivariate Behavioral Research*, *39*, 99-128.

Marsh, H. W. (1989). Confirmatory factor analyses of multitrait-multimethod data: Many problems and a few solutions. *Applied Psychological Measurement*, *13*, 335-361.

Marsh, H. W., Hau, K. T., Balla, J. R., & Grayson, D. (1998). Is more ever too much? The number of indicators per factor in confirmatory factor analysis. *Multivariate Behavioral Research*, *33*, 181-220.

Marsh, H. W., Hau, K. -T., & Grayson, D. (2005). *Goodness of fit evaluation in structural equation modeling*. In A. Maydeu-Olivares & J. McCardle (Eds.), *Psychometrics: A festschrift to Roderick P. McDonald* (pp. 275-340). Mahwah, NJ: Lawrence Erlbaum Associates, Inc.

Marsh, H. W., Hau, K. -T., & Wen, Z. (2004). In search of golden rules: Comment on hypothesis testing approaches to setting cutoff values for fit indexes and dangers in over generalizing Hu and Bentler's (1999) findings. *Structural Equation Modeling*, *11*, 320-341.

Marsh, H. W., & Hocevar, D. (1985). Application of confirmatory factor analysis to the study of self-concept: First- and higher-order factor models and their invariance across groups. *Psychological Bulletin*, *97*, 562-582.

Marsh, H. W., Ludtke, O., Muthén, B. O., Asparouhov, T., Morin, A. J. S., Trautwein, U., & Nagengast, B. (2010). A new look at the big-five factor structure through exploratory structural equation modeling. *Psychological Assessment*, *22*, 471-491.

Marsh, H. W., Muthén, B. O., Asparouhov, T., Ludtke, O., Robitzsch, A., Morin, A. J. S., & Trautwein, U. (2009). Exploratory structural equation modeling, integrating CFA and EFA: Application to students' evaluations of university teaching. *Structural Equation Modeling*, *16*, 439-476.

Marsh, H. W., Wen, Z., & Hau, K. T. (2004). Structural equation models of latent interactions: Evaluation of alternative estimation strategies and indicator construction. *Psychological Methods*, *9(3)*, 275-300.

Martel, M. M., Gremillion, M., Roberts, B., von Eye, A., & Nigg, J. T. (2010). The Structure of Childhood Disruptive Behaviors. *Psychological Assessment*, *22*, 816-826.

Mathieu, J. E., DeShon, R. P., & Bergh, D. D. (2008). Mediation inferences in organizational research: Then, now, and beyond. *Organizational Research Methods*, *11*, 202-223.

Mathieu, J. E., & Taylor, S. R. (2006). Clarifying conditions and decision points for mediational type inferences in organizational behavior. *Journal of Organizational Behavior*, *27*, 1-26.

Matsunaga, M. (2008). Item parceling in structural equation modeling: A primer. *Communication Methods and Measures*, *2*, 260-293.

Maydeu-Olivares, A., & Coffman, D. L. (2006). Random Intercept Item Factor Analysis. *Psychological Methods*, *11*, 344-362.

McCrae, R. R., Zonderman, A. B., Costa, P. T., Jr., Bond, M. H., & Paunonen, S. (1996). Evaluating the replicability of factors in the Revised NEO Personality Inventory: Confirmatory factor analysis versus procrustes rotation. *Journal of Personality and Social Psychology*, *70*, 552-566.

McDonald, R. P. (1985). *Factor analysis and related methods*. Hillsdale, NJ: Erlbaum.

McDonald, R. P., & Ahlawat, K. S. (1974). Difficulty factors in binary data. *British Journal of Mathematical and Statistical Psychology*, *27*, 82-99.

McDonald, R. P., & Ho, M. -H. R. (2002). Principles and practice in reporting structural equation analyses. *Psychological Methods*, *7*, 64-82.

McGuigan, K., & Langholz, B. (1988). *A note on testing mediation paths using ordinary least-squares regression*. Unpublished manuscript.

Meade, A. W., Johnson, E. C., & Braddy, P. W. (2008). Power and sensitivity of alternative fit indices in tests of measurement invariance. *Journal of Applied Psychology*, *93*, 568-592.

Meade, A. W., & Kroustalis, C. M. (2006). Problems with item parceling for confirmatory factor analytic tests of measurement invariance. *Organizational Research Methods*, *9*, 369-403.

Meade, A. W., & Lautenschlager, G. J. (2004). A Monte-Carlo study of confirmatory factor analytic tests of measurement equivalence/invariance. *Structural Equation Modeling*, *11*, 60-72.

Meade, A. M., Lautenschlager, G. J., & Hecht, J. E. (2005). Establishing measurement equivalence and invariance in longitudinal data with item response theory. *International Journal of Testing*, *5*, 279-300.

Meinert, C. L. (1986). *Clinical trials: Design, conduct, and analysis*. New York: Oxford University Press.

Meredith, W. (1993). Measurement invariance, factor analysis and factorial invariance. *Psychometrika*, *58*, 525-543.

Millsap, R. E. (2007). Structural equation modeling made difficult. *Personality and Individual Differences*, *42*, 875-881.

Mischel, W. (1968). *Personality and assessment*. New York: Wiley.

Moosbrugger, H., Schermelleh-Engel, K., & Klein, A. G. (1997). Methodological problems of estimating latent interaction effects. *Methods of Psychological Research Online*, *2*, 95-111.

Mulaik, S. A. (1987). A Brief History of the Philosophical Foundations of Exploratory Factor Analysis. *Multivariate Behavioral Research*, *22*, 267-305.

Mulaik, S. A. (2009). *Linear causal modeling with structural equations*. New York: CRC Press.

Muller, D., Judd, C. M., & Yzerbyt, V. Y. (2005). When moderation is mediated and mediation is moderated. *Journal of Personality and Social Psychology*, *89*, 852-863.

Muthén, B. O. (1978). Contributions to factor analysis of dichotomous variables. *Psychometrika*, *43*, 551-560.

Muthén, B. O. (1989a). Dichotomous factor analysis of symptom data. *Sociological Methods & Research*, *18*, 19-65.

Muthén, B. O. (1989b). Latent variable modeling in heterogeneous populations. *Psychometrika*, *54*, 557-585.

Muthén, B. O. (2003). Statistical and substantive checking in growth mixture modeling. *Psychological Methods*, *8*, 369-377.

Muthén, B. O. (2004). *Latent variable analysis: Growth mixture modeling and related techniques for longitudinal data*. In D. Kaplan (ed.), Handbook of quantitative methodology for the social sciences (pp. 345-368). Newbury Park, CA: Sage Publications.

Muthén, B. O. (2008). Latent variable hybrids. In G. R. Hancock, & K. M. Samuelson (Eds.), Advances in latent variable mixture models (pp. 1-24). Charlotte, NC: Information Age Publishing, Inc.

Muthén, B. O., & Asparouhov, T. (2006). Item response mixture modeling: Application to tobacco dependence criteria. *Addictive Behaviors*, *31*, 1050-1066.

Muthén, B. O., & Asparouhov, T. (2009). *Growth mixture modeling: Analysis with non-Gaussian random effects*. In Fitzmaurice, G., Davidian, M., Verbeke, G. & Molenberghs, G. (eds.), Longitudinal Data Analysis, pp. 143-165. Boca Raton: Chapman & Hall/CRC Press.

Muthén, B. O., du Toit, S. H. C., & Spisic, D. (1997). Robust inference using weighted least squares and quadratic estimating equations in latent variable modeling with categorical and continuous outcomes. Unpublished manuscript.

Muthén, B. O., & Kaplan, D. (1985). A comparison of some methodologies for the factor analysis of non-normal Likert variables. *British Journal of Mathematical and Statistical Psychology*, *38*, 171-189.

Muthén, B. O., & Muthén, L. (2000). Integrating person-centered and variable-centered analyses: Growth mixture modeling with latent trajectory classes. *Alcoholism: Clinical and Experimental Research*, *24*, 882-891.

Muthén, L. K., & Muthén, B. O. (1998-2010). *Mplus user's guide* (6th ed.). Los Angeles: Muthén & Muthén.

Muthén, L. K., & Muthén, B. O. (2002). How to use a Monte Carlo study to decide on sample size and determine power. *Structural Equation Modeling*, *4*, 599-620.

Nagin, D. S. (1999). Analyzing developmental trajectories: a semiparametric, group-based approach. *Psychological Methods*, *4*, 139-157.

Nevitt, J., & Hancock, G. R. (2001). Performance of bootstrapping approaches to model test statistics and parameter standard error estimation in structural equation modeling. *Structural Equation Modeling*, *8*, 353-377.

Nunnally, J. C. (1994). *Psychometric Theory* (3rd ed.) McGraw-Hill, New York.

Nussbeck, F. W. Eid, M., & Lischetzke, T. (2006). Analysingmultitrait-multimethod data with structural equation models for ordinal variable applying the WLSMV estimator: What sample size is needed for valid results? *British Journal of Mathematical and Statistical Psychology*, *59*, 195-213.

Peterson, R. A. (2000). A Meta-Analysis of Variance Accounted for and Factor Loadings in Exploratory. *Marketing Letters*, *11*, 261-275.

Peugh, J. L., & Enders, C. K. (2004). Missing data in educational research: A review of reporting practices and suggestions for improvement. *Review of Educational Research*, *74*, 525-556.

Pitts, S. C., West, S. G., & Tein, J. Y. (1996). Longitudinal measurement models in evaluation research: Examining stability and change. *Evaluation and Program Planning*, *19*, 333-350.

Ployhart, R. E., & Oswald, F. L. (2004). Applications of mean and covariance structure analysis: Integrating correlational and experimental approaches. *Organizational Research Methods*, *7*, 27-65.

Podsakoff, P. M., MacKenzie, S. B., Lee, J.-Y., & Podsakoff, N. P. (2003). Common method biases in behavioral research: A critical review of the literature and recommended remedies. *Journal of Applied Psychology*, *88*, 879-903.

Pohl, S., & Steyer, R. (2010). Modeling Common Traits and Method Effects in Multitrait-Multimethod Analysis. *Multivariate*

Behavioral Research, *45*, 45-72.

Pohl, S., & Steyer, R., & Kraus, K. (2008). Modelling method effects as individual causal effects. *Journal of the Royal Statistical Society*: Series A, *171*, 1-23.

Powers D. A., & Xie, Y. (2008). *Statistical Methods for Categorical Data Analysis*(2nd *Edition*). London: Emerald.

Preacher, K. J. (2006). Testing Complex Correlational Hypotheses with Structural Equation Models. *Structural Equation Modeling*, *13*, 520-543.

Preacher, K. J., & Hayes, A. F. (2008). Asymptotic and resampling strategies for assessing and comparing indirect effects in multiple mediator models. *Behavior Research Methods*, *40*, 819-891.

Preacher, K. J., & MacCallum, R. C. (2003). Repairing Tom Swift's Electric Factor Analysis Machine. *Understanding Statistics*, *2*, 13-43.

Preacher, K. J., & Merkle, E. C. (2012). The Problem of Model Selection Uncertainty in Structural Equation Modeling. *Psychological Methods*, *17*, 1-14.

Preacher, K. J., Rucker, D. D., & Hayes, A. F. (2007). Addressing moderated mediation hypotheses: Theory, methods, and prescriptions. *Multivariate Behavioral Research*, *42*, 185-227.

Preacher, K. J., Zyphur, M. J., & Zhang, Z. (2010). A general multilevel SEM framework for assessing multilevel mediation. *Psychological Methods*, *15*, 209-233.

Saris, W. E., Batista-Foguet, J. M., & Coenders, G. (2007). Selection of indicators for the interaction term in structural equation models with interaction. *Quality & Quantity*, *41*, 55-72.

Satorra, A., & Bentler, P. M. (1994). *Corrections to test statistics and standard errors in covariance structure analysis*. In A. von Eye & C. C. Clogg (Eds.), Latent variables analysis: Applications for developmental research (pp. 399-419). Thousand Oaks, CA: Sage.

Satorra, A., & Bentler, P. M. (2010). Ensuring positiveness of the scaled difference chi-square test statistic. *Psychometrika*, *75*, 243-248.

Satorra, A., & Saris, W. E. (1985). Power of the likelihood ratio test in covariance structure analysis. *Psychometrika*, *50*, 83-90.

Schafer, J. L., & Graham, J. W. (2002). Missing data: Our view of the state of the art. *Psychological Methods*, *7*, 147-177.

Schmitt, N., & Kuljanin, G. (2008). Measurement invariance: Review of practice and implications. *Human Resource Management Review*, *18*, 210-222.

Schmitt, N., & Stults, D. M. (1986). Methodology Review: Analysis of Multitrait-Multimethod Matrices. *Applied Psychological Measurement*, *10*, 11-22.

Schmitt, N., Pulakos, E. D., & Lieblein, A. (1984). Comparison of three techniques to assess group-level beta and gamma change. *Applied Psychological Measurement*, *8*, 249-260.

Schilling, S. (1993). *Advances in full information item factor analysis using the Gibbs sampler*. Paper delivered at the 1993 meeting of the Psychometric Society, Berkeley, California.

Schumacker, R. E., & Marcoulides, G. A. (Eds.). (1998). Interaction and nonlinear effects in structural equation modeling. Mahwah, NJ: Erlbaum.

Sharma, S., Durvasula, S., & Ployhart, R. E. (2012). The Analysis of Mean Differences Using Mean and Covariance Structure Analysis: Effect Size Estimation and Error Rates. *Organizational Research Methods*, *15*, 75-102.

Shrout, P. E., & Bolger, N. (2002). Mediation in experimental and non-experimental studies: New procedures and recommendations. *Psychological Methods*, *7*, 422-445.

Sijtsma, K. (2009). On The Use, The Misuse, and The Very Limited Usefulness of Cronbach's Alpha. *Psychometrika*, *74*, 107-120.

Simms, L. J., Watson, D., & Doebbeling, B. N. (2002). Confirmatory Factor Analyses of Posttraumatic Stress Symptoms in Deployed and Nondeployed Veterans of the Gulf War. *Journal of Abnormal Psychology*, *111*, 637-647.

Skrondal, A., & Rabe-Hesketh, S. (2004). *Generalized latent variable modeling*: *Multilevel*, *longitudinal*, *and structural equation models*. Boca Raton, FL: Chapman & Hall/CRC.

Sobel, M. E. (1982). Asymptotic confidence intervals for indirect effects in structural equation models. *Sociological Methodology*, *13*, 290-313.

Spearman, C. (1904). General intelligence, objectively determined and measured. *American Journal of Psychology*, *15*, 201-293.

Spencer, S. J., Zanna, M. P., & Fong, G. T. (2005). Establishing a causal chain: Why experiments are moreeffective than mediational analyses in examining psychological processes. *Journal of Personality andSocial Psychology*, *89*, 845-851.

Stark, S., Chernyshenko, O. S., & Drasgow, F. (2006). Detecting DIF with CFA and IRT: Toward a unified strategy. *Journal of Applied Psychology*, *91*, 1 292-1 306.

Stelzl, I. (1986). Changing a causal hypothesis without changing the fit: Some rules for generating equivalent path models. *Multivariate Behavioral Research*, *21*, 309-331.

Steiger, J. H. (1990). Structural model evaluation and modification: An interval estimation approach. *Multivariate Behavioral Research*, *25*, 173-180.

Steiger, J. H. (1998). A note on multiple sample extensions of the RMSEA fit index. *Structural Equation Modeling*, *5*, 411-419.

Steiger, J. H. (2007). Understanding the limitations of global fit assessment in structural equation modeling. *Personality and Individual Differences*, *42*, 893-898.

Steiger, J. H., & Lind, J. C. (1980, June). *Statistically based tests for the number of common factors*. Paper presented at the Psychometric Society annual meeting, Iowa City, IA.

Steyer, R., Ferring, D., & Schmitt, M. J. (1992). States and traits in psychological assessment. *European Journal of Psychological Assessment*, *8*, 79-98.

Steyer, R., Schmitt, M., & Eid, M. (1999). Latent state-trait theory and research in personality and individual differences. *European Journal of Personality*, *13*, 389-408.

Sturman, M. C. (1999). Multiple Approaches to Analyzing Count Data in Studies of Individual Differences: The Propensity for Type I Errors, Illustrated with the Case of Absenteeism Prediction. *Educational and Psychological Measurement*, *59*, 414-430.

Tabachnick, B. G., & Fidell, L. S. (2007). *Using Multivariate Statistics* (5th ed.). New York: Allyn and Bacon.

Taylor, A. B., MacKinnon, D. P., & Tein, J. (2008). Tests of the three-path mediated effect. *OrganizationalResearch Methods*, *11*, 241-269.

ten Berge, J. M. F., & Socan, G. (2004). The greatest lower bound to the reliability of a test and the hypothesis of unidimensionality. *Psychometrika*, *69*, 613-625.

Tomarken, A. J., & Waller, N. G. (2005). Structural equation modeling: strengths, limitations, and misconceptions. *Annual Review of Clinical Psychology*, *1*, 31-65.

Treiblmaier, H., Bentler, P. M., & Mair, P. (2011). Formative Constructs Implemented via Common Factors. *Structural Equation Modeling*, *18*, 1-17.

Tucker, L. R., & Lewis, C. (1973). A reliability coefficient for maximum likelihood factor analysis. *Psychometrika*, *38*, 1-10.

Tucker, L. R., & MacCallum, R. C. (1997). Exploratory Factor Analysis. http://www.unc.edu/~rcm/book/factornew.htm

Tzelgov, J., & Henik, A. (1991). Suppression situations in psychological research: Definitions, implications, and applications. *Psychological Bulletin*, *109*, 524-536.

Vandenberg, R. J., & Self, R. M. (1993). Assessing newcomers' changing commitments to the organization during the first 6 months of work. *Journal of Applied Psychology*, *78*, 557-568.

Vandenberg, R. J., & Lance, C. E. (2000). A review and synthesis of the measurement invariance literature: Suggestions, practices, and recommendations for organizational research. *Organizational Research Methods*, *3*, 4-70.

Velicer, W. F., & Fava, J. L. (1998). Effects of variable and subject sampling on factor pattern recovery. *Psychological Methods*, *3*, 231-251.

Velicer, W. F., & Jackson, D. N. (1990). Component analysis versus common factor analysis: Some issues in selecting an appropriate procedure. *Multivariate Behavioral Research*, *25*, 1-28.

Vermunt, J. K. (2008). Latent class and finite mixture models for multilevel data sets. *Statistical Methods in Medical Research*, *17*, 33-51.

vonSoest, T., & Hagtvet, K. A. (2011). Mediation Analysis in a Latent Growth Curve Modeling Framework. *Structural Equation Modeling*, *18*, 289-314.

Vrieze, S. I. (2012). Model Selection and Psychological Theory: A Discussion of the Differences Between the Akaike Information Criterion (AIC) and the Bayesian Information Criterion (BIC). *Psychological Methods*, *17*, 228-243.

Wall, M. M., & Amemiya, Y. (2001). Generalized appended product indicator procedure for nonlinear structural equation analysis. *Journal of Educational and Behavioral Statistics*, *26*, 1-29.

Wang, M., Armour, C., Wu, Y., Ren, F., Zhu, X., & Yao, S. (2013). Factor Structure of the CES-D and Measurement Invariance Across Gender in Mainland Chinese Adolescents. *Journal of Clinical Psychology*, *69*, 966-979.

Wang, M., Elhai, J. D., Dai, X., & Yao, S. (2012). Longitudinal invariance of posttraumatic stress disorder symptoms in adolescent earthquake survivors. *Journal of Anxiety Disorders*, *26*, 263-270.

Weakliem, D. L. (1999). "A Critique of the Bayesian Information Criterion for Model Selection." *Sociological Methods & Research*, *27*, 59-397.

Weathersm, F. W., Litzm, B. T., Herman, D. S., Huska, J. A., Keane, T. M. (1993). The PTSD Checklist: Reliability, validity, and diagnostic utility. Paper presented at the Annual Meeting of the International Society for Traumatic Stress Studies, San Antonio, TX.

Wen, Z., Marsh, H. W., & Hau, K. T. (2010). Structural equation models of latent interactions: an appropriate standardized solution and its scale-free properties. *Structural Equation Modeling*, *17*, 1-22.

West, S. G., Finch, J. F., & Curran, P. J. (1995). *Structural equation models with nonnormal variables: Problems and remedies*. In R. H. Hoyle (Ed.), Structural equation modeling: Concepts, issues and applications (pp. 56-75). Newbury Park, CA: Sage.

Wheaton, B. (1987). Assessment of fit in overidentified models with latent variables. *Sociological Methods & Research*, *16*, 118-154.

Wilcox, J. B., Howell, R. D., & Breivik, E. (2008). Questions about formative measurement. *Journal of Business Research*, *61*, 1219-1228.

Williams, J., & MacKinnon, D. P. (2008). Resampling and distribution of the product methods for testing indirect effects in complex models. *Structural Equation Modeling*, *15*, 23-51.

Widaman, K. F., & Reise, S. P. (1997). *Exploring the measurement invariance of psychological instruments: Applications in the substance use domain*. In K. J. Bryant, M. Windle, & S. G. West (Eds.), The science of prevention: Methodological advances from alcohol and substance abuse research (pp. 281-324). Washington, DC: American Psychological Association.

Widaman, K.-F. (1985). Hierarchically nested covariance structure models for multitrait-multimethod data. *Applied Psychological Measurement*, *9*, 1-26.

Woods, C. M. (2009). Evaluation of MIMIC-Model Methods for DIF Testing With Comparison to Two-Group Analysis. *Multivariate Behavioral Research*, *44*, 1-27.

Wood, J. M., Tataryn, D. J., & Gorsuch, R. L. (1996). Effects of under- and overextraction on principal axis factoranalysis with varimaxrotation. *Psychological Methods*, *1*, 354-365.

Wood, R. E., Goodman, J. S., Beckmann, N., & Cook, A. (2008). Mediation testing in management research: A review and proposal. *Organizational Research Methods*, *11*, 270-295.

Yang, C., Nay, S., & Hoyle, R. H. (2010). Three Approaches to Using Lengthy Ordinal Scales in Structural Equation Models Parceling, Latent Scoring, and Shortening Scales. *Applied Psychological Measurement*, *34*, 122-142

Yang, Y. (2005). Can the strengths of AIC and BIC be shared? A conflict between model identification and regression estimation. *Biometrika*, *92*, 37-950.

Yao, L., & Boughton, K. A. (2007). A multidimensional item response modeling approach for improving subscale proficiency estimation and classification. *Applied Psychological Measurement*, *31*, 83-105.

Yoon, M., & Millsap, R. E. (2007). Detecting violations of factorial invariance using data-based specification searches: A Monte Carlo study. *Structural Equation Modeling*, *14*, 35-463.

Yuan, K-H. (2005). Fit indices versus test statistics. *Multivariate Behavioral Research*, *40*, 115-148.

Yuan, K-H, & Bentler, P. M. (1998). Robust mean and covariance structure analysis. *British Journal of Mathematical and Statistical Psychology*, *51*, 63-88.

Yuan, K-H, & Bentler, P. M. (2001). Effect of outliers on estimators and tests in covariance structure analysis. *British Journal of Mathematical and Statistical Psychology*, *54*, 161-75

Yuan, K-H, Bentler, P. M., & Zhang, W. (2005). The Effect of Skewness and Kurtosis on Mean and Covariance Structure Analysis: The Univariate Case and Its Multivariate Implication. *Sociological Methods Research*, *34*, 240-258.

Yuan, K.-H., & Hayashi, K. (2003). Bootstrap approach to inference and power analysis based on three test statistics for covariance structure models. *British Journal of Mathematical and Statistical Psychology*, *56*, 93-110.

Yu, C. (2002). *Evaluating cutoff criteria of model fit indices for latent variable models with binary and continuous outcomes*. Doctoral dissertation, University of California, Los Angeles.

Yufik, T., & Simms, L. J. (2010). A meta-analytic investigation of the structure of posttraumatic stress disorder symptoms.

Journal of Abnormal Psychology, *119*, 764-776.

Yung, Y. -F. , & Bentler, P. M. (1996). *Bootstrapping techniques in analysis of mean and covariance structures*. In G. A. Marcoulides and R. E. Schumacker (Eds.), Advanced structural equation modeling (pp. 195-226). Mahwah, NJ: Erlbaum.

Yung, Y. F. , Thissen, D. , & McLeod, L. D. (1999). On the relationship between the higher-order factor model and the hierarchical factor model. *Psychometrika*, *64*, 113-128.

Zimmerman, D. W. , Zumbo, R. D. , & Lalonde, C. (1993). Coefficient alpha as an estimate of test reliability under violation of two assumptions. *Educational and Psychological Measurement*, *53*, 33-49.

Zinbarg, R. E. , Revelle, W. , Yovel, I. , & Li, W. (2005). Cronbach's α, Revelle's β, and McDonald's ω_h: Their relations with each other and two alternative conceptualizations of reliability. *Psychometrika*, *70*, 123-133.

Zumbo, B. D. , Gadermann, A. M. , & Zeisser, C. (2007). Ordinal Versions of Coefficients Alpha and Theta for Likert Rating Scales. *Journal of Modern Applied Statistical Method*, *6*, 21-29.

Zwick, W. R. , & Velicer, W. F. (1986). Comparison of five rules for determining the number of components to retain. *Psychological Bulletin*, *99*, 432-442.

卜冉, 车宏生, 阳辉. (2007). 项目组合在结构方程模型中的应用. *心理科学进展*, *15*, 567-576.

曹亦薇, 顾秋艳. (2010). PISA 式汉语阅读测验的编制与维度评价. *考试研究*, *4*, 80-92.

戴晓阳, 曹亦薇. (2009). 心理评定量表的编制和修订中存在的一些问题. *中国临床心理学杂志*, *17*, 562-565.

范津砚, 叶斌, 章震宇, 刘宝霞. (2003). 探索性因素分析——最近 10 年的评述. *心理科学进展*, *11*, 579-585.

侯杰泰, 温忠麟, 成子娟. (2004). *结构方程模型及其应用*. 北京: 教育科学出版社.

凌宇, 魏勇, 蚁金瑶, 肖晶, 姚树桥. (2008). CES-D 在高中生中的因素结构研究. *中国临床心理学杂志*, *16*, 265-267.

罗胜强, 姜嬿. (2008). *调节变量和中介变量*. 见陈晓萍, 徐淑英, 樊景立主编. 组织与管理研究的实证方法. 北京: 北京大学出版社. p312-331.

焦璨, 黄泽娟, 张敏强, 吴利, 王宣承. (2010). 心理研究中统计方法应用的元分析: 以《心理学报》《心理科学》(1998—2008)统计方法应用为例. *心理科学*, *6*, 48-54.

孔明, 卜冉, 张厚粲. (2007). 平行分析在探索性因素分析中的应用. 心理科学杂志, *4*, 924-925.

邱皓政. *潜在类别模型的原理与技术*. 北京: 教育科学出版社, 2008.

温忠麟, 侯杰泰, Marsh, H. W. (2003). 潜变量交互效应分析方法. *心理科学进展*, *11*, 593-599.

温忠麟, 侯杰泰, 张雷. (2005). 调节效应与中介效应的比较和应用. *心理学报*, *37*, 268-274.

温忠麟, 刘红云, 侯杰泰. (2012). *调节效应和中介效应分析*. 北京: 教育科学出版社.

温忠麟, 吴艳. (2010). 潜变量交互效应建模方法演变与简化. *心理科学进展*, *18*, 1306-1313.

温忠麟, 叶宝娟. (2011). 测验信度估计: 从 α 系数到内部一致性信度. *心理学报*, *43*, 821-829.

温忠麟, 张雷, 侯杰泰, 刘红云. (2004). 中介效应检验程序及其应用. *心理学报*, *36*, 614-620.

王孟成, 蔡炳光, 吴艳, 戴晓阳. (2010). 项目表述方法对中文 Rosenberg 自尊量表因子结构的影响. *心理学探新*, *30*, 63-68.

王孟成, 戴晓阳. (2010). *Rosenberg 自尊量表 (RSES)*. 见戴晓阳主编. 常用心理评估量表手册. 北京: 人民军医出版社, 251-253.

王孟成, 戴晓阳, 万娟. (2009). 创伤后应激障碍检查表的因子结构: 基于经历地震灾难青少年群体的分析. *中国临床心理学杂志*, *17*, 420-423.

王孟成, 隋双戈, 李捷华, 戴晓阳. (2010). 创伤后应激障碍检查表—平民版在地震灾区初中生中的信效度. *中华行为医学与脑科学杂志*, *19*, 566-568.

吴艳, 温忠麟. (2011). 结构方程建模中的题目打包策略. *心理科学进展*, *19*, 1859-1867.

吴艳, 温忠麟, 林冠群. (2009). 潜变量交互效应建模: 告别均值结构. *心理学报*, *41*, 1252-1 259.

王晓丽, 李西营, 邵景进. (2011). 形成性测量模型: 结构方程模型的新视角. *心理科学进展*, *19*, 293-300.

谢亚宁, 戴晓阳. (2010). 简易应对方式问卷. 见戴晓阳主编. 常用心理评估量表手册. 北京: 人民军医出版社, 82-85.

张厚粲, 徐建平. (2004). *现代心理与教育统计学*. 北京: 北京师范大学出版社, 255-256.

张洁婷, 焦璨, 张敏强. (2010). 潜在类别分析技术在心理学研究中的应用. *心理科学进展*, *18*, 1991-1998.

郑全全. (2010). 中学生应激源量表. 见戴晓阳主编. 常用心理评估量表手册. 北京: 人民军医出版社: 72-76.

芝佑顺. (著). 因素分析法. 曹亦薇 (译), 北京: 人民教育出版社, 1999.